MF

MODERN FINANCE SERIES

现代金融译丛

理论类

银行业的风险、风险管理与监管：即将来临的风险

［德］彼得·佩尔泽（Peter Pelzer）/著
贾中正　杜　梅/译

中国金融出版社

责任编辑：王雪珂
责任校对：李俊英
责任印制：丁淮宾

图书在版编目（CIP）数据

银行业的风险、风险管理与监管：即将来临的风险（Yinhangye de Fengxian、Fengxian Guanli yu Jianguan：Jijiang Lailin de Fengxian）/［德］彼得·佩尔泽 Peter Pelzer/著；贾中正，杜梅译．—北京：中国金融出版社，2017.4

书名原文：Risk，Risk Management and Regulation in the Banking Industry

ISBN 978 - 7 - 5049 - 8856 - 0

Ⅰ.①银…　Ⅱ.①彼…②贾…③杜…　Ⅲ.①商业银行—风险管理—研究　Ⅳ.①F830.33

中国版本图书馆 CIP 数据核字（2017）第 015274 号

出版发行　中国金融出版社
社址　北京市丰台区益泽路 2 号
市场开发部　(010)63266347，63805472，63439533（传真）
网上书店　http：//www.chinafph.com
　(010)63286832，63365686（传真）
读者服务部　(010)66070833，62568380
邮编　100071
经销　新华书店
印刷　保利达印务有限公司
尺寸　169 毫米×239 毫米
印张　17
字数　225 千
版次　2017 年 4 月第 1 版
印次　2017 年 4 月第 1 次印刷
定价　59.00 元
ISBN 978 - 7 - 5049 - 8856 - 0
如出现印装错误本社负责调换　联系电话（010)63263947

本书具有非常高的原创性，目的是拓展有关风险、风险管理和金融监管的讨论。彼得·佩尔泽（Peter Pelzer）运用雅克·德里达（Jacques Derrida）“即将发生”的思想来帮助理解风险的突发特性，并探究了风险中难以被量化的部分。这一设想是对哲学观念的探讨，将有助于丰富我们对“风险是什么”和“在当代风险管理中什么必须被排除”的理解。

这项工作从解构论和审美学的视角提供了崭新的、有趣的理论工具，目的是说明经常发生风险管理现象的两个主要领域：因试图管控而引发的风险和不确定性的方面。由于在目前以及可以想象的未来后者体现出的完全不可预知性，致使其在根本上仍难以被掌控。该书真正的亮点在于，作者跨学科运用的能力，较好地融合了哲学领域中的理论资源和银行业与国际金融实践中风险管理活动的某些特性。其将风险和监管比作药物（Pharmakon）——既具有治疗功效但同时也兼具毒药特性的做法，使该讨论变得更加丰富。

2008 年，国际金融危机后的公开讨论引发了对话风险的需求，这种需求已超越行业专家和监管者的范畴。为此，本书将德里达（Derrida）何为“即将发生”的理念运用于银行业领域，以更好地探索风险中那些可能如数学和统计学一般复杂而难以被计算的部分。这为深刻洞察所讨论主题的不足之处提供了新的视角。

该书将使那些对风险、风险管理和金融监管感兴趣的专家和学者，以及对金融和哲学感兴趣并从不同视角寻找风险和监管的读者激发出更加浓厚的兴趣。

彼得·佩尔泽是一位德国、卢森堡和瑞士的独立银行顾问，曾是荷兰乌得勒支人文学院的访问教授。

劳特利奇（Routledge）国际货币与银行学研究

1 欧洲私有银行

琳恩·比克（Lynn Bicker）

2 银行放松管制与货币秩序

乔治·赛尔金（George Selgin）

3 伊斯兰货币：伊斯兰政治经济学研究

玛苏都·阿拉姆·乔赫利（Masudul Alam Choudhury）

4 欧洲金融中心的未来

克尔斯滕·宾德曼（Kirsten Bindemann）

5 全球视野的支付系统

马克斯韦尔·J. 弗莱，伊萨克·拉托，桑德拉·罗杰，克日什托夫·森德罗维茨，大卫·谢泼德，弗朗西斯科·索利斯和约翰·特兰德尔（MaxwellJ. Fry，Isaak Kilato，Sandra Roger，Krzysztof Senderowicz，David Sheppard，Francisco Solis and John Trundle）

6 货币是什么

约翰·史密森（John Smithin）

7 金融学：一种特色方法

由大卫·布雷克编辑（Edited by David Blake）

8 组织变化和零售金融：一个人种学的视角

理查德·哈珀，戴夫·兰德尔和马克·昂斯菲尔德（Richard Harper，Dave Randall and Mark Rouncefield）

9 德意志联邦银行的历史：对欧洲中央银行的教训

雅各布·德哈恩（Jakob de Haan）

10 欧元：金融市场的挑战和机遇

在欧洲金融研究兴业大学发表，由迈克尔·阿蒂斯，阿克塞尔·韦伯和伊丽莎白·轩尼诗编辑（Published on behalf of Société Universitaire Européenne de Recherches Financières（SUERF）Edited by Michael Artis, Axel Weber and Elizabeth Hennessy）

11 东欧中央银行

由奈杰尔·希利和巴里·哈里森编辑（Edited by Nigel Healey and Barry Harrison）

12 货币、信用和价格稳定

保罗·丹泽（Paul Dalziel）

13 货币政策、资本流和汇率：纪念马克斯韦尔·弗莱随笔

由威廉·艾伦和大卫·迪金森编辑（Edited by William Allen and David Dickinson）

14 适应金融全球化

在欧洲金融研究兴业大学发表，由莫滕·堡菱，爱德华·H. 霍克赖特和伊丽莎白·轩尼诗编辑（Published on behalf of Société Universitaire Européenne de Recherches Financières（SUERF）Edited by Morten Balling, Eduard H. Hochreiter and Elizabeth Hennessy）

15 货币宏观经济学：一种新方法

阿尔瓦罗·森松尼（Alvaro Cencini）

16 欧洲货币稳定性

斯特凡·科利尼翁（Stefan Collignon）

17 技术和金融：金融市场、商业策略与政策制定者的挑战

在欧洲金融研究兴业大学发表，由莫滕·堡菱，弗兰克·利尔曼和安德鲁·马力诺编辑（Published on behalf of Société Universitaire Européenne de Recherches Financières（SUERF）Edited by Morten Balling, Frank Lierman, and Andrew Mullineux）

18 货币联盟：理论、历史、公共选择

由福雷斯特·H. 卡皮和杰弗里·E. 伍德编辑（Edited by Forrest H. Capie and Geoffrey E. Wood）

19 人力资源管理、职业健康和安全

卡罗尔·博伊德（Carol Boyd）

20 中央银行系统比较：欧洲央行、欧元前的德国央行和联邦储备系统

伊曼纽尔·阿佩尔（Emmanuel Apel）

21 货币联盟历史

约翰·乔恩（John Chown）

22 美元化：来自欧洲和美国的教训

由路易斯－菲利普·罗雄和马里奥·斯卡瑞吉亚编辑（Edited by Louis－Philippe Rochon and Mario Seccareccia）

23 伊斯兰经济学和金融学：词汇汇编（第二版）

穆罕默德·阿克拉姆汗（Muhammad Akram Khan）

24 金融市场风险：度量与分析

科内利斯·A. 劳斯（Cornelis A. Los）

25 金融地理学：一个银行家的视角

里斯托·劳拉亚伊宁（Risto Laulajainen）

26 货币医生：国际金融咨询经验 1850—2000

由马克·弗兰德利编辑（Edited by Marc Flandreau）

27 汇率动力：一个新开放经济体的宏观经济学视角

由约翰－奥利弗·艾罗和赛思达·索福瑞首斯编辑（Edited by Jean－Oliver Hairault and Thepthida Sopraseuth）

28 修订 21 世纪的金融危机

由安德鲁·G. 霍尔丹编辑（Edited by Andrew G. Haldane）

29 货币政策与失业：美国、欧元区和日本

由威利·赛穆勒编辑（Edited by WilliSemmler）

30 汇率、资本流和政策

由彼得·辛克莱，丽贝卡·抓哇和克里斯托夫·特尼森编辑（Edited by Peter Sinclair，Rebecca Driver and Christoph Thoenissen）

31 国际金融的伟大设计师：布雷顿森林时代

安东尼·M. 恩德雷斯（Anthony M. Endres）

32 繁荣的方式：财政政策再思考
由坡贡纳尔·伯格伦德和马蒂亚斯·贝尔嫩戈编辑（Edited by Per Gunnar Berglund and Matias Vernengo）

33 欧洲金融服务中的竞争与收益：战略性、系统性和政策问题
由莫滕·堡菱，弗兰克·利尔曼和安迪·马力诺编辑（Edited by Morten Balling, Frank Lierman and Andy Mullineux）

34 东南亚的税收体系与税收改革
由路易吉·贝尔纳迪，安吉拉·弗拉斯基尼和帕塔萨拉蒂·休姆编辑（Edited by Luigi Bernardi, Angela Fraschini and Parthasarathi Shome）

35 支付系统与货币政策的制度变迁
由斯特凡·W. 施密茨和杰弗里·E. 伍德编辑（Edited by Stefan W. Schmitz and Geoffrey E. Wood）

36 最后贷款人
由 F. H. 卡皮和 G. E. 伍德编辑（Edited by F. H. Capie and G. E. Wood）

37 金融监管的架构
由大卫·梅斯和杰弗里·E. 伍德编辑（Edited by David Mayes and Geoffrey E. Wood）

38 中欧的货币政策
米罗斯拉夫·贝拉米（Miroslav Beblavy）

39 理论与实践中的货币与支付
塞乔·罗西（Sergio Rossi）

40 公开市场业务和金融市场
由大卫·G. 梅斯和简·托波罗夫斯基编辑（Edited by David G. Mayes and Jan Toporowski）

41 中东欧银行业 1980—2006：苏联，捷克斯洛伐克，民主德国，南斯拉夫，白俄罗斯，保加利亚，克罗地亚，捷克共和国，匈牙利，哈萨克斯坦，波兰，罗马尼亚，俄罗斯联邦，塞尔维亚和黑山，斯洛伐克，乌克兰和乌兹别克斯坦银行部门变革的综合分析

斯蒂芬·巴瑞西茨（Stephan Barisitz）

42 期货市场中的债务、风险和流动性

巴里·A. 戈斯（Edited by Barry A. Goss）

43 支付系统的未来

由斯蒂芬·米勒德，安德鲁·G. 霍尔丹和维多利亚·沙巴达编辑（Edited by Stephen Millard, Andrew G. Haldane and Victoria Saporta）

44 信用与抵押

瓦尼亚·塞纳（Vania Sena）

45 拉美的税收系统与税收改革

由路易吉·贝尔纳迪，阿尔贝托·巴雷，安娜·马伦西和葆拉·普罗费塔编辑（Edited by Luigi Bernardi, Alberto Barreix, Anna Marenzi and Paola Profeta）

46 组织崩塌的动力：以巴林银行为例

海尔格·德拉蒙德（Helga Drummond）

47 国际金融合作：遵循 1988 年巴塞尔协议的政治经济学

布莱斯·奎林（Bryce Quillin）

48 银行业绩：盈利、竞争与效率的理论与经验分析框架

雅各布·比克和雅普·W. B. 博斯（Jacob Bikker and Jaap W. B. Bos）

49 货币增长理论：货币、利率、价格、资本、知识和时变的经济结构和空间

张伟斌（Wei – Bin Zhang）

50 货币、不确定性和时间

朱塞佩·丰塔纳（Giuseppe Fontana）

51 中央银行、资产定价和金融脆弱性

埃里克·台莫基（Éric Tymoigne）

52 金融市场与宏观经济

威利·赛穆勒，彼得·弗莱舍尔，卡尔·基亚雷拉和莱纳·弗兰卡（WilliSemmler, Peter Flaschel, Carl Chiarella and Reiner Franke）

53 经济学中的通货膨胀理论：福利、速度、增长和商业周期
马克思·吉尔曼（Max Gillman）
54 过去五十年的货币政策
亨氏·赫尔曼（德意志联邦银行）[Heinz Herrman（Deutsche Bundesbank）]
55 中央银行设计
大卫·梅斯和杰弗里·伍德（David Mayes and Geoffrey Wood）
56 通货膨胀预期
皮特·J. N. 辛克莱（Peter J. N. Sinclair）
57 新国际货币体系：纪念亚历山大·斯沃博达随笔
由查理·维普洛斯编辑（Edited by Charles Wyplosz）
58 税收与性别平等：发展中国家和发达国家直接税和间接税的比较分析
由卡伦·格朗恩和伊姆兰·博罗迪亚编辑（Edited by Caren Grown and Imraan Valodia）
59 开发对税收一致性解释的可选框架
由詹姆斯·阿尔姆，豪尔赫·马丁内斯－巴斯克斯和本诺·托尔格勒编辑（Edited by James Alm, Jorge Martinez－Vazquez and Benno Torgler）
60 国际税收协调：一个基于美德和陷阱的跨学科视角
由马丁·佐格勒编辑（Edited by Martin Zagler）
61 中央银行的资本需求
由苏·米尔顿和彼得·辛克莱编辑（Edited by Sue Milton and Peter Sinclair）
62 货币和银行历史
由杰弗里·E. 伍德，特伦斯·米尔斯和尼古拉斯·克拉夫茨编辑（Edited by Geoffrey E. Wood, Terence Mills and Nicholas Crafts）
63 货币经济学和理论的新方法：跨学科的视角
由海纳·甘曼编辑（Edited by Heiner Ganβmann）
64 社会银行与可持续金融的未来
由奥拉夫·韦伯和斯文·芮默编辑（Edited by Olaf Weber and Sven

Remer）

65 政策决策者：梅斯的演讲

由福雷斯特·H. 卡皮和杰弗里·E. 伍德编辑（Edited by Forrest H. Capie and Geoffrey E. Wood）

66 市场预测：理论与应用

由莱顿·沃恩·威廉姆斯编辑（Edited by Leighton Vaughan Williams）

67 对货币、金融和资本主义的社会学分析：金融业的表面之下

由苏珊·龙和柏卡德·西弗斯编辑（Edited by Susan Long and Burkard Sievers）

68 做金钱

海纳·甘曼（Heiner Ganβmann）

69 银行业监管与金融危机

金·曹（Jin Cao）

70 银行业危机、流动性和信贷额度：一个宏观经济的视角

戈尔巴甚·辛格（Gurbachan Singh）

71 金融经济学的新范式：凯恩斯如何重构经济学？

卡齐姆·法哈蒂（Kazem Falahati）

72 银行业中的风险、风险管理与监管：即将来临的风险

彼得·佩尔泽（Peter Pelzer）

目　　录

致　谢

一本著作的完成绝非作者一己之功。当然，本书也不例外。在过去的数年中，我曾多次在学术会议、研讨会、演讲会上提出这些议题，或者与我的朋友和在银行工作中的同事们对其进行讨论。我想感谢你们所有人，我的思想能以这种方式出版，得益于大家的鼓励、支持的信念、建设性的评论、改进的建议，以及在完善因作者母语与撰写本书所用语言存在差异的细节方面给予的慷慨帮助。

由于获得使用作者书中的章节或文章等材料的许可，我非常感谢以下杂志和书籍的编辑们：

《管理哲学》来自“不可能性——思考风险的不同方式”

《社会和商业评论》来自“被转移的风险世界：风险管理作为异化风险（理念?）”

《文化和组织》来自“过度使用，或者：治理和监管的转换世界”

来自“风险作为对现在的预期——在风险与恐惧上的阐述”，该章已公开发表：龙/Long，S. 和西弗斯/Sievers，B.：《关于货币、金融和资本主义的社会分析：金融产业的表面之下》，路透出版社。

这些材料均在不同程度上被使用，并在必要的地方被重新整理和更新。

缩略词表

ABS	资产支持证券
AIG	美国国际集团
BIS	国际清算银行
BSM	布莱克－斯克尔斯－默顿
CDO	债务担保证券
CDS	信贷违约掉期
CRA	信用评级机构
CRO	首席风险官
ECB	欧洲中央银行
ERM	企业风险管理
FSA	金融服务管理局
GATS	服务贸易总协定
GATT	贸易与关税总协定
LSE	伦敦政治经济学院
LTCM	长期资本管理（公司）
MBS	抵押支持证券
OTC	场外交易
ROI	投资收益
SCOS	组织象征的常务会议
SEC	证券交易所
SIMEX	新加坡国际金融交易所
SPV	特殊目的实体
VaR	风险价值
WTO	世界贸易组织
UBS	瑞士联合银行

第 1 章　什么即将到来？

我们没有未来，因为现在太不稳定。我们只有风险管理。既定时刻的场景转换。模式识别。

威廉姆森・吉普森（William Gibson，2003：57）

相较于经济中的其他部分，风险是金融的核心议题。这不仅包括任何公司必须面对的正常运营风险，而且，还包括来自其他商业财务方面的风险管控。银行将它们转变成商品进行交易，从而放大了通常意义上的风险范畴。风险管理和监管的潜在重要假设使这些风险可以被计算，并且损失的后果可通过彻底地管理和控制来处理。本书假定在大多情况下这是正确的。然而，近期金融市场的发展经历证明，危机不仅发生，而且其对整个经济具有潜在破坏力。委婉而言，风险的某些方面显然并未得到完全的管控。正因为如此，它激发了我开展跨学科研究的兴趣。

本书是作者身处两个领域并对二者区分明确的成果。在我的学术研究中，许多议题直接受启发或孕育自我在银行业的职业经历。我所参与的大部分项目是引进新的 IT 系统或是更新旧有的 IT 系统，而我在其中的角色通常是游离于商业与 IT 之间。这需要从两个方面看：了解商业需求并将其融入 IT 理念中；了解 IT 需求并将其与商业关联，以及了解什么是可能的和经济的。这是一个令人兴奋的视角，将可为各种研究提供足够的素材。然而，在很多情况下变革的内容提供了令人兴奋的理论探讨，于我而言，问题在于挑战有时超出了所研究项目的范畴。正是这些作为起点的情形之一造就了这本著作。几年前，我有机会从事与风险和监管相关的工作，那时我对其还并不熟悉。一家重要的工业公司运营着某一大子公司，该子公司被专门组建用于在不稳定的供应与销售市场上进行交易。当然，买卖交易是一项正常的活动。在这种情况下，令其变得非常特别的是这种交易实际上被看做是投资银行的起源。需要提醒的是，可以说曾经金融市场上的所有交易都是建立在实体经济的基础之上。

由于欧盟监管的变化和由此产生的国家法规，以及作为国际银行监管标准的《巴塞尔协议Ⅱ》的引入，我们的客户想知道这些变化对于其子公司的业务来说意味着什么，他们是否需要获得银行许可证。项目团队的任务是调查经常性业务、组织和风险管理，以了解作为一家银行运营需要什么条件才是足够的，以及如果这家子公司要持有银行执照运营还需具备什么条件。我和我的同事在投资银行交易与银行运营方面有着扎实的背景。尽管我们对产品比较熟悉，但事实上许多交易公司的员工是在银行开始他们的职业生涯的，因而这确保了我们拥有共同语言，让我们有种深入一个不同世界的感觉。

很快我们意识到该子公司与投资银行的重要区别。后者或者为其他公司进入金融市场充当中介，通过帮助其安排投资、转移风险来支持公司的成长；或者进行自营交易，如用未涉及商品买卖的自有账户进行交易。而前者只对母公司生产过程中所需或者所生产的商品进行交易。2008 年国际金融危机及其随后几年，这一关键差异从争论中消失了。生产和消费的全球化组织需要一种更精细的方式来管理资本和现金流。各种形式的衍生品被开发出来以满足这些需求。结果证明，基于基础商品或资产的衍生品非常实用，不必进行实物交割，只需对交易结果清算即可，这使得包含实物交割的交易被边缘化。如今它们仅构成衍生品交易市场的一小部分，而大部分交易专指金融交易，基于现实世界中的商品、货币、有价证券等，但这些只是所谓的基础产品。基础产品不必成为交易的一部分。交割不是目的，它只是作为对价格走势进行计算和估算的参考——投机。在 2008 年，全球认识到金融市场的虚拟世界仍与我们生活的真实世界密切相关，即所谓的系统性风险现实化。

这部分可被看作银行的正常业务，非常有趣的是这些交易也可能对公司存在战略意义。的确，交易公司必须要有利可图。但对于它们来说，在动荡的市场中这也是一个重要的机制，用以对未来超出正常交货合同的部分进行定价。在它们的案例中，大约 30 年的产品生产线投资期限与合同中最多 18 个月且仅为部分产品定价之间的错配，给公司带来严重的计算和规划问题。它们意欲通过与交易公司的衍生品交易实现更多稳定性。期货和期权则是固定价格的有效机制。与金融交易不同的是，货物的交付是到期交易。

交易为未来价格走势提供线索。基于区域和时间价格差异的大量市场知识可以被用来稳定自我预期和实际价格走势。因此可以说在一个全球化的世界中，交易公司代表了一种成熟的风险管理形式。

受“过剩与组织化”会议的启发，我撰写了第一篇关于风险、风险管理和监管的学术论文［佩尔泽（Pelzer），2007］，以分析风险管理的实际问题和根据银行监管要求的估算，我想得到一个与众不同的结果。过度的金融市场总是易于繁荣和萧条，这意味着大多数交易脱离实体经济，从而引发风险管理，也即通过处理超多的数据来测算必需的风险措施。根据巴塞尔协议 II 和目前的德国监管规则，经由贸易商 IT 系统处理的大量数据，只能在当天日常交易结束后且第二天业务开始前的晚间被处理。违反规则总是危险的，图表必须在第二天早上交易开始前准备好，以供董事会管理者参考。过度的不可控性被过度的风险管理所掩盖，在每次泡沫破灭后其会变得愈发强化，却又无法阻止下一个泡沫的发生，正因为对不可能控制市场的怀疑，促使本研究利用不同的术语来探析可能遗漏的因素。

风险是一个令人着迷的话题，为此金融行业至少增加了两个维度：

风险变成一种产品，并通过这一举措使风险变成风险管理的手段。这听起来自相矛盾，至少对于“正常”的经济来说是很危险的。2008 年的国际金融危机已经证明了该系统的危险性。我对风险、风险管理和监管的特殊兴趣是运用雅克·德里达（Jacques Derrida）的哲学思想来面对银行业中的风险管理。从工程学的视角探讨安全和风险的贡献在于寻求德里达（Derrida）所持观点的意义［阿姆斯特朗（Armstrong），2003］；阿姆斯特朗和佩因特（Armstrong and Paynter，2004）。二进制差异的解构是一个起点，用以证明任何文本在工程学和情景中的依赖性，语境如何随术语应用的变化而变化，反之亦然。在没有哲学家的帮助下，这在探讨安全与危险的区别时已然实现。没有术语是独立存在的，它会对另一个术语的理解产生影响；甚至更多——它们构成彼此（德里达，1983）。在此基础之上，犹如即将在第 8 章中把风险比做药物（pharmakon）时讨论的那样，它们的含义得到不断完善。对传播和补充效果的思考导致对许多术语进行卓有成效的再次评价。阿姆斯特朗和佩因特（2004）认为，可能性或概率和严重程度在判定事故风险时通常被当作因变量。相较于事故严重程度，通过对似然值的估算可以得出风险的可接受水平，即期望。问题是潜在的假设认为概率可测是客观存在的。只有经历整个系统的生命周期，事故的可测概率才能被确定。因此，任何事故发生会立即影响风险的可接受水平。事故的真相及其潜在的不同严重程度可能导致对风险可接受水平的重新评估。接下来的主要问题将是，德里达（Derridean）的术语、悖论的阐述，尤其是其关于“什么即将到来”的理念，哪些方面可以加入到对风险的讨论中。很多时候，我想声明的是：这增加了一个在今天的风险管理计算模式中必然被忽视的维度。

用哲学反思组织理论的问题是罕见的——但也并非完全不寻常——这对于某几个读者［如琼斯和门罗（Jones and Munroe），2005；林斯特德（Linstead），2003］来说很有启发性，或可认为这也是被罗伯特·库珀（Robert Cooper）所佐证的某些作者的工作。最初有关风险管理和监管规则解释的文献可谓汗牛充栋［佩尔泽（Pelzer），2007］，当反思风险管理的规则、应用及其衍生特征时，我运用了雅克·德里达（Jacques Derrida）的思想来探究这难以避免的悖论。在德里达的著作中我较为系统地查寻了其他术语，用以打破所有对术语“风险”本身不证自明的应用。鉴于我在银行从事与风险相关工作的背景，我更专注于金融行业的风险以及构建风险管理框架的监管效应。事实证明，德里达的著作中对这些术语的质疑是富有成效的，它提供了令人兴奋的洞见和超越对这些议题一般性讨论的推理。这本书是我认真探索的成果。现在这预示着两个不变的主题永远相互影响：一方面，打破了清晰的从过去、现在到未来的时间序列之箭。风险是一个混淆了有利于意识时代进步的经典术语，这些意识不断地互相影响、破坏、重构和解构。另一方面，对“现在”的坚持将提高任意结果的试探性意识，而这种意识终将公布于众。

对我而言，了解一个项目中风险管理的不同层级是非常有益的；或者更确切地说，我意识到除了生产和货物交付所涉及的风险管理外，还有其他不同层次的风险。此外，银行业的风险管理是关于产品的风险管理，这些产品因风险管理而被设计出来并持续存在。准确地阐述它显然是自相矛盾的：风险成为风险管理的一种手段。受第一次尝试使用德里达成果的鼓励，我开始思考他使用或拆析过的各种各样的术语，并更加确信它们能为丰富有关风险的讨论提供有价值的内容。

因此，本部分采用的标题包含双重含义且具有一定的矛盾性。当然，首先的问题是本书带给读者的预期是什么？读者期待对本书呈现的主题有一个概观了解。然而，本书所用的词组“即将到来”也正是德里达意欲表达的术语“即将到来”：也即对固定含义的否定、对情景和时间的依赖性以及行动目标的关键动态。他选取的案例——即将到来的民主（德里达，2006），或者即将到来的公正（德里达，1992）——

说明对何为民主或公正的理解变化于其自我实现的途中。我们对它了解的越多，目标的行动就变得越不可预测，因为它的改变依赖于尝试实现什么和了解什么的过程。它是对理想的否定，不仅是不可能实现的理想，而且是旨在努力实现的理想。它是对人类社会动态的一种表达，因而非常适合付诸于动态风险的话题。

综观文献可知，风险并非是一个没有被足够重视的话题。相反地，在2008年国际金融危机之前大量有价值的研究文献几乎铺天盖地，且自那以后数量更甚。风险是一个几乎涵盖我们私人和职业生涯所有领域的话题。由于其覆盖范围如此之广泛，因而当我们探讨风险、风险评估、风险控制或风险管理时，会很容易找到定义开始反思我们实际在讨论什么。同样地，让我感到惊讶的是尝试定义风险的现象是罕见的。从一个更广泛的概念对其加以概括与演绎同样少见。大多数文献依赖于一个这样的共识，即为研究的主题专门塑造概念。金融业中定义的信贷风险如同信贷金额损失的风险，我们很难看到其与医院里艾滋病患者面临的高风险或者赌徒所冒风险有相同之处。尼克拉斯·卢曼（Niklas Luhmann）对这种观察非常明确。他写道，寻找对风险的定义犹如身陷浓雾之中，而无法超越自我缓冲杆去思考。他甚至认为即使清晰界定风险的文献也并未充分涵盖这个问题（卢曼，1991：15）。

因此，风险可以被描述为一个模糊的理解，它可以是一项决策、一次行动、工业厂房建设进程的结果等。从不同领域——如灾难研究［佩罗（Perrow），1984］、银行（国际清算银行，2004）、保险［斯基珀和权（Skipper and Kwon），2007］、卫生保健［卡罗尔（Carroll），2009］和其他方面——发展而来的不同观点，体现了对风险的特殊理解和采取的必要行动。在理论层面上，如果从不同角度看待风险产生的巨大差异，这些角度包括经济学的［奈特（Knight），1921/1940］、心理学的［卡尼曼和特韦尔斯基（Kahneman and Tversky），1984；斯洛维奇（Slovic），1987］、社会学的［贝克（Beck），1986，2008］、文化的

[道格拉斯(Douglas),2003a,2003b]、数学的[麦肯齐(Mac Kenzie),2003a]、统计学的[哈金(Hacking),1975]、后现代主义的[米勒(Miller),2009]或者哲学的[斯劳特戴克(Sloterdijk),2006]的观点。乌尔里希·贝克(Ulrich Beck)对风险社会理论的创立(1986,2008 年更新为“世界风险社会”)有着巨大的影响,其著作见诸于《森林消亡和切尔诺贝利核电站事故》报告之后关于现代生活中固有风险的公开辩论中。用社会分析方法研究国际金融危机[朗和西弗斯(Long and Sievers),2011;西弗斯(Sievers),2010,2011]是另一种在显著事实和数据之外获取理解的方式。这些结论部分重叠,部分互相矛盾。因此,一个良好的讨论应是关于复杂的、有争议的话题。汉森(Hansson,2005)坚信风险必然有一个单一的、意义明确的定义。在过去的几年中,无知的决定性角色犹如不可能确切地了解,已经发现越来越高的关注度[威灵(Wehling),2001]。研究风险的方法清晰地表明,它是个非常吸引人的话题,应该从各种不同的角度去研究。然而,即使这些关于风险的理论和实证研究非常多样化,但它们还是秉持了对风险概念的共同理解。在这些著作中,风险通常伴随着其他术语,如不确定性、可能性和危险,并对生命或财产有潜在危害的威胁。有研究认为,风险代表了危险,因而将被预防。

我对风险的研究始于国际金融危机之前,但当然深受世界变化的影响。接下来,本书并非要探究引发 2008 年国际金融危机的直接原因,因为其他学者已经用不同的方式完成了这一工作。[例如,2009 年《国际商务》评论观点中的一个特别专题;欧洲中央银行,2008;黑尔维希(Hellwig),2008;辛恩(Sinn),2009]。在此,我想实现的目标是双重的:一方面,证明哲学见解的应用有助于解释或诠释金融市场的事件;另一方面,运用这些见解在某一维度上开创关于风险和监管的讨论,而不像巴塞尔协议那样仅是对银行监管细节改变的直接应用,以探索思考超越测算和定价的“不可能”效应。在本书的副标题中,使用

“随笔”一词乃有意为之。本书的章节并不意味着对风险的详细阐述或是对德里达有关风险思想的运用。本书并非完全地介绍思考风险和监管的新方法。相反，它是两个思维世界有趣的交锋，以观察是否可以做得富有成效，从更复杂的视角来思考这个话题。文中呈现的洞见在许多方面都是初步的。最基本的即是“即将到来的”本身表达的结果。什么是“即将到来的”终究会来到，不论用何种方式来实现它。关键点在于预期随着朝向实现的具体步骤发展，最终使我们可以更好地理解“何为即将到来”的内涵。探讨的重要方面总是与金融市场的形势紧密相关，争论的潮流受到快速变化的情形影响。也许，这正是我所期望的，如果风险完全概念化为如同在银行业及其监管中的测算，那么，此处提出的争论有助于开发一种附加或以理解这些危机爆发的必然性。为了不使部分读者失望，本书仅限于构造遗漏了什么的想法，而不是开发新的途径、新的方法。这会留待将来研究。

卡特和杰克逊（Carter and Jackson，1997）使用“riscomancy”一词来表达对风险研究和风险管理趋势的不满。对于风险在灾难研究中只是理性的、科学传统的一部分的情况，起初这个词似乎并不恰当，但结果证明对于他们的目的而言，这是一个合适的描述。风险管理的特征包括：用明显的非结构化数据构建框架；不管是从风险存在的时间还是从空间上；一位对风险的价值中立的评论者形象和一位局外人，所有这些因素都将在银行业风险管理中被识别确认，并成为持续存在问题的一部分。在查找词源时他们发现“－mancy”一词指的是预测和预言。当把风险看作是命运的继承者时，这种联系比他们可能考虑的还要紧密，这将在第2章中进行探讨。

贝克（Beck）使我们注意到一个事实，风险是对未来某个组成部分的一种表达。风险是预期的、尚未发生的事情，恰是在这样的背景下其却成为现实。通过设想哪些地方可能出错，设想变成了决策中的一部分。风险是一种预期，应该可以预防（贝克，1986：44）。正如道格拉斯（Douglas，2003a）所指出的，虽然这已经是一种削减，但仅强调潜在的消极面而非偏差也具有积极性，这也是贝克所论证的风险复杂性的另一种削减。他认为，风险意识的中心不是现在，而是未来。基于这种方式，过去就失去了对现在的决定力。作为对过去的替代，未来被认为是不存在而被创建的事物，并积极成为现有经验和行动的一个原因（贝克，1986：44）。虽然这已经是朝着必须改变思考风险社会的方向迈出的巨大进步，但一旦计算成为风险管理的前提，它就缺乏了必要的复杂性。风险计算依赖于过去的数据，并努力推断从过去经由现在到将来的识别路径。

计算处于风险管理的中心。巴塞尔协议中有关银行管理的许多内容都高度依赖于数学模型和统计方法来识别银行业暴露出的总体风险水平。虽然它有自身的优势，但也存在严重的缺陷。正如下文即将对风险进行的讨论，计算的风险是秩序，并受到这种观点的限制。它否认了一种基本的特性，犹如曼斯菲尔德（Mansfield）在其对德里达对绝对风险思考的解释中所提及的："计算是用来消除偶然性，甚或历史、事故、开放可能性的。"（曼斯菲尔德，2006：480）。正如即将显示的，既不是偶然性也不是事件有着最微弱的趋势，这种趋势正在消弭或者仅由计算控制。第 2 章对其后章节中论点的理论基础进行了介绍。它由三个部分组成：第一部分，也许——风险的其他要素引入了德里达在不同语境中使用的几个术语，它们共同为风险的维度提供了一个强大的词库，而该维度并未被风险管理的统计工作所覆盖。类似可能、不可能、事件、发明、期限、能力、涉及决策或公平的悖论、德里达对于职责的理解及其第一印象、何为"即将到来"的奇怪词汇等的表达，为几乎完全缺乏对目前风险理解的维度提供了有价值的洞见。如同对其他绝对事物的处理，他对绝对风险的简明应对可以很好地融入对市场角色的讨论。第二部分描述或重构了从一个危险行业如出海作业到对风险概念进行介绍的方式，以作为全球化回报的计算。第 3 章将风险解释为对未来规划的尝试，远离生命的风险成为一种独立算法并进一步抽象的过程，将导致风险即是秩序的结论。

在某种程度上，第 3 章代表在本书中使用其他论证的一个例外。在一位对危机有广泛研究的作者的帮助下，国际金融市场的危机可被看作是一次这些市场反映异常状态的机遇。在市场和银行的环境中，乔治·阿甘本（Giorgio Agamben）所说的“主权例外”和“异常状态”从政治转移到演员的水准。为了说明“排斥”和“包含”对于这些概念的重要性——尤其是以包括排斥的形式——E. A. 坡（E. A. Poe）的阿拉贝斯克芭蕾舞《红死魔的面具》被用来作为一个失败的风险管理例子。正如国际金融市场上的异常状态使得多个主权例外变成可能一样，本文也是如此；虽然风险可能被排除在个别银行之外并被对冲，但其通过对银行资产负债表的物化和破坏表明风险依然存在。使用与危机前相同的方式进行监管将无法应对这种发展。

在本次金融危机之前，国际投资者的行为在很长一段时间内都是公众关注的焦点。德国大选期间的“蝗虫之争”即是一个很好的例子。犹如蝗虫般的投资者贪婪地降临至该国，从不浪费任何精力去考虑那些被他们挤掉工作的人们，从那时起这已成为政治辩论的一部分。对第 4 章中隐喻内容的仔细思考显示，在神正论中作为自然和道德沦丧讨论的术语混乱。这次讨论发生的时间也恰逢全球化的开始和发展。此时风险概念被发明出来并发展成为一种基本理念，被应用于发现和经济活动中。今天看起来，好像起初向外运动的探索和风险又回到了起点——充分发展，仍然保持着征服者的心情——但是在新的伪装下以其前任的基本动力威胁着继任者。交易员和基金经理的后社会世界被描述为一种风险转变，这种转变面临着参与竞选活动受众的“邪恶”。当金融市场和产品市场的世界变得更容易理解时，第 4 章将“蝗灾”威胁的公众表达作为整合不同思路的机会，这些思路通常彼此分离，以提供一个在“界面”的世界中日常风险感知异化印象的背景。过去三十年国际金融市场的发展至少从两个方向破坏了公共认知。使用的方法代表了一种只有专家才能处理的抽象水平。对于日常经历而言更重要的是——投资和风险管理的某些形式，在某种程度上已经发展成正在威胁许多在公司从事商品生产或提供服务的人。

风险和责任是两个紧密联系的术语。积极的结果是任何人都需为冒险而承担责任；如果一切都按照假设的风险行为进行则获益；或者接受损失而为破坏付出代价。至少这将是外行的假设。考虑到 2008 年的国际金融危机或者之前其他泡沫的破裂，这个看似不言而喻的联系似乎值得商榷。那些在市场上给公众带来巨额损失并应为此负责的人在哪里？何以变得不同？为风险和责任之间不和谐关系提供解释的改变体现在哪里？在第 5 章中，我特别强调了这两个术语间微妙变化的关系：从风险和责任到责任的风险。讨论的基础是雅克·德里达（Jacques Derrida）和安东尼·吉登斯（Anthony Giddens）（其在 1999 年的论文中提出了风险和责任这个题目）对责任进行详细阐述的交锋。其他两位作者的贡献则被用于进一步发展该观点。乌尔里希·贝克（Ulrich Beck）的术语“有组织的不负责任”被作为风险社会整个论点的一部分提出（1986，1988），并被进一步发展为银行业中的“结构化的不负责任”。霍尼格（Honegger）等（2010）曾将后者作为一本书的题目，但他们并未对其做深度的讨论。一位在公共组织中用非常特殊方式承担责任的管理者对其做了简短的引用，非常清晰地展现出新的维度：他承认是有责任的，但不应该受到处罚［“负责，但无罪”，博尔坦斯基（Boltanski），2010：213］。有组织的不负责任与此有惊人的相似之处，但却有一个关键的区别，或者说对它的解释向前迈出了更关键的一步。吕克·博尔坦斯基（Luc Boltanski）关于责任人的著作（2008，2010）与德里达的观点相结合，描绘了一幅金融业处于结构化不负责任的景象。我的初始假设是风险和责任的关系是不和谐的，它不仅仅是一个可以恢复的暂时性失衡，而是暗示着需要根本性的重新思考。

风险是极富吸引力的，至少某些人会被卷入危险的行为。假设风险具有美学价值，它的部分魅力可以被令人赞叹的审美观念所解读。第 6 章即意欲从审美的视角来洞察风险的魅力。在投资银行中有崇高伟大的事物吗？如果有，那又是什么呢？有关风险崇高方面的研究并未得到很好地发展。在体育领域被发现的一些文章，其对边缘工作的阐述［林（Lyng），1990］可与金融业中的风险进行有效地联结。对从交易所收集的不同来源人种学材料的应用，证明这种崇高超越了任何理性的风险管理。与此同时，交易所中风险的不同结构意味着其与崇高的哲学观［伯克（Burke），1998/1757；康德（Kant），1974/1790；利奥塔尔（Lyotard），1984］有根本的区别，哲学观曾使其对那些有机会冒险的人更具吸引力。风险可以被恰切地称为这个领域崇高的幻象。因此，此处的假设是看待风险的崇高方面，是对风险和风险管理讨论的必要贡献，可用以审慎评估金融业中风险管理和监管的机会。

第 7 章发展了本书的核心论点，将题目定为即将来临的风险。德里达（Derrida）有关“未来”的概念非常重要，因为它承认未来在几个层面的偶然性。未来本身并非完全不能预测，但是作为一个不可能事件的结果，它可能看起来完全不同于我们今天的假设。它强调风险总是包含了我们所不知道的、不能计算的事物，换句话说，它会给我们带来绝对的惊喜。这是一个很容易被接受的观点。然而，德里达的论点更为复杂。他认为现在决策的结果不仅是偶然的，甚至是未知的，而且他还坚持决策的未来状态会随着决策的执行而改变。由于环境的变化，获得更多民主的任何尝试都增加了民主的经历，改变了民主的理念，并实现了这一理念。它仍是一个动态的目标。这种动力极其需要深思，更不用说预测结果了。但是它承认决策的操演，并拒绝风险管理的一个核心假设：风险管理本身并不影响它所发生的环境。开拓视野，把人类行为中难以避免的复杂性考虑进来，接受任何目标都是初步的、变化的是风险管理的一个基本挑战。

随着德里达对柏拉图制药业的了解，第 8 章将更深入地探索即将到来的风险。风险和监管的传播也是“传播”的教程，德里达（2004c）试图论证他的“延异”概念，并在工作中加以跟踪和补充。这是令人惊奇的，正如他所承认的：“一个人失去了头脑，就再也无法得知他的思想在哪儿，这也许就是传播的作用”（德里达，2004c：17）。传播是德里达提出的另一个术语，用以表达所有试图修复的意义都是不可能的。该影响是任何术语都会随语境、被应用和使用对象、时间的流逝、移动空间的变化而变化。当谈及类似风险的术语时，其明显的、固有的模糊性预示着机遇和潜在的失败并存。在德里达式思想的帮助下对术语的准确阐述，给风险这个众所周知的模糊术语增添了不可避免的复杂性。在讨论（写作）时展现风险是如何被分散的、传播的，并将在深入研究国际金融市场的主题时不可避免的继续传播是一项有价值的工作。再仔细看一下与药品（pharmakon – pharmakeia，pharmakeus and pharmakos）密切相关的各种表达方式，在关于风险和监管的讨论中诠释他们的角色，会使我们更好地了解这些含糊不清的术语是如何影响风险和监管的。人们不要忘记药物既有疗效也有毒性，而风险和监管恰如药物的这种两面性。

巴塞尔市名字之后加上罗马数字Ⅰ、Ⅱ和Ⅲ，成为国际银行业监管框架的代名词。第 9 章的第一部分从两个方面将该框架作为在超现实市场中可能存在过度监管的反映。《巴塞尔协议Ⅱ》体现了这两个方面：试图使用过度监管来控制市场的过激行为以及试图将监管转向对超越纯量化风险管理的理解。在此背景下，主要监管者的深刻见解面临着对规则进行德里达式的解释，以及支持设置无法实现的事先预期结果的规则和监管。规则在其被应用时意味着构建或重建。本章第二部分的目的在于，把之前章节中对德里达“即将发生”理念的概括，进一步发展为可称之为即将到来的监管。如果风险是某种“即将到来”的事物，那么应对风险的监管必如风险一般，对未来发展也是开放的。如果金融风险正在变成每个人人生规划中不可分割的组成部分，正如一些作者所说的金融化［马丁（Martin），2002］，监管必须考虑当“药物”超越银行稳健性时的风险后果。必须决定如何处理“社会无效交易”，正如英国金融服务管理局（FSA）主席阿代尔·特纳（Adair Turner）所认为的，大部分金融交易都是如此（特纳，2010b：33）。监管最重要的是必须知道如何管理预期。如果风险如时间之箭般地单向线性思维是一种危险的不完整方式，用以思考过去、现在和未来随着视角的不断变化而相互影响的复杂性，那么监管者就必须加强对即将来临的风险和监管的思考。如果金融市场的任务是稳定对未来经济的预期，那么，风险交易参与者和监管者的部分职责即是为了避免将风险转化成二阶的危险；风险管理本身变成了一个不可能事件的来源。

对时间的基本理解的讨论在这几点将被接受，然而，尤其是最后一章德里达的最终行为，在某种程度上将不会有结果。当谈及“幽灵”时德里达（1994）在他对当代马克思的讨论中借鉴了《哈姆雷特》中的名言之一：这是一个礼崩乐坏的时代。现在被过去牵绊，未来却是令人惊讶的，但对于风险的思考需要非常强大的洞察力。时间之箭失去了它的线性力。风险作为对时代关系特殊的考量不可能保持超然。当时间被牵绊，现在面临着自身的非时代性时：作为规则而被引入的风险即是严重的脱节。

在本书写作接近尾声我努力将自己的想法进行总结之时，这让我想起了在大学的第一次演讲。当时埃克哈德·卡普勒（Ekkehard Kappler）对这些结论表现出强烈的反对。这不是演讲者的傲慢，而是暗示着在第一学期学生们仍有许多需要学习的东西，他们应该避免得出任何结论。它证明了这样的信念，任何声明都只是初步的，总会受到多种力量的挑战：更好的讨论、学习、情景的变化、写作和发表之间的时间差等。那时德里达的思想仍然不是那么好理解，且他的大多数作品并未成文，但在我尝试研究他的思想之后，与那时相比，现在我觉得能更好地抓住要点。因此，在本书结尾的第 10 章强调这并非一个结论。用海因里希·冯·克莱斯特（Heinrich von Kleist）（19 世纪初德国浪漫主义者）的论文来展示前进中的、走向未来的思想的逐步发展——总是可以意识到不确定性——始终被关注并被铭记。我把变化后的克莱斯特（Kleist）的研究主题留给了读者——在捕捉和管理风险的过程中风险的逐步发展：依赖于主管者的责任。

我在撰写本书过程中尽量使各章节可被独立阅读。这些主题提供了一个对当前讨论中似乎不太常见的领域进行深入挖掘的机会，例如，对美学的角色或者例外状态的寻找。这使得争论中有些许冗余，尤其是在部分章节的开篇，争论的出发点显示出一定的反复或重复。对风险和监管研究视角的多样性反映了本书在开始时对吉普森（Gibson）观点的引述，也即我们现在的状态太不稳定。虽然本书采用多种研究视角旨在对某种模式的识别，但却秉持明确的信念——波动性意味着结果存在于一个持续变化的多种模式中。

第 2 章　思考金融业的不可能风险

“也许”（Perhaps）——和风险的其他成分

“也许”（the perhaps）一词具有温和的爆炸力，能让一切不证自明的确定性事物变得不再确定。坚持这一点也许对打破常规是有意义的。我们应以其他方式来看待一切所谓的“不证自明”的条款。这样做的目的是提醒人们，常规固定的思维模式使我们如此安于现状，以至于大家常常忽略了那些“不证自明”的事物中确实存在的矛盾之处，而这些矛盾正是思维需要驻足的地方。近距离观察可能会发现矛盾和困惑，而专注于所有的矛盾和困惑，能够显现洞察力（或者说希望如此）。忽略这些对矛盾或困惑的反思（像对术语“风险”进行阐释的本篇论文就属于这种反思），有可能会导致像 2008 年国际金融危机那样的畸变。

但是我们对“也许”的第一印象是它太常见以至于看起来它的意义中不含有能触发改变发生的因素，不会将某种对即将要做决定构成挑战的不确定性考虑在某种形势中。相反，只要尚未解答的问题是处于待讨论和答案模糊状态时，就会用到“可能”一词。当要避免作出一个决定时，说“可能我们应该……”的目的是对这件事是否真的要去做表示怀疑，是暗示如果保持原样情况会更好。对已经发生的事情有若干种设想，若干种可能的补救方法。一个决定的作出要考虑这些。然而，作出一个决定往往意味着排除既有选择以外的其他任何可能性。“也许”一词避免了我们作出不考虑其他可能的决定，以不确定期限来推迟这种决定的作出。它保留了不确定性，因为决定中所涉及的不确定性而显得自相矛盾，但同时一旦形势变得更明朗时它又提供了作出反应的潜能。然而，或许形势会保持不明朗。以上观点注重不确定性和所涉及的风险，而另一种看法强调当前既定形势下的潜在差异。或许我们可以以相反的方式来看待它，当前的形势就有了另外的解决问题的办法；目的是获得改进、发展或只是为了变化而变化。这种看法以机会为导向，为了实现变化而必须采取行动；目的是实现期待的机会，而不是作出犹豫或逃避的决定或行动。

语源学证实了术语的能动性。“Perhaps”取代了中古英语“by hap(s)”。Happ 在古挪威语中的意思是机会、好运，并与古英语中的 gehap（lic）有关联，而 gehap（lic）一词的意义是“合适的、舒适的、有序的”（牛津英语词典，1989）。德语词“vielleicht”起源于中古高地德语，是 vil 和 lithe 的结合。格林（Grimm，1854/1960）认为这个术语不仅能用来表达“非常简单，没有难度”，也已应用在一种更宽广的语境上表示某种特定的期待、设想或恐惧。法语词“peut ĕtre”由两个动词结合而成，听起来也更具体：可能，几乎带有一种本体论的潜在含义：事物可能会完全不同。

“机会”和“好运”，是对未来事件的期待，但也是设想性的，表明不是那么确定，因此意义中也包含有否定的预期——恐惧。恐惧说明了人们对未来事件的不确定性作出的相反反应，及对行动和决定会产生结果的相反反应。我们不能确定地知道它是悲观主义（设想事物最终会消极发展，比现状更糟）的来源还是希望（认为事物最终会朝预期的方向发展，能改进现状）的来源。与 Happ 相关的古英语中“合适的、舒适的”用法与德语的用法相像，而“有序的”这一含义的提及让人意外，它似乎表达了一种控制需求，一种早期的降低不确定性的渴求；似乎表明了对风险管理的先于文字的探索寻求。

以“也许”作为一本有关风险和风险管理的书的开头，为我们对一个与生俱来就不确定的世界的不可估量性形成基本构想打好了基础。

某些事情或许会发生，或许不会，或许与预期有差。很有可能是正态分布（normal distribution）内的一个误差，或许误差在常规度量之外，甚至会出现一些新事物，一种从未考虑过的情形。只有当新事物发生时、当可能性实现时，才能知道它的维度。也许？或者，也许！我们习惯于把感叹号用于警告危险的交通标志中：表示带有急弯的狭窄街道、岩石滑落或前方施工。很明显有发生破坏性事物的潜在因素，但我们得到了警告，进而采取相应措施：低速驾驶、注意道路上的石头或经过的重型车辆。这里的“也许”是发生效力的警告，这种警告在预料内，即属于可能会发生并且人们已经体验过的事物。

尼采对标点符号运用的高超技巧，我也试图在此使用。但尼采的标点符号当然不是来指导道路驾驶行为——至少他会认为上文的这些例子微不足道，他把注意力放在更加基础的语境中：

> 甚至很有可能是这样，那些美好和受人尊敬的事物之所以有价值，因为它们与那些邪恶和显而易见反面的事物是暗中相连、密不可分的——甚至可能在本质上与之完全相同。也许！但是谁愿关注这些危险的“也许”（perhaps）呢。
>
> 尼采（Nietzche 1993：17）

尼采（Nietzche）在《善恶的彼岸》中讨论的内容就是危险的“也许”。犹豫、甚至、仇恨等情感都在这种讨论中。这是一些人会遇到的风险，他们不在界限中看待问题，不愿意把即将发生事件看作是可以预料的，是现存事物的延续。需要有创新思维的哲学家来对即将发生的事件作出思考，这些哲学家要有着与之前的哲学家完全相反的品味和性格，要有勇气坚持新的见解，这些新的见解会击碎目前现有的某些知识的基础。德里达（Derrida）在提到尼采（Nietzche）时写道：

> 从白天到夜晚，从中午到午夜，阴谋的捏造并非不包含“也许”

的风险，因此这种阴谋也已经在该风险的不可估量的预期中。这种风险构成了新哲学的与众不同之处。“已经存在的也许”（The already of the perhaps）是积极的新哲学，已产生影响。

德里达（Derrida 2002b：75，作者译）

“也许”是一种风险，即使这种风险只是暂时性的。它在风险产生问题前就已发生，强调的是那些会成为新哲学的事件。这种“也许”不是陈述性的（constative），而是表述行为的（performative）。它对正常的事物形成了颠覆性的破坏，使人们开始对不可能事物的可能性形成认知，即在现有的占主导统治地位的哲学教条外去思考什么是可能的；可获得与之前相比额外的或不同的认知，认知的实现是可观察的、可确定的和可思考的。尽管这不是哲学家德里达的世界，但我们可以在此引入“风险”这一术语。当在界限外前进，一个新的世界会展现出来，这会丰富已有的现实世界。新的维度会增加，这会使问题在目前还尚未触及的层面得到解决。用这些方法有可能会识别出那些不被视作是错误的错误。或随着进一步的举措，风险会展现出一种全新的维度。这不是尼采的意图，这对他来说仍然太微不足道。然而，两者的方向是一样的。将意志与这种危险的“可能”密切联系在一起，会使一个人与主流的观点和信仰产生矛盾，很容易被孤立。尼采总结道（1993：145），新类型的哲学总是与今天的理想为敌。

对“也许”的经验是至关重要的：“没有对‘也许’的经验就没有未来，也没有对即将发生事件的关联”（德里达，2001：74，作者译）。这一简单的引用中命名了三个中心术语：未来（future）、事件（event）和即将发生的事件（the coming）。这些术语构成了其他话题的基础，德里达将这些术语和话题一并探讨。“可能”有必要利用德里达思想产生的温和的爆炸力，这里所说的思想不包含他为支持异教话题而研究的专题。关于术语界限、事件、也许的讨论，和对所谓“即将到来的事物”的探讨［德里达探讨过即将到来的民主（德里达，2006）、正义（德里达，1992）、友爱（德里达，2002b）以及其他概念］，对于理解风险术语的内涵也很有启示性，对于风险管理的当前观念受到的限制尤其如此。特别有启示意义的是围绕药物和风险、风险管理和监管的术语词族的思考见解。在一定程度上，德里达在风险的语境中使用的这些术语，将论证的语境从他认为积极的、期待得到的变成了消极的、最好要避免的。本书的写作基于这样的信念：风险应该用来证明，未来采取的任何举措（正如德里达的理解）都与风险紧密相连。将风险加入到论证中来，就像上述引文中所指的那样。“也许”意味着未来是开放的，不可被关闭。这种不可避免的“开放”会和术语“风险”及风险管理糅合在一起。风险管理的目标是排除“也许”。对风险的思考源自德里达对“也许”和内在风险、对未来和对事件思考的启示。这种思考由于一种维度的出现而变得丰富。至少这种维度在当今时代的风险管理中还是很少见的。风险是一种药物（pharmakon）。

不可能（impossible）的事件

德里达对于事件的理解读起来多少让人感到费解，它和我们通常对事件的理解不同，让人沮丧。他对“事件”的理解面更窄、更具体，也看似矛盾重重。若要说出某一事件，我们会想到音乐会、下周末举行的本地足球队与联盟冠军足球队的对抗赛，或者是偶发事件，或者是某个风险的实现。这些列举的事件在本质上是计划好了的或可预见的，我们能提前很清楚地看到可能发生的结果。音乐会和足球赛经过精确部署，提前通告。很明显它们的发生地和发生事件是固定的；偶发事件和风险的实现不是计划好的，它们的发生时间，即什么时候会发生或到底会不会发生不是一定的，但是它们还是属于在可能的（the possible）和可预料中（the expectable）的框架内。当所有事情按正常秩序进行时，经验会告知哪里会出现差错。即使没有料到偶发事件的发生，它也在预期的考虑内。

除了可预料中的、可重复出现的、可测定的（the determinable）事件外，还有其他形式的事件。这些事件明显在我们预测外，不服从任何规则。这种意义上的时间从根本上来说是不可预见的，预期考虑不到。我们知道事件将会发生，因为在语法上也存在将来完成时，我们可以想象一个不同的世界，似乎会出现一些全新的东西，但是我们不知道它会是什么，它什么时候发生，它可能会引起的结果是什么。如果我们能回答哪怕上述一个问题，这个事件就彻底跟未来无关了。它变得可以想象，就已属于现在的一部分了。只要我们在目的论界限（teleological horizon）的范围内去看问题，这样想就很正常。这种界限是理想的，认为某些事情会发生。判定这些事情的发生是根据已发生的确凿之事推测，因此断定它们是现存事物。

然而，事件是“不可预测的”（un－predictable）。它打断了事物的正常运行方式，并具有完全的独特性（singularity）（德里达，2003）。事件之前并不存在，当它被谈及的时候已经太晚了。事件必定在其发生后才被谈及，因为在发生前事件是不可能的。德里达写道（同上：33，作者译），“不可能的经验（experience of the impossible）是事件的事件性的前提，一个事件的发生只有在可能的情况下才发生”。通过把术语不可能拆分为不可能（impossible），就能清楚看出可能（possible）永远是现在时，甚至当它带着“不”（im）这个面具时也是这样。只有当不可能的面具被摘掉时，不曾预料过的、不可预期的事情才会突然出现。它的出现让人惊异，会立即打断现有的语境。

如果它存在，那些已发生并发生在我身上的事情具有独特的事件性。或者说那个意外来到或遇到的人（在法语中我将其称之为“我来了”）。如果有这样的事情，那么它将一个闯入或一个爆发设为先决条件，这种闯入和爆发能够打断所有的行为规则（performative regulation）、所有的共识和所有惯例下的语境。这仅仅是说，只有事件不受制于“好像”

时它才会发生。至少不受制于已存在的可读取、可辨认和犹如清楚发音的“好像”。

德里达（2001：72f，作者译）

事件从一发生就失去了它的独特性。它在描述中出现，同时就具有可替代性和可重用性了。它已经变得可能了。换句话说，在现存之外指向未来的变化只能通过事件发生；或者，这些变化处于不可预料的位置来威胁着现存。事件指向风险之外。因此，风险对于这种理解框架内的事件是有很大意义的，即便这与传统想法的本质是相悖的。试图用这样的方式（重新）打开关于风险的封闭式思维，会让我们认为现在不可预测的事情是一个悖论：可能的不可能——“不”可能。此时此地事件是不可能的，它不存在，对它没有想象，因而它是不可能的。当它发生时它就变得可能，未来表现自身，目前不可能的未来事件转移到了现在，成为了存在。

不可能会成为另一种可能，这种可能在界限内实现、存在。不可能是将可能包含性地排除。它定义了可能的世界，定义了把可能排除掉后什么将会变得可能。可能和不可能之间的界线通过区分排除彼此来说明彼此的重要性。可能是那些不是不可能的，这听起来极其老套，但是可能所依赖的东西是基础的，构成性的。

未来——界限

可能在已知的界限内。因此不可能的事件是一个要求严苛的概念，因为它所针对的对象超出已知。很容易可以看到它和潜在性无关，潜在性在可能的界限内，是已被考虑过的。它是业已形成的想法的延续，是可能的尽头，但是还未实现。把未来和事件看作是不可能的来源和表达，会使我们用超越时间观点（temporal perspective）的方法把注意力放到现在和那时、现在和将来的区分界线上。这也是思考此地此刻可能性的界限。界限在这里是中心表达，它至少有两层意义。一方面，界限指的是我们思考范围内的语境。过去获得的知识和经验、所产生的后果以及根据以往知识预测近期会发生什么；界限是这三者的混合物。界限是区分已知和可控事物与未知的分界线。控制（control）和正在控制（controlling）在此是非常好的关键词。用控制作为获取信息的手段来得知组织所处的状态，在此基础上做计划或调整先前的计划。这主要是靠收集或解读数字实现，这些为投射未来做好了准备。作出控制、计划、投射是能让未来变成现在的一切行动。它们描绘出可能的情况，目的是把未知的未来变成可控项来制定计划，将已知的现在投射到将来。它们形成了一个目的论界限，未来在这个界限中不存在。界限是，“像希腊语表明的那样，一个限制。我可以从这个限制里事先对未来作出理解。我等待未来。我预先确定未来。然后，我将其消除”［德里达和费拉里斯（Derrida and Ferraris），2001：20］。在试图控制未来时我将其消除。尽管我们不得不增添这样的话：“为我们”。制定计划的人将她对现在的评测投射到未来，把界限提升到她能看到的水平。通过这种控制她画了一条对她来说无法穿越的边界；我们不得不在这儿强调，虽然讲的不是事件，但还是在沿着德里达的思路走。因此，另一方面的意义与德里达的思想相符，都试图将未来的价值从“界限”的价值中解放出来（同上）。未来是已经到来的事物。将会到来什么完全由界限的另一边承载。但是界限不是清楚区分“真实”未来和投射未来的界线。因为它是在目的论行动（teleological action）的过程中创造出来的界线，所以不能说未来在界限外开始。在时间之箭上没有线条标明未来的起始，没有线条能够区分未来和我们前方能用来控制的那段时间。投射完全不是真实的，它创造了某种适合现存的可能情况，然后宣称这就是预定的未来（intended future）。未来被有力地（或在组织中甚至是有效地）关在了外面。

决定（Decision）

德里达对决定的看法取决于他对不可决定的（undecidable）、也许和不可能的看法。一个决定一定有一些东西尚未决定。据此可以很容易看出，这种理解决定的方式对日常组织例行决定的理解构成了严重的挑战。这种挑战里含有“可能”所引起的颤栗。做决定需要这种挑战——犹豫，弄清楚它的前提条件。因此当某人声称“这是我的决定”时，我们才能知道他的决定把什么排除在外了。

德里达（Derrida，1992）在对正义的讨论中把不可决定阐述为多重绝境的经验（the experience of multiple aporias）的结果。他强调正义和法律之间的不同。法律要成为获取正义的手段需要具备权威性和作出解释说明的能力。获取正义不得不经过法律。一定有法官使用法律来获取正义。但是使用法律意味着遵循规则，遵循规则就是遵循计划。法官就变成了一个计算器。正义不能通过遵循计划获取，因为不能对正在讨论的具体案例作出决定。为了公正，决定必须是一个新颖的判断（德里达，1992：23），这样的决定必须遵循已有的法律，然而它是一种阐释，并非仅要服从法律：“它必须保留法律并破坏法律，使其暂时失效足够的时间，在每个案件中对其重新改造，重新论证，至少在对法律再次确认中将其重新改造，新颖自由地证明其原则。”（同上：23）一个公正负责的决定必须同时遵循某条规则并否定该规则。但这是不可能的经验。然而，经验是设法到达目的地的全程贯穿。在这个意义上，要获得应对困惑的完整经验是不可能的。没有贯通的路。正义是我们不能体验的经验。相反地，若没有这种不可能的经验，正义就不可能获取。正义是关于不可能性的经验（the experience of impossibility）。法律是计算的一部分，正义是不可计算的，它提出了精确的要求：计算不可能的计算。识别、承认疑难问题及其导致的不可决定的结果（the resulting undecidables）是讨论什么会到来的必要前提条件。这是德里达提出的挑战。

秉持正义要承受遵循法律的必要性与获取正义之间的冲突。获取正义不仅仅是执行法律中明确表达的规则。如上所述，一个公正负责的决定必须同时遵循某条规则并否定该规则。若把与决定有关的观点加入到对实现正义的讨论中，那么接下来有关规则概念的讨论就会出现稍许矛盾。以德里达早期关于差异的作品中的视角来看待规则，法律和规则这些术语都增加了难度。“遵循规则”的表达似乎暗示了一种起源，它的存在不依赖于它的用处。《论文字学》（*Grammatalogy*）（德里达，1983）中一个最重要的激进观点就是对起源的可能性的否定。没有什么可与起源相提并论。只有踪迹是一直被增补的，并且通过增补而变化，所以没有源起的规则。规则总是被不同的人理解和解读为不同的意思，即使是同一个人也可能将同一条规则应用到多种不同的语境中。对决定的讨论中有这样的表述，似乎说明有一种更严格的观点：“对我而言，‘不可决定的’从来不是决定的对立面，但是在一切事例中决定的条件，其不可能来自于像计算器运算一样的知识”（德里达 2004b：63，作者译）。计算器不会作出决定。它是机器，遵循逻辑的机器。这种逻辑在程序中实现，没有偏差，没有改变执行的可能性。按设计好的程序来执行行动，这样的规则与决定无关。我发现一个问题：当遵循的规则被设为决定的对立面时，它被看作是与机器逻辑等同。根据对踪迹和增补（德里达，1983）的争论，所有的人类行为在应用规则时已发生改变和改进。甚至说得更激进一些：我们不遵循规则，规则遵循我们的行动：“法律、制度、规则包含指导我们行动的命令，但奇怪的是，它们的确切含义只能在这些行动中得到确定，只能由这些规则指导的行动来决定。”［欧特曼（Ortmann），2004：42，作者译］。规则遵循行动者的意愿。基于回顾的视角，当行动者遵循规则时，规则也遵循行动者的意愿。欧特曼（Ortmann）认为，这种与以往观点相逆的看法具有倾覆性，几乎是卡夫卡式的（Kafkaesque），但不可避免会模棱两可［佩尔泽（Pelzer），2007］。只要涉及人，所遵循的规则就不可能由计算器产生。这里用“不能”，而不是“不应该”。这是一个基础性见解。该思路会在第9章的国际银行条例巴塞尔协议中得到进一步探讨。

然而，这不是德里达意欲表达的观点，即使它有一点点自相矛盾。在事物正常发展过程中应用规则、解读规则属于可能领域的范畴。规则规定了可能。规则产生的后果是可预测、可计算和可信赖的。遵循规则绝不会产生决定。但这里的讨论更微妙，不仅仅是要提及与决定有着显著差异的不可能。决定在遵循规则时就已开始，遵循规则暗示着作出了使用规则的决定。如果规则是计算得出来的，我们就不能从计算中作出决定。法律和正义之间的分界线具有不可决定性。任何决定都不得不经由不可决定的经验作出。

> 不可决定性不仅指在两种抉择间徘徊难以作出选择；不可决定的经验尽管是异构的、在可计算的和规则的秩序之外，但它也是受约束的。我们必须说，在将法律和规则考虑在内时，这种约束使它屈服于不可能的决定。
>
> 德里达（1992：24）

没有不可决定的经验就没有决定，有的只是设计好的应用。但是计算暂停，即不可决定发生时，正义又不无法得到保障。用不可决定性来审视规则时，规则被延后和遵守、被改变和应用；更确切地说，应用规则意味着在使用规则时改变了规则、创造规则或重新改造规则之后规则得以具体使用。

很明显，决定在任何时候都不是完全公正的：要么它还没有依据某条规则被做出（明显无法称之为公正），要么它已经遵循了某条规则（不管该规则有没有被接收、证实、保留或重新改造，决定都得不到任何保证；并且如果决定被保证，它将被降低到计算的层面，我们不能称这种决定是公正的）。

（同上）

这会对关于风险的讨论产生重要影响。在辩证法意义上不可决定的严峻考验永远不会结束。它具有迷惑性，很容易产生影响，就像一个必然存在的幽灵一样纠缠着未来。作出一个公正决定后产生的良好感觉无疑会消除这种考验，事实上，作出任何决定都会这样。

决定必须打破可能，因为会在可能的范畴外（德里达，2003：44）。“也许”的基本困惑会作用于决定。这是“也许”和决定两极间的游戏，未来的开放性和现在的闭合性间的游戏，是不可能与可能间的游戏，以界限以外的事件为目标。如果没有不能确定的可能的开放性，没有保持一切平衡的可能，就没有事件和决定产生，它仍将悬而未决。停顿能延缓“也许”，同时保留它“生动的”可能性并铭记“也许”。如果没有这样的停顿什么都不会发生，什么决定都不会有。一个决定可能会破坏确定性，将其置于“也许”的危险之中，这个决定不得不破坏其可能性的条件，即“可能”。没有确定性、可计算性，缺乏反对“也许”的力量，就不会有规则、法律、合同或制度（德里达，2002b：104）。在这种矛盾中，决定生成与否。

能力（Competence）

德里达曾在冷战时期参与对核能批评的讨论。这场策略性辩论是关于核武器的零使用以及是否应该成为最先使用核武器国家的问题，这引起了公众极大的兴趣。他的讨论很有趣，原因有两点：一是他对速度重要性的阐述；二是他大部分思考着重于能力以及能力与决定的关系。确切地说，是能力与无能力的关系。一个恰当的决定（competent decision）无疑是一个矛盾，这是本文渲染所致。就像他对其他常见术语的理解一样，这也需要一些解释。通常是这样理解能力一词，一个人知道她在谈论什么，完全理解自己的所为，因此能作出有理有据的最佳决定。构成能力的成分有：长期在某一领域的经验、专门的技能，对工序的知识，并知道怎么发挥它们的作用，还要清楚地知道为实现某目标所采取的行动步骤。在决定和行动之间没有长时间的犹豫，因为对于有能力者（the competent）来说形势是清晰的。在没有时间犹豫时最好能有人立即作出判断、决策和行动。有了对决定的认识就很清楚什么是与上述这种理解背道而驰的。这里理解的能力是控制可能的，完全是在界限内的活动。尤其当时间很紧急时，没有时间来推迟作出决定，没有时间来获取更多信息及与他人进行讨论，没有时间来权衡轻重，能力就会起到慰藉的作用。本文的背景是围绕核武器最先被使用的讨论。威慑政策背后的思维模式是谁先使用核武器谁后死。这句话的含义是，由于洲际导弹从一端发射到目标地的时间是极短的，另一方就必须利用这极短的时间发射一枚洲际导弹反击过去。这会变得更加困难，因为必须要在极其不确定的情况下作出这个反应：对方真的发射洲际导弹了吗？这件事难以置信，雷达的显示是正确的吗？或这仅仅是个假象？这个威胁是真的还是雷达的误差？“在最初速度已经存在”（德里达，1984：20）。并且，进入核武器时代速度如此之快，已经没有作出决定的时间了，只能开启程序的开关。这就是能力的内涵：了解程序的知识，并基于这些知识作出行动。但是德里达又一次将观点激进化。他坚持认为，尽管在“第二次世界大战”结束时世界已经历过两次核武器爆炸，但这仍不是核战争。这些核武器结束了一场传统的战争。在冷战时期讨论的核战争还未变成事件。它还是语言、文本和谈资，因此是能够被解析的——这正是德里达乐于做的事情。

或许我们可以总结出，“也许”产生的温和的力量正是合格的讨论所需要的。这种力量是封闭的，是兼收并蓄的。它打破了界限、拓宽了观点并包含广泛的内容。德里达以非常礼貌、几乎看似谦虚的方式提到了康德大学哲学院对于远离一切权力的人性哲学的贡献。但是当然，德里达写道："我们是论述和文本方面的专家，是各种文本的专家"（德里达，1984：22）。发射七颗导弹所传递的信息，也可以用七封信函来传达，每一封信的标题显示各自的主题。就像导弹顺着弹道射向目标，信函针对的则是恰当论证（competent argument）中的盲区。核战争具有难以置信的文本性。这不只是因为核战争依赖信息和沟通、战略性文本和讨论。它具有文本性的原因在于其还没有发生前只能以书面和谈资的形式存在。它不是一个事件，因为还没被经历。然而，核战争不只是一个虚构的东西。因为核武器具有破坏力，它们成为了政治的工具，所以即使它尚未发生，但它已经有且现在仍有变为现实的可能。核武器代表着极其强大的毁灭性破坏力。构建起核时代这一"现实"的是对一个从未发生事件的虚构。但是弗洛伊德（Freud）提醒我们，这种虚幻并非一无是处（德里达，1984：23）。它会产生作用，在冷战期间把世界分成不同阵营，现在又使得一些国家变成了无赖政权（德里达，2006）。它一边在塑造权力一边又在制造恐惧。有些国家想拥有核武器是因为担心成为核武器的目标。

把这些对核战争的思考与关于决定的论证联系在一起，会得出一个令人震惊的结论：一个有能力的人不能作出决定。要破坏致命的导弹弹道必定需要逻辑程序的干预，那么就有力地排除了不可能。而且，这样做需要有能力者（the competent）这个封闭圈子以外的干预来阻止这个致命逻辑的应用。尽管近来金融市场危机导致严重后果，但是以本文的观点来看，它与核战争带来的威胁无法相提并论。然而对于速度、文本"无能"（incompetence）和能力的论证为下文的总体论证打下了很好基础。如果加速至一定程度，基于电子数据虚拟空间的商业模式也仅是可行的，软件程序会根据市场变化得出这些数据。信息分配的速度已经变得极快，但人们作出分析和决定的速度又太慢，因而没有足够的时间令其这样做。这似乎实现了德里达观点的最终物质化。德里达曾较好地表达了该观点：速度将从一开始就存在。鉴于洲际导弹的超音速度，冷战的时间跨度非常短暂。在如今的金融市场时间也如蒸发般短暂。不需要跨越距离，贸易可以立即发生，从世界的一个地方到其他任何地方，没有时间延迟。因此，出现了多个领域的专家，每个专家都只专注于一个小领域。最明显的就是不同的人来充当交易者和风险管理者，银行中分设了交易管理和综合管理岗位。风险管理本应是交易管理和综合管理之间的纽带，但实际却并非如此。这里明显存在着较大的问题。一个有趣的问题是：通常银行里掌权的人不会听一个哲学家的话，甚至不会认真地把哲学家的理论应用到正常的商业运行中。暂且把这个假定搁置一边，哲学家的干预是否有效？或这些观点是不是完全不起作用，在回答这个问题及探讨风险之前，我认为有必要先简短讨论下责任。

责任

由于文本能够解构正确决策程序中的重要逻辑，为此需要因其对核战争话题的无能为力承担责任吗？当然，这个观点听起来有些自大，好像开启智慧钥匙的主人是人类而非真理。然而毫无疑问，这与德里达的意思是完全相反的。他认为，在任何语境中都有困惑，因而合格的职业人士或专家所撰写的文本中也有困惑。但是在这种语境中责任可以意味着什么呢？

决定的作出总是与人有关：谁来作出决定？如果一项制度能作出决定，那么作出的决定实际体现了制定这项制度的人的意志。或者换种表达方式：谁对这个决定负责？或者在广义上指一切被提及的事物：谁说了什么？或谁写了这篇文献（像我在此所做的一样）？目前为止，本篇文献描述了德里达对若干个术语的理解。如果读者选择阅读其他人撰写的书籍，这样我就不必对写的内容负责吗？如果可以对所撰写的内容不负责的话，我是否还需为写作负责，为写作这个事实负责呢？《友谊的政治》(*The Politics of Friendship*) 在论述责任时引入了这些问题（德里达，2002b：306)。至此，我可能还没怎么提及我的名字，但本书的著作和出版终会显示作者是我。书写的内容会与作者密切相关。

名字是至关重要的，拥有一个名字同时也会被其所承载。名字及其代表的我们之间的关系表明名字甚至会超越我们。在此我们没有提及名誉一词，但名字具有的这些特征之间有着显著的联系。其导致的一个结果就是，读者认为我会对我的写作负责。“以某人的名义讲话是什么意思?”（同上，309f)。细看责任这个单词会发现其中含有反应 (response) 的部分。阅读的行为是相互反应。我邀请读者阅读本书，她的第一个反应是阅读并参与进来，之后可能还会有更多的反应。读者打开这本书，邀请我即本书作者去呈现一份文本。这是邀请“一个他者”(an other) 的文本，其中包含了一种责任：参与到文本中去并作出反应。比如，点头赞许、写评论、向别人推荐这本书，或不愿对别人介绍这本书，再或把书扔到角落里等。责任的前提条件是与他者 (the other) 的关系。通过作出反应，我们就被包含在责任中了。只要在初始说一些有意义的话，我们就面临着不可推卸的责任。我们做的任何事情都包括他者，因此，可以说只有当来自他者的责任与我们相遇时，我们才有负责任的自由。责任给我们行动的自由，但不是无条件的自由。我们不能以自己的名义来负责任，不能自由随意地负责任。责任总是与他者相联。不是与另一个名字相连，而是与像这样的他者：“每个他者都是他异性的”“tout autre est tout autre – every other (one) is every (bit) other”（德里达，1995：82)。

德里达关于责任的思想里有两个方面，它们几乎同时出现（德里达，1995，2002b)。正如像我们预期的那样，它们都与绝境相关。而只要稍稍深入挖掘或解构某个含义时，绝境就会出现。在《友谊的政治》（德里达，2002b）中，德里达从术语响应入手进行分析。这个术语的法语词是 répondre，有三种不同的含义。Répondre de 的意思是负起责任、承担责任、担保、保证等。Répondre à 的意思是响应，回应某人或某事（诉求或请愿）。Répondre devant 的含义是向某人就某事作出解释或证明某项制度。这些形态不能独立存在，它们相互联系。一个人通过对他人证明某个团体、某项制度或某条法律的合理性而对其自身或某事负责。负责的开始就是作出反应。因此，含有此意的词汇的形态似乎是三者中最基础的一个，也是最绝对的一个。关键的区别在于谁是说话对象。作出反应通常所指的对象是他者，一个具体的人。当证明的是某项制度或某条法律时，它已被授权，用道德、法律、政治团体来代表制度化形式下的他者。当以这种方式谈论责任时另一个术语会出现在我们脑海中，即尊重。负责任是尊重他者或尊重法律的结果。但是，尊重和责任相互联系，其中涉及的尊重有两层含义。尊重他者属于社会关系，或许意味着给予帮助，但在法律中并不存在友谊。这是尊重道德法则与尊重朋友的区别，尊重道德和尊重法律的原因是一样的（德里达，2002b：341）。

德里达在他的著作《赠予死亡》（*Gift of Death*）（1995）中详细阐述了圣经中关于亚伯拉罕（Abraham）的寓言，在此基础上清晰地描绘了责任中隐含的悖论。尽管他的理论聚焦于绝对他者（the absolute other），即上帝，但也可用于理解提及责任术语时涉及的绝境。研究绝对他者证明了极端情况下责任与义务联系在一起时什么会岌岌可危。这个事例体现了对一个他者的绝对义务（the absolute duty）。亚伯拉罕准备按照上帝的旨意牺牲他的儿子以撒（Isaac），在他和儿子离家时其也没有向家人透露他的想法。把牺牲自己的儿子看做是服从上帝旨意的义务，他准备接受他的绝对责任，听从任何指示，包括杀死他最爱的人。他对上帝的忠诚毋庸置疑，上帝对此很满意，在亚伯拉罕要割断他儿子喉咙的最后一刻阻止了他。这个寓言描述了一种极端状况，但它很有价值，说明了责任的基本问题实际上就是绝境。永远对一个他者无条件履行义务和承担责任意味着要牺牲其他的他者（other others）。因此，一个人负责、尽责，并不是像我们通常认为的那样是一种正直的行为，德里达用一种略带嘲讽的口吻描述道：

> 有良知的骑士不能实现以撒（Isaac）阐释的牺牲……这是关于责任的最普通的日常经历。无疑这个故事荒谬、残忍、几乎不可想象。但难道这不是最常见的事情吗？即使用最粗略的方式审视一下责任的概念，我们也能证实一些东西。它们是什么呢？义务或责任使我与他者联系在一起，使我作为其他（other）与他者（the other）联系在一起，使我在我的绝对独特性中作为其他（other）与他者（the other）联系在一起，这迫使我立即进入了绝对独一性（absolute singularity）的冒险空间。与我相联系的还有难以计数的其他人（others），他们是普通的其他人。对于他们我有着同样的责任，一般而普遍的责任［克尔凯郭尔（Kierkegaard）称之为伦理秩序］。我不牺牲其他的他者（the other other）和其他人（the other others）就不能回应呼吁、责任、请求，甚至他人（another）的爱。每个他者都是他异性的，每个其他人都是彻彻底底的他者。他异性（alterity）和独特性的简单概念构成了责任的理念，同样也构成了义务的理念。结果就推翻了这一观点：责任、决定或义务的理念优于悖论、丑闻和绝境。悖论、丑闻和绝境的实质只不过是牺牲，揭示了概念性思维发挥到最大限度的结果。当我与他者形成联系时，当他者对我注视、观望、请求、表达爱意、命令或呼叫时，我知道我只能通过牺牲伦理来回应他：若在同一时刻其他任何人用同样的方式使得我不得不作出回应，我只能牺牲他们。
>
> （德里达，1995：67f.）

这里的关键词是“绝对”（absolute）和“普遍”（general），“独特性”和“他异性”。在同一时刻作出同一行为——做决定、负责任或接受义务，就会出现一个永恒的问题。它们相互矛盾，彼此无法共存。不管一个人是对展示出绝对独特性的单一他者（single other）负起绝对责任，还是对家庭、社区和民族等负起责任，他都得为他者牺牲别的东西。这是德里达的结论。如果我对一个他者（one other）负责，我就自动不能顾及其他的他者（other others）了。亚伯拉罕表现出了极端的遵从绝对他者，从这个事例中能总结出上述观点，我们也必须要将其总结出来。它是关于责任概念的一个绝境。

绝境的一个来源是语言。绝对义务和绝对责任需要独特性。对一个具体的他者的义务，排除了与其他的他者的关系。只要我与某人讲话，社会关系就取代了独特性，独特性就变得不可能了，因此产生了他异性。回应不同的他者变得可能了，伦理秩序成了问题。对一个具体的他者负责意味着不能同时对其他人负责。极端情况是对绝对他者的义务，这意味着要从其他的他者那里转向一个单一的他者，这就舍弃了伦理秩序，意味着牺牲了伦理。而且这不只是极端案例中的一个例外，还是一个正常的日常经历。“凶杀案频频发生，并富有戏剧化，这一奇特现象看起来似乎让人难以忍受，但同时它也是世界上最普通的事情。难道不是这样吗？”（德里达，1995：85）

甚至在枯燥理性的银行界也很容易找出责任的绝境，这毫无疑问。首先，若要把德里达的推理简单应用到组织有序的银行界，我们会认为困难和潜在的阻力属于银行业日常决策的一部分，这说明二者是相关的。用简单的话说，行动者代表着内部与外部的不同角色或机构，如交易者、风险管理、综合管理、监管者、国家银行、政府、公众等。行动者在利益上有着明显的异质性（heterogeneity），这促使他们努力去扩大自己的影响，这一点也很明显。关于风险的话题是这个行业中的中心话题。所以，不管是内部的风险管理还是外部的监管，都是对风险这个中心话题密切关注的表现。这也不足为奇。然而，外部监管实体和立法权带来了一些限制。不仅仅是银行内部潜在的决定和这些限制间有差别，而且在银行内部也存在着业务线和风险管理间的差别。业务线关闭交易，风险管理监测银行的整体风险。这里的义务和责任变了：遵守法律法规无疑会对商业机会造成阻碍，而且也会出现风险。风险管理的任务是发展风险测算，这比法规的最低要求要精确得多。更精确意味着用更详细的信息来进行更复杂的计算，但是对基础资本的使用进行更好的微调要求夯实商业基础。信贷决策和交易的前提是更多的计算，这意味着做决定的空间减少。这是朝着执行计划的方向发展。

德里达认为日常生活中的普通事例体现了利益的终极异质性。亚伯拉罕几乎构成谋杀这一奇特事例是世界上最常见的事情（德里达，1995：85）。上述所有角色的担任者不管出于什么动机都要对一个具体的任务负责。对这个任务负责意味着不可避免地要牺牲其他方面的责任。我们在第 5 章中具体讲述风险和责任的关系时会探讨这种动机。

在随后的过程中行动者的某一盲动会导致事件（绝对决定）的发生，这一点已被若干个事例证明。例如，2008 年造成国家财政困难及市场混乱的次贷危机、2001 年阿根廷的债务危机、1998 年俄罗斯的金融危机、1997 年亚洲金融危机、1998 年美国长期资本管理（LTCM）公司的破产等。这仅是过去十五年发生的少数例子。个人会导致银行破产或给银行带来巨大损失，德国赫斯塔特银行、英国巴林银行、法国兴业银行和瑞士银行即是如此。这证明事件也会发生在单个的组织中。这些事例说明，若私人银行长期忽视潜在的失败，其内部的一系列行动者和结构会导致事件的发生。决策者意识到这一后果了吗？他们真的考虑到风险了吗？决定不需要有意识地去作出，也可能是在保持“可能”的状态下自然产生的。不管是什么导致他们的无知，避免达特尔（Dattel）、利森斯（Leesons）、柯维尔（Kerviel）或阿多保利斯（Adobolis）的这一行为，最后竟然变成一个决定，一个永远不会被执行的决定。通过不做决定的方式是有可能自然而然地接受绝对风险的。

绝对风险

德里达对风险术语的探讨，并没有像至今我们已讨论过的其他术语那样清晰透彻。他在两个访谈上提到过风险［德里达和罗滕博格（Derrida and Rottenberg），2002；和克拉普（Krapp），2000］。如果风险与形容词“绝对”结合在一起就构成了“绝对风险”（这个词多少有些令人讨厌）。他的说法对我们深度挖掘风险术语会产生一些影响。德里达（Derrida）在思考与“绝对”他者关系的中心论点时也提及了风险。《赠予死亡》（德里达，1995）中有少许话语能提示我们如果进一步挖掘风险术语的话，他的方向是什么：“……对绝对风险的冒险，超出了学识和确定性”（德里达，1995）。附加了“绝对”的“风险”的意义是什么？综合对责任的论证与亚伯拉罕寓言的阐释，再加上对其他术语的理解，风险的意义就很清楚了。对绝对他者履行义务是排他性的举动：它将所有其他的他者排除在外，即牺牲了其他的他者。不做这样的牺牲是不可能实现绝对的。亚伯拉罕寓言是一种极端情况。亚伯拉罕认为杀死自己的儿子是义务，如果最后他没被阻止，他挚爱的家庭将不得不遭受痛苦。但如果我们像本文一样重视决定和责任，并考虑无能和以不可能为目标，在界限之外看待问题，考虑触发事件的后果并接受“可能”，绝对就会变成常态。所有这些术语的目标空间都超越了知识和确定性；在这种空间里没有经验的帮助，只有不确定性，作出决定会感到非常不舒服。它需要将绝对风险考虑在内，要经受不可决定性的折磨，要面对他者，不仅是上帝这个绝对他者，也要面对现在的他者（the present other）。但为什么在世俗的时代提到绝对风险和绝对他者这两个词，仍会使我们感到不舒服呢？答案是我们能用言语表述风险，风险是一个完全世俗的概念。

作为绝对他者的市场

在时间就是金钱、金钱就是时间的地方，金钱和时间的相互作用显著。在世俗的世界中，市场变成了另一个绝对他者。金钱是全球化可交换性的象征。交换发生在市场中，它的全球化含义有重要的双重意义。

我们生活在一个全球化的世界，属于全球化市场的一部分。在某种方式上已经很难区分这两者的区别。市场是一种普遍观念。市场有着许多不同类型，存在很多差别，有的是关于工业用品或消费品的，有的是大众市场或个体市场。市场营销计划将这些市场进一步划分。尽管如此，对市场还是有一个普遍的观念。市场已不再局限于当地。竞争来自各个地方，商品也被生产或运输到各个地方去。在过去，国家法规具有各自的特性，被视作国际贸易的障碍。贸易保护主义区别对待进口商品，因而备受指责，各国法规不得不作出澄清以避免这种现象发生。贸易自由化提倡的是，“许多自由贸易倡导者越来越把这些‘境内’的监管措施视为贸易中非关税壁垒的一种最明显的形式，或可以说是最昂贵的形式”［特里比尔科克和豪斯（Trebilcock and Howse），1995，引自奥佛德（Orford），2004：12］。标准化全球贸易规则以防止“系统摩擦”（如上）的想法现已约定俗成。对市场已经形成了一种观念，在明确的规则下使交换商品标准化，这可以使国内监管标准协调一致。各国之间对这些观点进行了集中讨论和协商，最终制定出了国际规则和条例，已知的如 GATT（关税与贸易总协定）和 GATS（服务贸易总协定），或如 WTO（世界贸易组织）等，它们作为规则的制定机构，为国际市场的打开制定新一轮的规则。不管什么样的国家法规，如果它被认为阻碍了国际贸易或保护了国内市场，那么都要将其取缔。奥佛德（2004）根据德里达在《死亡的礼物》（1995）中对绝对风险的理解，从国家法律制定者的责任及其与市场关系的角度出发，阐释了这些贸易协定的基础。从 GATT 的制定到 WTO 支持下新的和谐局面的产生，其间的发展包括一个决定性的举措——将非歧视性的跨境贸易措施转为对国内监管的控制。这超越了制定者的非歧视性，使多样化的、威胁限制商业活动的监管环境变得和谐。这些并未引入或遵守法规、程序或决定的约束措施可能远超贸易协定的规定，并变得更像治理性的协议（奥佛德，2004）。

现在有必要对国家法规和特性作出澄清。必须以可获取的科学证据形式来给出科学的证明。在不同意见并存的情况下，科学为作出决定提供了量度。但准确地讲，可得的科学证据意味着一个竞争激烈的领域，例如，关于食物所含成分的公众辩论就尤其激烈。现在的 WTO 就是解决贸易争端的仲裁机构，但是任何以文化、传统、宗教等为基础而制定的国家法规必然会为自己与贸易协定相悖的地方辩解。因此，可用另一种表达作出总结，市场变成了一个绝对他者。遵从市场意味着牺牲。巴塞尔协议也是一样。GATT 或 GATS 都代表着银行业的一个世界标准，它的目的是支配各国法规。这种意图是为了提高银行标准，使其协调稳固发展到更高的水平，但是又可能带来负面影响。它会导致系统性风险发生。如果所有银行都用同样的方式运作，系统不会加强，反而会出现单一性的缺点。

如果金钱能在与时间和永恒的关系上替代上帝，那它就获取了绝对他者的地位和绝对风险的重要性，牺牲就变得很明显。这种牺牲不只具有宗教特征，还有普遍性。如果与他者的每一次交集都意味着对一个其他的他者的忽视，如果每一次涉及绝对他者意味着牺牲很多其他人和用金钱取代上帝，那么以市场取代宗教就意味着非常具体的牺牲，这是一个至关重要的伦理问题。像德里达所强调的那样，绝对风险是“通过与他者关联的方式与宗教信仰联系在一起的，而这种他者是一种对绝对风险的冒险，超出了知识和确定性”（德里达，1995：5），他在亚伯拉罕（Abraham）的寓言里也进行了解释。然而，绝对风险不能单独存在：“不管这对某些人来说有多矛盾，责任和信仰是紧密相连的，而且与此同时也是不受控制的，并超出了知识的界限”（如上）。绝对风险的先决条件是独特性。只有单独的个人可以面对绝对他者，而绝对他者同时也是排他的他者。交流会立即产生一种随其变化的社会关系，并且这种关系是隐秘的。然而，独特性不是负面的，不需要克服，它来自于一种特殊的馈赠。独特性存在的根本原因是每个人都会设想自己的死亡，这也是唯一的原因。死亡是任何人都不能给予或带走的，它是个体的自身属性，这就是对这个奇怪的表达“赠予死亡”的解释。正是它使得一个人独一无二。它作为独特性的经验构成了责任的基础。只有设想自身的死亡才能使自由和责任变得可能（德里达，1995：43f.）。

这听起来可能有点夸张和戏剧化，但是我们仍要多次强调德里达的观点：没有惯用程序来作出一个负责任的决定。绝对风险是决定的后果，决定有能力去打破它。或换言之：

> 没有决定的责任就没有“政治”、法律和伦理。决定为了实现公正不能满足于应用现有的规范或规则，而必须在每个异常时刻承担绝对风险，或又一次独立地证明自身。即使过去每次都是如此作出决定，也要像第一次那样去证明它。
>
> （德里达和克拉普，2000）

每一个负责的决定必须承担绝对风险。决定不受知识或确定性的保护。确定性来自于计划的部署。为了更深入探讨这个观点，我们或许会总结说决定像责任一样是无能的。这种无能使得决定脱离了那些服从于执行计划的人的掌控，让正确的人来决定打开新的界限。这种无能是一种高要求的观点，我们会在接下来的章节对其进行阐释。

从承担风险到风险测算

增补的起源：出海

在德国北部靠近北海的弗里斯兰省（Friesland），流传着一首诗《尼什·兰德斯》（*Nis Randers*）（厄恩斯特（Ernst），1907）。它很好地描述了人们对大海的传统看法——大海给那些依赖它而生存的人们带来危险，给家庭带来悲剧。在一个风雨交加的晚上，村民们在波浪和闪电的声响中听到一声尖叫，似乎发生了什么事故。尼什·兰德斯（Nis Randers）仔细检查后发现，一个人被困在海上的一艘船上，他决定去营救那个人，但他的母亲阻拦他这样做，并诉说了这几年家里遭遇的变故。尼什的父亲和兄弟都在大海中丧生，她最心爱的儿子乌维（Uwe）已经失踪三年没有音信。尽管如此，尼什还是决定参与营救，和他同去的还有六个人。诗中对大海进行了生动的描述：暴风雨中它是什么样子，波浪怎样移动，这都形成了能将小舟打翻的巨大力量，他们是在与魔鬼跳舞。这些描述很清楚地表达了那些留在陆地上的人们的担心和焦虑。最终他们看到船回来了，有人在船上挥着手对他们喊道：告诉妈妈，我们救的是乌维。

尼什·兰德斯没有承担风险，可以说很显然他准备好了作出牺牲，或可以认为他在为他的团体履行义务；没有人把这称作风险。从他母亲的角度看，她害怕失去自己最后一个儿子，她很清楚凶猛的大海有多么危险；每个人都知道这次出航可能会是最后一次，但是在安全保证方面没有进行过计算，也没有采取行动。没有人想过这方面的损失：如果这艘船失事了还要再做艘新船，并给那些失去家庭支柱的人发放抚恤金。这种想法听上去很奇怪，其实并不奇怪。大海很危险，在大海上捕取日常食物有可能会丧命，这对住在海岸边的家庭来说是不言而喻的。每个人都失去过家庭成员，或亲密的朋友，或知道别人家发生过此类事故。这属于他们生活的一部分，而风险不是。风险不能代表形势，不能说明形势的意义，尽管它涵盖了形势的部分意义。它涵盖的虽然是损失，却是一种独有的特殊方面的损失。这种损失须转化为可以测量的东西，我们称之为风险。在经济术语里，损失被简化为价值。失败的风险属于另一个世界。我们在德里达的术语里看到有“延异”（différance）这个词（德里达，1990）。如果我们将某事物命名为“一种风险”，这种说法就已经把某些特性转嫁到这个事情上来了。它被旁观者歧视，已脱离了形势。命名的行为是管理与存在联系在一起的情绪的第一步。把握全部是不可能的。将出海称为有风险的，生命世界对出海的理解是有差异和延迟的。用更简单的话谈，没有对风险的概念就没有风险。起源（origin）——存在——被建构和应用到形势中去，以此打开行动新的可能性。

进一步研究德里达的术语学就会发现，风险是让起源隐形的踪迹。德里达（1983）用一种重要的方式对踪迹进行了全新的理解。他在对起源的综合讨论中引出了踪迹的概念。他认为起源并不存在，从未存在过，或永远缺席。作为存在的起源被德里达强烈否定了。他认为踪迹并不意味着起源的缺席：踪迹即是起源，他的这个论断多少让人感到困惑。踪迹是“延异”（différance），表象和意义在延异中开始。踪迹让他者成为同一个他者，没有踪迹，差异不再生效，也不会有任何意义。这里的观点不是指组构的差异，而是指产生差异的行动，它先于任何内容层面上的指称（designation）。完美地重构原始的存在是不可能的，因为它命名的一刻已被增补。踪迹是起源，踪迹的能动性在于它的增补特性。与增加相比增补已将先前的存在改变，并进行了添加、消除。踪迹是对以前已经存在事物的回忆。剩下的只有踪迹。说得更极端些：踪迹是增补的结果。指示是分异和延迟的（differed and deferred）。通过增补，所指代的事物与在指示这个行为中发生的变化之间的差异已经缺席，或从来没存在过，因为所指代的事物已经在指示这个行为中得到了增补。在那一刻它已经不再是其自身，我们必须与洞察力进行感知和交流，我们没有机会来把握踪迹。它总是缺席，因此在这种意义上，对我们而言它也是不存在的。

在讨论风险的语境中存在一个差异。德里达的观点非常有助于我们理解当贴上风险标签时生命世界的情境和理解为什么必然要消失。然而情境并没有消失。在投资一艘船的情况下风险成为现实意味着两点：失去作为投资的船和失去生命。我们会看到运用这种逻辑在进一步探讨银行业的风险时是行得通的。作为踪迹的风险增补了大海上的生命，成为了踪迹本身，或用德里达的话说，成为了踪迹。必须要准确理解差异。原文是这样说的，踪迹是表象和意义开始的地方。虽然踪迹在某处开始，但事实是我们只看到踪迹看不到起源，因为踪迹在起源的别处，时间也有所推迟，所以起源是看不到的。它消失了。德里达后来用药物（pharmakon）或幽灵纠缠的例子来论证散播（dissemination）的观点，考虑到这个理论，德里达似乎要表明踪迹在它最初被创造、最初开始的地方并没有切断与形式的联系。关键是没有术语和信号抓住存在、形势或意指的现实性，因为它总是滞后，永远不在同一地点，并且每次使用都已增补了延异。没有术语的含义长时间是固定的，它的含义会改变，即使这种变化很小。然而所有术语都始终会受过去含义的影响。它们受影响的方式不可预测，因为不能说过去的哪一方面会出现在具体的形势中，会被行动者记住或再现。

上述讨论用的是德里达的解构方法，很清楚地说明了几乎我们所有设想的概念都是清楚的、定义明确的和不证自明的。这些概念是危险的、深不可测的，而且它们所产生的后果常常被忽视或是重视不足。本书的目的之一就是将这种危险性划为对风险、风险管理和金融市场监管讨论中必要的一部分。

风险：回报的全球化计算

“风险”是一个使用频率较高的术语，描述的是我们生活中不证自明的事物。我们倾向于相信从人类社会一开始它就被使用了。但事实并非如此，它是在现代化进程中被发明出来的。卢曼（Luhmann，1991）称古代先进文明在对类似问题进行处理时形成了多个概念，不需要使用“风险”这样的术语。当然对未来的不确定是一个永恒的话题，占卜是解决这个问题的主要手段。特泰洛克（Tedlock，2001：189）认为，“占卜不能保证确定性和其知识的可靠性，但起码它提供了一个不会引起众神愤怒的决定”。什么能够替代占卜，将它替换成一个完全不同的概念？这种替换非常重要，我们将其暂且搁置，先来理解其意义。我的设想是理解我们这个时代的风险是必要的，这可以通过近距离观察获得。

斯洛特迪克（Sloterdijk，2006）在研究风险的出现时将重点放在历史上一个特殊的事件上：他研究了哥伦布（Columbus）到印度的航海路线，认为它才是我们现今所称“全球化”的起点。哥伦布旅程的背景是当时出海已经是延续了几个世纪的传统和体验。临海而居的人们都会出海，都会面临《尼什·兰德斯》中描述的景象：随时都可能被大自然的力量所吞噬。怎样将日常生活中的平常事情看作是新情况？怎样把航海看作是风险？航海一直是危险的，对水手这个职业来说死亡和船只失事是时常发生的。将它另外命名以表现其在生活中的特殊性，看来没有必要。将生活中的这部分视作风险会使经济环境日益复杂。彼得·斯洛特迪克（Peter Sloterdijk）不满大众对全球化的看法，愤怒于媒体对此的认同。他从哲学角度来看待全球化及其后果。他的观点略带挑衅性，认为我们有充分的能力去设置全球化的开始和结束。哥伦布发现美洲新大陆的探险标志着全球化的开始，而“第二次世界大战”的结束则可被视做终点。如今我们身处在一个全球化的世界，即已完成的全球化，不得不面对欧洲人开始跨海旅程所带来的后果。全球化标志着人类将对地球的设想变成了掌握世界的实践。以前的定论认为当地秩序是不可改变的，而其他的文化证明事实并非不如此，它依情况而定，甚至可能变得与之前完全不同。斯洛特迪克洞穿了这一观点，认为这不是中间的损失而是边缘的损失。一切事物都没有了距离。当地不是世界的中心——这样的中心并不存在。离开当地会产生不确定性，不确定某人是否会回来。这准确地说明了差异：一个人回来也意味着他带回来了商品——船只，还可能有在探险过程中发现的物品及跨境贸易商品。配置船员是一项严肃的投资，因而投资带来的回报成为了一个至关重要的因素。使用信贷、投资设备进行航海探险是一种寻求机会的角逐，目的是发现遥远陌生的市场，而这充满了不确定性。斯洛特迪克（2006：78）称探险只是投资的一种特殊形式。资本主义的出现需要用不同方法来对待不确定性。有可能会发生船只失事引起的商品损失，即投资不能得到回报，无法偿还信贷。新方法涉及风险共担问题——邀请他人加入，共同承担风险造成的货币损失或分享获得的利润。通过这种处理方式可使风险分散化。这需要有与之前完全不同的人来贯彻这种风险和保险的理念，他们不会等待诸神的给予，而是自我缔造者。他们有着这样的经验：从你的错误中吸取教训是好事，但是通过债务吸取教训更好。哥白尼学说关于地球围绕太阳转动的激烈争论隐藏了一个重要事实，即在现代对形势更好的描述是资本围着地球转（如上：79）。

斯洛特迪克在“电视的风险文化”中玩起了文字游戏（fernsichtiges Risikohandeln，斯洛特迪克，2006：86）。Tele 指距离，视力（vision）具有视界和远见的双重含义，并超出了清晰视界的含义，把能看到的距离都包含在视界内，而这是在出发点视线所不能及的。它的目标是发现视域外的界限。从稳定性、实践性和对风险行为的认知方面重构欧洲人的出海行为，解释了某些令人吃惊的、早期探险者具备的近乎神秘而有成效的攻击性力量。他们必须得获取利润以偿还贷款，这又使他们做好了更充分的准备去承担风险。能够在航行中存活总是需要运气，但是现在它变得不仅仅与命运有关，因为它引入了死亡：机遇。计算成功和失败、收益和损失已变得可能。而且这需要规划，换句话说是对未来的规划，对政府、企业和认知行为的未来规划。承担风险成了现代社会的中心。有一点已变得清晰：在这个世界中再也没有自然之恶的位置了。当目标是消除或至少削弱自然灾难的负面影响时，任何与保险有关的想法都是亵渎神明的。鉴于概率计算能估算概率、预测未来，使其在发展中的风险文化里被探讨和使用得越来越多。它是“与天为敌”（Against the Gods）的举措［伯恩斯坦（Bernstein），1996］。当命运成为未来的主导时风险管理是不可想象的。

为船队配置人手，目的是发现新的贸易路线。我们将之称为全球化的中心是有说服力的。未来的目标是发现视域外的地方，风险作为一种方法，能够把握未来中特殊的不确定性。因此，风险有了意义。现在可以称航海是有风险的，但是承担风险的人分成了两种——一种是出海航行的人，另一种是把他们送出海的人，他们还待在家里。然而，是留在陆地上的人发明了风险。他们有兴趣来计算、评估机会。当船只的投资者群体发生变化时，风险就出现了。为了发现新航线而为船只配备人手的人不是渔民也不是国王，而是一群投资者。对投资者必须支付利息：这艘船带着预期中的、正如在测算中所包含的货物安全归来，决定了该项投资是否物有所值。换言之：如果没有回报或回报不够就不会有投资。投资是对未来事件的估算。这里的未来并不存在于未来之中。它被融进计算中，因而属于现在。风险表达了什么处于危险中，如果出了差错（在此指航船回不来）会损失什么。对风险的探讨开启了应对策略的思路，其中一个策略就是与他人共同承担风险，投资者合作能减少个人的涉入并避免直接破产。它还提供了进行更高级投资的可能，而这是单个投资者无法应对的。或许他们还会投入保险，这是另一方面，它更具防范性。如果这艘船失事，投入保险获得的潜在利润至少会弥补部分损失。

计算成功和失败、收益和损失曾经变得可能。而且这需要规划，换句话说是对未来的规划，对政府、企业和认知行为的未来规划。

未来——规制未来的尝试；或者，风险最终意味着秩序

脱离生活的风险和独立计算

从生命世界到金融市场漫长的发展过程中，单独将投资的不确定性提出来仅仅是改变的第一步。风险是从与它完全不同的事物中抽离出来的，增补了尼什·兰德斯的认识。尼什·兰德斯意识到在生命世界里什么是危险的。当时还没有风险这种提法，现在投资时提及的风险只是没有被冠以风险名字的事物的残留痕迹。金融市场的发展需要更多步骤，在尼什·兰德斯之后的几百年中人们也采取了不少措施才使得它发展到如今的状态。

这种观点分别支持了卢曼（Luhmann）在《风险社会学》(*Sociology of Risk*)(1991）中的中心设想和贝克尔（Baecker）对于银行业风险的分析。基于中心设想理论他们总结认为，风险是自我指涉的（self-referential)。弗兰克·奈特（Frank Knight）提出了风险计算中一个最为重要的差异，显然卢曼并不赞成他。奈特坚持将风险与不确定区分开来。尽管日常所指的风险是关于不确定性的，但是因为测量风险是可能的，所以风险和不确定性是有着根本区别的。奈特提出了可测量的不确定性风险的说法，因为如果风险变得可以测量，那它根本就不是不可确定的。不确定性限于不可量化的案例类型（奈特，1921/1940)。卢曼(1991）认为奈特的定义太僵化、教条。按照他的定义，任何对术语风险的进一步探讨都对术语理解不够，都该遭到谴责（卢曼，1991：9)。他说没有哪种风险的定义既能满足科学要求又能说明它和不确定性有着不同寻常的差异，这反而会打断风险与决定之间的紧密联系。任何风险都预先假定决定可能会产生损害的后果，这显然提到了损害的偶然性（contingency)，因此决定的双重偶然性就成为关注点：偶然的损害是由偶然的决定引起的。采用其他的决定至少会防止损害的发生。与风险相反的确定性是有误导性的。不作出决定总是意味着不会发生风险和机会。较好的差异存在于风险和危险之间，它预先假定的是对于未来可能的损害的不确定性。要么损害是因为决定引起的，那它被称为风险；要么损害是由外在因素引起的，那它就是危险（卢曼，1991：30)。风险是决定的后果，但是我们却处于危险之中。风险本身就具有差异。当某事物被命名为风险时它已被环境排除在外了。它与曾经相联系的其他事物分离，并被作为拥有自身边界的实体进行增补。决定引发的风险是自我指涉的。在风险计算之外没有参考。差异是观察性范畴，自我指涉是操作性范畴（贝克尔，1991)。

未来仍不确定，但是我们可以用计划和计算的方式来取代占卜，给未来安装上轨道以为未来不确定的一面提供指引。风险是这个过程中至关重要的自我指涉部分。它会反映哪里出现问题，以及通往未来的预定路径上的潜在偏差。那么，风险与未来的特殊关系是什么？

风险可以被计算，所以人们都确信风险要被纳入计划内。风险是一个计算过程，从过去采集信息，将其压缩后延续到未来的发展中。我们可以安装通往未来的轨道。风险将可能被考虑——被纳入计算。术语风险有助于勾勒未来的图像。它使未来变成了现在，成为已知。这样的未来可以计算，依赖它是可能的。然而，我们只能依据今天已知的或在过去留下踪迹的事物来计算；因此，已发生的事情可以随着时间进入到未来。规划属于统计学的范畴，可以把过去的踪迹延续到未来中作出推断、预测。未来与我们今天所期待的有什么区别？具体的行动产生某一特定结果的可能性有多大？事故的发生频率是多少？贷款造成的损失有多大？在风险管理中需要提出和解答这些问题。将概率合理化能控制这些问题和解构不确定性。霍尔特（Holt，2004）提出对这种太过狭隘的认识论的担心，认为它没有洞悉到组织现实的复杂性。统计学为回答这些问题提供了有力的工具，但是它有着决定限制。今天的风险管理，尤其是在金融业中的风险管理，含有“大量的数字”（哈金（Hacking），1990）。这些数字自被提出后就不断积累，又生成新的数字进行计算，它们是科学知识的基础，改变了证据、知识和权威的性质。可能性理论提供了一种现代思考方式。但是在《驯服机会》（*The Taming of Chance*）（哈金，1990）一书中作者却描述了一个副产品。大量生成的数字被用于概率计算。而数字最多是对过去发展的把握，其对预测未来发展却有很大的缺陷：

> 概率表达的是一个假定的预先存在的安排。这种安排依赖于人们对意料之中的事情和确定的事情的看法，即对已知事情再次发生的设想……概率是预测或先验形式的一种形式，保护系统免受陌生和未知事情的侵害；因而系统不能处理非概率性的和未料到的信息。
>
> （库珀，1987：397）

认真思考库珀（Cooper）对于概率的观点，若将其应用到概率（即风险）这个术语中去，风险表达的即是假定的预先存在，它依赖于人们对意料之中事情的看法，而不是对确定事情的看法。德里达把它称为程序："若一个人对计算有把握，它就不是一项行动或决定；它将是一个程序"（德里达，曼斯菲尔德所引，2006：479）。由于决定不存在，只有未来对已知的延续，因而这在视域内。从已有数字可以设想失败，只能在失败中得出对不利结果的警告。这种思路下不会发生任何事件，或即使发生了事件，它也会让行动者感到非常吃惊。

考虑未来时，我们要试着理解已知。风险是了解未来可能发生事情的一种尝试。对风险的思考中包含了这种了解。韦克（Weick，1995）坚持认为这种了解是事后的聪明。尽管他很可能对这样的解释感到后悔，我还是认为他对于不确定性的描述在风险性质问题上的判断是有价值的。人们寻找新的信息，想知道他们对于现在的设想是否正确：

> 结果有新的消息产生，人们会问，什么样的历史会产生这样的结果？若假设我所建构的历史是看似正确的，我该怎么做？对实际的未来的不确定更多地被对现在的确定取代了，而现在本身在不久前就是实际的未来。对现在消息的意义有着较大的确定性是因为人们重构了历史，而这个历史提供了一个似乎合理的解释。
>
> （韦克，1995：96）

应用概率和统计学意味着用过去的内容来说明过去如何影响现在。这是回顾性了解的一种形式，目的是为了解未来、增加可能。前提是我们发现了过去到现在的路径，若这个路径会像它延续到现在一样继续延续下去，我们就能描述它将来的样子。一个组织对未来不确定性的了解能力是风险管理的一个先决条件（韦克，1995：97）。在卢曼（1991）看来，了解未来而作出的决定有可能是风险的来源。讨论肯定是精彩的：很明显对于工作时的决定有两种不同的设想，对未来的理解也不同。稍后我会提到这点。

对风险的认知有了变化。大海上的探险目标是视界外的未知土地。这种探险除了是一种冒险还是一种投资的经济行为，有着全盘皆输的风险，所以存在自相矛盾。一旦探险完成这种矛盾也就被化解，事实也的确如此。探险结束后的归程不再包含风险，至少没有最初的动机，但却有具体的规划。这种规划不是要征服船只搁浅的土地，而是要征服未来。组织的未来是清楚的线性结构，时间由过去经过现在进入未来。可以把它看作一种轨道。拉丁语词源学中表明了轨道（trajectory）的意思：trans 等同于“跨越”，jacere 等同于“扔掉”，所以风险涉及到跨越空间的举措，指某些东西从一个位置被投掷到另一个位置上。在侯普福（Höpfl，2000）看来这些词的意义很普通，我认为这适合用来解释风险：

> Projection（投射）的意思是移动，指未来到达的位置或状态；re - jection（拒绝）指抛弃适应不了投射的东西或人；ab - jection（抛弃）和 de - jection（沮丧）都指的是把事物丢掉、抛弃。因此，当组织公布具体的目标、结果或到达点时，他们把“条理秩序”丢进未来。
>
> （侯普福，2000：21）

“把‘条理秩序’丢进未来”很好地描述了时间之箭，勾勒出一幅场景：一条独立的轨道从过去获得能量、穿过现在、指向具体的未来。轨道穿过的路径一定是清晰的、安全的。未来是确定的，路径在未来中向前延伸。我们在描绘这幅图像时再给它加上象征正能量的嗖嗖声：轨道往上延伸，带着微小的迷人弧度，直至东北方，即图像的右上角。通常在图画中这里表示发展的高潮，意味着对结果的乐观克服了对进入未知领域的焦虑。未来是不受保护的一个环境，而在这个环境中需要作出计划，执行决定，设立项目目标。在这个过程中其他任何东西都被根除了。风险涉及到不同后果的出现。偏离轨道，目标失败是一种。但为了防止这种现象发生，就要根除未来出现变化或差异的可能性。风险成为现实，出现了不同的后果，这可被视作是风险管理的失败。风险是计划过程的主要部分。它通过描述预定后果中的潜在差异描绘出未来的画像。可以确定的是事情可能会和预期的不同，关于风险的思考也因此而成立。在银行术语中，风险是与波动性密切相关的。

风险是一种形式，对可能的未来进行考虑、估测，然后据此采取行动。如同本文所言，风险不仅意味着不确定性以及会出什么差错，它还合理地表达了怎样应对未知的未来。然而现在看来，未知的未来是人为制造的，并成为了现实。因此奈特（1921/1940）称可测量的不确定性是风险。因为它是可测量的，并非不确定的。坚信这点能帮助了解银行业中的风险和风险管理。风险或多或少属于意料之外的，会令人稍有不安。风险是种规制。风险可以规制未来，想象视域外的世界并将其纳入到视域中来，使未来成为现在。风险通过规制未来以释义危险的未来。

当然，实现这点要付出代价，侯普福（Höpfl）在对轨道一词的词源思考中明确表明过这点。投射（pro – jection）一词中必然包含其他具有同样词根的术语。如果没有拒绝（rejection）与投射不一致的看法就不会有投射存在。它们都被排除在外。任何与投射或计划相冲突或哪怕有一点不同的事物，都可以体现在词根是 jection 的术语中，而无须再强调。Dejection（沮丧）和 abjection（抛弃）含义相近，都表达了对偏离黄金路径的责备。作为秩序的风险排除了已包括的内容，主动地画出了一道分界线，区分了预期中可能发生的未来和排除在外的未来。排除在外的未来是不可能发生的。可能发生的是我们渴求的物质化的未来，这个未来与我们预期在不可接受的可能性中发生变化是不同的。

风险规制的未来预先设定了未来的两种不同概念。通过计算得到过去发生事件进入未来的轨道，以尝试规制危险的未来。这会使未来变成现在。然而，我们必须要清楚记得这里指的风险是现在的未来（present future），它也许与未来存在（future presence）有根本区别。从埃斯波希托（Esposito，2007）的视角出发（她和卢曼的观点一致），未来有两种类型。她使用了大量的系统理论进行论证，认为所有精密的悖论都是由二级观察引起的。她对现在的未来和未来的存在进行了区分。我们不得不考虑现在的未来进而采取行动。现在的未来是观察者从今天的视角进行的理解，利用了所有掌握的信息来推断未来。但这种观点是从现在到未知或不可知的未来。一旦未来已经成为现在，未来会是什么样？这仍是不可知的。或许未来存在的结果正如预测或期望的那样，但也可能有些许不同或完全不同。从采取行动的那一刻起，行动就应服从于环境中的各种变化，根据各种反应而改变。周期性环境引发的行动是清晰可知的，但出现在语境、组织或组织的环境等中的行动却是模糊不清的。从对未来做决定和规划的时刻起，未来就已经是过去的一部分了，而且事实上它需要在一个已经改变的环境中来实现。决定到行动的交接点使未来成为现在，于是呈现出这样一幅画面：在交接点什么是可能的，什么是想要的和规划的。但是将来会实现什么？在未来要了解的对象是什么？那时行动已成为过去的一部分，换句话说，什么会成为未来的存在仍然属于未知。被定义为风险的事物可能会实现，实现时可能与预期不同——收益或损失可能高于或低于预期，或可能不会实现。但是这样的思路存在盲区："假定风险的概率可以通过随机计算确定，这等同于'未来的非未来化'（defuturisation of future）"（埃斯波希托（Esposito），2007：84，作者的翻译）。乍一看像是在玩一个高超的文字游戏，但却揭示了风险管理中一个重大的漏洞。对未来结果进行计算或许会变得很复杂，但它呈现的未来只能是已经包含在所使用的统计数字中的未来。它只能对我们已知的混乱作出安排，因此它现在就是可操作的。把这种投射看作是到达未来的路径，数字即构成了路径的基础，即意味着把所有数字以外的东西都排除了。在此基础上进行的计算忽视了未来的根本特点。未来永远仅是部分可见的。请不要表示惊讶。正如朋克音乐家乔·斯特鲁摩（Joe Strummer）所言："未来是未被书写的”，他巧妙地用语言表示了这一点。

然而，对于未来存在的思考只是一种准备，在此基础上我们还进行了更加错综复杂的思考。如果我们接受上述差异，把我们置于未来的过去（future past）这一点上（至少在语法的基础上语言允许我们这么说），那么考虑未来的未来（the future of the future）就变得可能。一旦现在的未来最终成为了未来的存在，什么在将来会成为现在的未来，这几乎是令人晕眩的思考方式。跨越这一点走向未来，我们将会在什么基础上了解未来的过去？从未来的过去中可以思考将来的现在的未来（the future present future）？并且，一旦将来的现在的未来转换成将来的未来的存在（the future future present），什么会成为未来的过去？这听起来很费解，甚至有些荒谬吧。那也不意味着它不是我们现实中的一部分。如果在这些阶段进行思考，朝着未来迈进，并留意深不可测之处（如上所描述的），也许就能获得在危险情况下（实际上我们的现实是建立在晃动的大地和滑坡［罗萨（Rosa，2005）的基础之上］思考未来的能力。用这样的思路来思考银行产品特别是衍生产品，思考这些产品的复杂性、功能、意义、市场及其含义，忽然间我们就会茅塞顿开，明白了它们在未来中的作用（它的实用性、可能性和述行性）。

风险作为投资的一部分与投资本身密切相关，它属于投资和 ROI 计算的一部分。ROI 的含义是投资回报。这里的风险喻指预期，是具体投资失败而没有回报的概率。斯洛特迪克（Sloterdijk）所举的给船只配备船员支持其出海的例子也体现了风险的意义。生产领域的风险是指实物交收或产品和服务的质量问题，任何跨境贸易都要面对生产领域以外的风险，即支付和财务问题。或许客户最后没有支付欠款，或汇率发生变化，以至于价格的计算最后会变得不可靠。放贷的利率会发生变化，这导致财务的某一方面最终与预期不同。在此我们讨论的是传统的银行业。发放贷款、组织付款、兑换货币等行为使其他经济部门的环境秩序化。在每个案例中，其他人需要怎么做来独立安排？什么不是他们使用其他可商榷措辞的核心能力？这些都由银行来进行管理，并使其日益标准化。例如，付款流程、为大额贸易业务或政府行为提供资金、寻找投资者或回收抵押资产等。这些活动的共同之处是存在支付失败的风险。银行的核心竞争力是［贝克尔（Baecker），1991］：只有平衡涉及的风险，经济系统才能平稳运行。对风险进行管理成为银行实践中的一部分，在这一发展过程中风险本身又变成了一种产品。

未来和选择：让未来变得多元和偶然

已被写入人生这本书的命运是固定且独一无二的，不可能发生改变。风险打开了未来，使我们具有选择的意识。在未来发生的事情或许与预期不同，这取决于现在的决定（Present decision）。未来具有偶然性，即事情最终可能与预期不同。命运意味着结果得到了保证。不仅我们不知道未来，而且未来本身也是不确定的。金融市场中的产品深入体现了这一点，它是对产品构建的基本理解。这些思想在现代商业生活中得到广泛应用并产生巨大影响力，但同时也引起一些焦虑，激发了公众讨论。一方面，市场细分使商业成为关注股东价值的一种方式，从而影响就业（佩尔泽，2009）；另一方面，它又难以理解，只有专家才明白。市场细分引起的讨论中有人把它与“蝗灾”相提并论。研究的重点越来越多聚焦于这些市场的特殊性、市场的构建，包括交易者的态度和行为。［例如：霍尼格等（Honegger et al.），2010；利利和莱特福特（Lilley and Lightfoot），2006；诺尔·塞蒂纳和布吕格尔（Knorr Cetina and Bruegger），2002a，2002b；麦肯齐（MacKenzie），2003b］。

任何关于金融衍生产品市场过剩的讨论都必然知道，这些金融工具之所以曾被引入市场，是为了对不稳定市场中的风险进行管理。一方不愿意把风险视作自己商业中的一部分，另一方则因为风险溢价而愿意承担风险。管理风险即把风险从不愿意的一方转移给另一方。传统上这由银行来执行，因为银行是双方的中介。另一方从一方接管风险后会立即寻求对冲风险。除了销售方面的风险，产品生产公司还面临着供应方面产品价格不稳定的风险。销售方面的风险还包括国际贸易中的货币汇率变化。为了转嫁风险而创造的衍生工具被称为期货。期货是买卖双方在未来某天以设定的价格来购买或销售一定数量的资产而达成的合同。某天的产品价格对卖方来说是确定的，不管未来这一天产品的实际价格是多少。如果价格上涨，他愿意支付溢价，放弃了多得的机会；而如果价格下跌到合同水平以下，他却能保证不会遭受损失。合同给予的是在未来既定日期以一定价格买卖资产的权利，而不是义务。这是一项选择，它的价值取决于合同中的资产：基础资产。一旦在交易这些金融衍生工具时没有实现基础资产的交割，那么对基础资产的抽离就实现了关键的一步。尽管他们的价值取决于另外的资产，但这是其自身的价值。衍生品在交易时与基础资产脱离，在到期日时不必实物交割，只需支付差额即可。

金融衍生产品与基础资产的未来价格相关，这就是为什么它们被称为“期货”。它的另一种形式是在固定价格下选择买或卖，这是另一项选择。衍生产品是将未来纳入今天决策的发明，从而使我们可以在易变的全球市场中采取行动。期货是管理未来的金融产品，是意识到偶然性（在决定中考虑偶然性）的选择。值得注意的事实是，衍生产品使未来多样化的过程变得很容易，这也不证自明；尽管未来具有普遍的偶然性，但人们仍有能力作出选择（即买或卖），这使两者并存变得很容易。

风险应对的是偶然性。未来在根本上是不确定的。上帝能保证不管未来发生什么都会是好的，因为未来在上帝的掌控之中。如果金钱取代了上帝，那么它也需要同等地取代上帝拥有的这种令人欣慰的能力。同等的理念就是我们应有足够可用的金钱来应对未来的偶然性，即未来的需求或面临的威胁。金融市场构建在以计算为基础的风险上，它取代了以产品为导向的市场逻辑［李普曼和李（Lipuma and Lee），2004］。

不以资金为中心，侧重资金流动性，这让金钱实现了它的任务：把不可决定的复杂性转换成特定的复杂性。金钱被用来维持选择的特性［多伊奇曼（Deutschmann），1999］，并使未来多样化。

然而此处存在一个重要的差异。在对“风险是什么”提出疑问时，很有必要指出需要处理的对象是什么，什么可被视做风险来管理，而什么却又不能。我们的讨论从赌博开始（我们有充分理由相信它在风险话题中仍占据主导地位［辛恩（Sinn），2009；斯特兰奇（Strange），1986］。用钱下赌注掷骰子，出现风险或不确定性的结果有两种：赢的机会和输掉赌金。哈金（Hacking，1975，1990）和伯斯坦（Bersterin，1996）也说过，计算赢的概率而获胜是赌博的主要动机。赌博和投资的区别不像我们想象的那样清楚。例如，对德语 Einsatz 的翻译有两种可能性：赌金或投资，具体的意思根据语境而定。记录掷骰子的结果来做比较是统计学的第一步。西方社会越来越对量化感兴趣，对几乎一切东西都要测量和计算以发现什么是正常的、什么可以正常化、什么可被看作是误差。大量类似《驯服的机会》(*The Taming of Chance*)（哈金，1990）意图的数字在这个过程中产生了。在美国金融衍生产品合法化的时代，赌博和投资并不像麦肯齐（MacKenzie）和米洛（Millo，2003）描述的那么泾渭分明。20 世纪 60 年代末，当局曾把衍生产品的交易视做赌博加以反对，最初衍生产品得以保留是因为数学模型证明了其属于商品交换中一项严肃的业务。我们不得不强调这一点。两位作者得出了一个有趣的结论，颠覆了人们所期待的“正常”过程。由于当局不赞成市场中的这种行为，因此，为了改变当局的看法，人们会期待在产品设计、使用或销售环境、市场结构上作出改变。在衍生产品市场这个事例中，恰恰是数学方面的进步即布莱克—斯科尔斯—默顿（Black – Scholes – Merton，BSM）期权定价公式的提出，改变了市场的结构和当局的看法，如今的银行业仍将其奉为标准。唐纳德·麦肯齐（Donald MacKenzie，2003a）、尤维尔·米洛（Yuval Millo）和麦肯齐和米洛（MacKenzie and Millo，2003）共同对该模型的发展和使用进行了大量研究。麦肯齐（MacKenzie）的关注点并非在这个数学模型“正确”与否上，而是在模型发展的社会学视角及其使用的传播上。从他撰写论文的标题中就能感受到他想表达什么，其中之一就是：“构建一个市场，将理论运用于实践”［麦肯齐和米洛（MacKenzie and Millo），2003］。作者分析了芝加哥期权交易所的历史以及模型从最初到最终形式的变化过程，描述了一个特殊市场的进步——从模糊不清到变成金融市场体系的一部分。这项研究得出的结论是期权定价模型（BSM）施为地（performativley）创造了这个市场，这相当让人吃惊。待期权定价模型（BSM）发展到最终形式，其创立者不得不承认它缺少实证支持。为了使之看起来简洁并具有结论性，他们使用了若干简单的设想。尽管这样，这个模型还是被运用到实践中，但结果却是那些简单的设想并没有得到挑战或改变，反而是“市场现实”根据这些设想作了改变。施为性演变产生的结果是对模型的实证研究大量增加。“成功”的部分原因是认可该模型的当局把对衍生品交易的限制取消了。他们认为该模型证明了应对风险的衍生产品具有经济价值，因此不再把其划入金融赌博的范围，而之前的官方却一直这样认为。

这个模型充当决策性市场手段的时间将近二十年，直到新的市场状况出现，证明它不再适用于千变万化的金融市场。1987 年股票崩盘绝对是出人意料的，期权定价模型（BSM）中表达的对冲操作也对此无能为力。关于对数正态的假设本是用来预防出人意料的极端事件发生，但它却无法解释 1987 年股票崩盘的事件。术语“反称性”的引入解决了这一问题，它喻指隐含波动率。此后，期权定价模型又有一些改进和演变，加入了其他的一些计算公式。尽管如此，期权定价模型仍是金融市场风险计算的奠基石。迈伦·斯科尔斯（Myron Scholes）和罗伯特·默顿（Robert Merton）因为期权定价模型而获得 1997 年的诺贝尔经济学奖［公式的提出者之一费希尔·布莱克（Fischer Black）在得奖前两年去世]。

人们普遍认为风险计算应建立在一个非常客观、合乎自然规律的基础上，上述麦肯齐（MacKenzie）的研究也支持了这一观点。因为无法借助阿基米德（Archimedes）的数学知识来评估风险，所以他更多的是研究对风险作出的复杂反应。例如，他考虑了系统压力和不同背景下多样化的行动者（交易者、数学家、交换制度、当局等），并认为标准之所以被称之为标准，原因在于标准影响了使用标准的市场结构。因此，可以说麦肯齐提出的风险评估方法更为成熟，因为他明显接受了风险的交互主体性并对此进行了探索。

上述概述省略了伊恩·哈金（Ian Hacking，1975，1990）和彼德·伯恩斯坦（Peter Bernstein，1996）所持有的精彩观点，虽然相当粗略，但目的是希望指出风险至关重要的发展过程，同时较好地重塑风险的角色。风险是全球化经济的必要成分。风险是个表示商业特定方面的词汇，它是探索未来未知部分的方式。在全球化经济中对风险进行交易可以看作是解答不确定性的理性答案：把不确定性转换成可测量的单位——风险。风险作为词汇强调的是经济的特定方面，它完成了转换——自身成为了商品。

风险成为了商品

金融市场中的风险指的是可能出现的欠款、原材料价格的升降、国际贸易中货币汇率的波动、交换的不稳定性、利率的变动等，这已清楚说明区分“正常”的经济世界中的风险与金融市场中的风险有多么困难。银行也是公司，它在业务上面临的风险与生产公司通常面对的风险非常相似，其中包括业务上的潜在损失、运营风险、信誉风险、法律风险和其他风险等。这一切都直接或间接地影响公司的利润。金融市场和商品市场中风险的最重要区别是，金融市场上的风险不涉及具体的货物交易和服务质量。商品、货币、利率及其他的功能是为实际交易的东西提供参考。在金融市场上对于交易来说它们是基础资产。风险本身成为了可交易的“商品”，它原本只是商品或服务的一个特性，后来自身变成了商品。银行推出投资组合产品采取的逻辑步骤就是发展衍生产品。这对生产商品的公司而言，某个具体业务的金融结果会变得更可靠。“衍生产品”作为这些产品的名字已经很清楚说明，交易的东西是在其他基础资产上衍生出来的。衍生产品与基础资产相联系，它的价值也和人们对基础资产价值的期望有关。它表达了基础资产不稳定发展的一种设想：价格或比率是升高了还是降低了？到目前为止幅度有多少？基础资产的价值有变动的风险，衍生产品的存在使得这种风险得以交易。全球市场上的产品生产公司无法回避的一种风险是来自货币汇率的波动。用来转移风险而被发明的金融衍生产品称作期货。交易或商品中的某一方面被分离并通过交易抵消了。一方得到了确定性，另一方得到了溢价和从不稳定价格中获利的机会。特指的经过清晰界定的风险从一个公司转移到另一个公司去。这种理念与为防范风险而上保险不同，在风险成为现实时赔付损失的保险才会发生。金融衍生产品取代了买方，这好像并不存在风险，买方不会再受风险的影响。例如，无论货币汇率将来如何波动，他得到的汇率是事先约定好的，风险已被转移至他的交易伙伴手中。

风险商品化，这正是衍生产品的目的：“风险分析、风险商品化和风险的交易是经过特别设计的，目的是分解出不确定性，使我们的获利合理化”［克洛克（Cloke）2009：113］。通过出售风险，生产商交易产品的不确定性降低了。克洛克（2009）和瓦金（Vaknin，2005）认为这会产生大量的道德风险。他们将衍生产品视为购买全部风险的运载工具。通过这种商业上的市场规则，资本主义不会失败，它的基础之一遭到严重破坏。与他们的观点相反，我认为现代国际贸易中经常使用衍生产品的原因是对冲因全球化竞争的不确定性和复杂性增加而带来的风险。他们意欲将风险降至其可施加影响的业务部分，以及其可以不完全依赖于外部市场力量的地方。使用衍生产品并不都是邪恶的，但是它们具有“药物”的特性，在第 8 章中我会对此详述。

风险商品化的一个后果就是它的抽象性增加了。风险在生命世界成为现实，如船只失事、工厂经营失败等。人们仍在经历这些并遭受其带来的痛苦。这些风险已具体化，这就是具体化的风险与可进行经济计算的风险的差别。风险实现具有一种特质：它是有形的，甚至有时关乎存在主义。我们或许可以对这个特质投保，但却不能通过交易让这个特质丧失。转移风险的金融衍生产品应对的是具体商业交易中经济货币化的方方面面。金融市场中的风险已经没有了具体化的风险的特质；它在一个充满数字的世界中被抽象化了，风险的实现只用来表示金融收益或损失。风险已经置换，在它成为产品进一步抽象化之前，它的功能仅仅是指商业关系。风险日益抽象化和复杂化，需要我们采取一些特别措施——引入衍生产品，它的价值取决于我们对基础资产未来价值的期望。交易衍生产品意味着转移风险。风险从基础资产转移到衍生产品上。用这种方式，风险得到升华和净化：“风险的升华，从资产到期货，再到期货的期权，产生了风险的本质，此时的资产看起来似乎再次安全了”［利利和莱特福特（Lilley and Lightfoot），2006：384］。风险的性质改变了，它成为可以不依赖基础资产而进行交易的精华。正是这个基本观点使得风险交易的金融市场独立于商品市场变得可能［李普曼和李（Lipuma and Lee），2004］。风险是对生命的补充，它在经济生活中和其他领域寻找到了自己的独立角色，也一直在准备影响经济及其他领域。风险是来自未来的困扰。

第3章　风险——主权例外

风险是金融业的核心议题。或者说，它应该成为核心议题。所有的商业模式都致力于获取至少25%的利润，却似乎忽略了融资过程中一个基本理念：收益越高，风险越大。在过去的几年中，一些事情明显偏离了正常轨道，并且影响深远。当银行迫不得已把使用贷款人身份作为最后手段，或是当银行面临大规模损失或金融市场崩溃，而在诸多难以接受（至少在管理层面来说难以接受）的条件下必须接受国家货币时，它们必须密切关注风险及风险管理方面的处理。“处理”在此包含两层含义：对风险本身的处理，以及把风险从一方转移到另一方。后一种方式容易产生问题。接受、转化金融风险或将风险转移给其他方是银行的常规业务。风险接收方为此获得了在明显失控过程中的高水平风险溢价。危机经常出现在一个对涉及的风险没有给予足够关注的代理商网络。网络中的任何人都可能犯错误，因此，危机是不可避免的。正因为如此，危机不能归咎于单独的某个人。人们已经认识到实际情况远比以上描述的要复杂［阿尔伯斯（Aalbers），2009］。除了探讨风险产生机制中的技术性问题外，还有一个更基础性的问题，即关于风险这个词本身。风险如人们在风险管理中所理解并且概念化的那样，其作为可计算的潜在损失是否已被充分认识？所谓（超出单独交易且并非由单独交易所引起）的“系统性风险”是否存在？

在这一章，我将从两个方面来阐述“风险”，并强调在对可计算风险的理解中，还有太多被人们忽视的东西。本章论证过程中会不断出现两个互相矛盾的概念：包含与排除。对此，另外两位学者——埃德加·

爱伦·坡和吉奥乔·阿甘本（Edgar Allan Poe and Giorgio Agamben）也起到重要的作用。虽然故事发生于古代，但坡（Poe）的虚构小说《红死病的面具》(*The Masque of the Red Death*)(1842)，很清晰地描绘出由于忽视风险，或者说由于一次失败的风险管理，所导致的后果。一场重大疾病需被排除于社会之外，然而这种处理方式却反而将其引入到社会之中。

阿甘本对于主权例外和例外状态的探讨，被认为对理解当下危机的基本产生形式很有帮助。如果把抵押贷款的证券化视为主权例外，那么阿甘本的理论便可以扩展至一个他自己并未意识到的领域：在这个领域，他的理论对于理解为了预防这种形式的危机所做的监管方面的尝试是非常有效的。由此，根据阿甘本的理论，我们可以得出结论：国际金融市场处于永恒的例外状态中。把两位学者的观点结合起来看，他们是互相支持的，这使我们对于当前治理金融市场的尝试相当悲观，虽然这些尝试的本意是好的。

排除的包含（the included excluded)：一个关于存在致命错误的风险管理的隐喻

埃德加·爱伦·坡（Poe，1842）讲述的故事是关于一场肆虐于普洛斯佩罗亲王（Prince Prospero）所统治国度的可怕瘟疫。从未有过如此致命的瘟疫。在他的笔下记录着这样的恐怖场景：患者毛孔大量出血，并伴有剧烈疼痛，这种来自患者的可怕表现使他人惧于救护。眼见其疆域内的人口锐减一半，普洛斯佩罗亲王决定实施一种隔离措施。他从宫中召集了一千名乐观的骑士淑女，并带着他们退隐到一座非常偏远的城堡式宅院。他们准备开始完美的隔离，意图把恐怖的现实排除在外，以此获得生存：

宅院四周环绕着一道坚固的高墙。大门全用钢铁铸就。亲王的追随者们带来了熔炉和巨锤，进宅院之后便熔死了所有门闩。他们决心破釜沉舟，不留退路，以防因绝望或疯狂而产生想出去的冲动。宅院内的各种必需品非常充裕。有了这样的防御措施，那些绅士淑女们便可以藐视瘟疫的蔓延。墙外的世界能够自理……所有的欢乐和平安都在墙内。墙外则是红死病的天下。

（同上）

将自己与外部世界隔离开，任由其寻找或创造一个更好的世界，或是仅仅为了避免看到受困者的遭遇而自己却得以存活，这一直存在于乌托邦思想、科幻小说或现在的封闭社区中。一种蓄意的隔离，可以将现实中令人不快的、危险的因素排除在外，或者能够给新创造的秩序定义一个明确界限：什么需被包含，什么又必须被排除。显然，红死病是要被排除在外的。然而，在这个怪诞的故事中，坡（Poe）通过短短几页文字证明这种尝试是多么的徒劳无功，它更像是一场对财富和享乐的最后狂欢，一连串的派对最终止于一场异常豪华的化妆舞会。狂欢的舞会被一只黑檀木钟表的敲击声所打断，这个钟表被放在最后一所房间内，表身成黑色，被红色窗格后面的火焰照耀。整点报时的钟声里有些东西，使得人们意识到一种关键的存在，即他们隔离于此的原因："狂欢的人群一下子仓皇失措……年长者和稳重者则以手覆额，仿佛是在出神或者沉思"。不止一次，而是在每个整点时刻都出现如此的中断，直到午夜十二点的钟声敲响时，这种不安达到了顶峰：

因此，也许碰巧有更多的思想潜入狂欢者中那些善思者更长久的沉思冥想之中。也正因为如此，人群中的许多人直到最后一声钟响完全消失，才注意到一个之前并未引人关注的戴着假面具的身影。

他们的不安情有可原，因为红死病患者混入了人群中并终结了舞会。"狂欢者一个接一个倒在他们寻欢作乐舞厅的血泊里，每一个人死后都保持着他们倒下时的绝望姿势。"

乍看之下，红死病是对“排除的包含”的一种隐喻，而非关于“不可能性”的。瘟疫已经在宅院的墙外，因此，它可能并且应该已经被隔离措施成功转化为“不可能性”。然而现在看来，在这个故事里坡所描述的世界缺乏一种必要的知识。普洛斯佩罗亲王把瘟疫视同于入侵者，认为只要通过合适的手段就可以将其拒之门外。然而，被阻挡于门外的不但还会返回，实际上它就从未离开过；如果忽视这一点，那将带来致命的后果。正因为如此，使得红死病可以作为风险管理的隐喻，并具有很大的重要性。经过这一迂回，红死病反而又转变成风险本身。根据目前有关病毒扩散的知识，我们完全可以简单判断出，故事中的主人公所采取的预防感染措施是不当的，他们面对的是一个内部的敌人，但其却试图从外部来消灭它。敌人已隐藏于这群狂欢者中，而后者正妄想把自己跟前者隔离开来。这个事实并未被考虑进风险计算或管理中。缺乏关于病毒的知识，就不可能作出恰当的应对措施。在这种情形下需要的策略是不可能存在的，因为唯一可能的策略就是“不可能性”本身（德里达，2006：32）。由于这种以感悟“不可能性”的形式存在的策略没有实现，导致了（不可预期的、意外的、不能计算的）悲剧最终发生。

宅院里的人没有任何学习效应。所有狂欢的人都已逝去，没有幸存者可以从如此惨痛教训中汲取教训。只有在虚构的故事中，这种描述可以阐明风险管理的失败，并且还可用来阐释“不可能性”或者是具有“阴阳脸”特性的排除的威力。坡的故事揭示出，当人们没有考虑到包含和排除的界限，或忽视了（尤其源于知识的缺乏）设置此界限的后果时，一些东西将危如累卵。

主权例外

坡（Poe）的怪诞故事中描述了包含与排除之间关系的重要性，这种通过排除反而将其包含进来的微妙联系在吉奥乔·阿甘本（Giorgio

Agamben）的作品中得到更充分的论述。在他看来，这种排除行为或者这么做的能力和可能性似乎在任何时刻都是适当的，是现在国家的核心所在。吉奥乔·阿甘本因在《牲人》(*Homo Sacer*)(阿甘本，2002)一书中对赤裸生命（naked life）的论述而出名。初看上去它像是一本有关牺牲者、弱势群体、现代社会中失败者的书，最后证明其简直比一本描写镇压的专著论述还具有煽动性。阿甘本针对的是法律—制度模型（legal - institutional model）和［傅科（Foucault）创立的］权力的生命政治模型（biopolitical model）之间暗含的交集。生命政治是国家权力的机制和运算对自然生命的包含。傅科把人类视为规定和矫正（总之就是规训权力和控制）的对象（傅科，1977，1983）。阿甘本（2002）认为将赤裸生命包含进政治的范围，标志着政治—哲学范畴的根本性转变，并使得主权权力完成了其最初的成就——生命政治的主体产生了。因此，赤裸生命在西方政治中拥有独一无二的特权，也即在将其排除的基础上可以建立人类的政体（2002：14，17）。《牲人》(*Homo Sacer*)(2002)、《例外状态》(*State of Exception*)(2004)和《奥斯维辛的残余：见证与档案》(*Remnants of Auschwitz*)，在这一系列的书中，阿甘本沉浸于建立一种通往20世纪阵营的法治思想。在这个框架中他努力去理解包含和排除两者之间的微妙关系。在我看来，他在此方面的理论成就可被用来理解金融市场上风险和风险管理的角色。

那种宣布将一个人排除出他本应归属的集体的行为，以一种特有的方式例证了这种关系：不是拒绝某种关联，而是对某种关系的重新定义。被排除的人被剥夺了所有权力，也被拒绝进入政体。可以说他被驱逐出去了，但同驱逐还有一定区别。虽然他不能作为人祭的祭品，但任何人都可以杀死他而不构成犯罪。这就是牲人所处的地位。赤裸生命被作为规训和统计的对象包含进政邦（polis）内，但也可以被主权决定再次排除出去。只有到那时他不再是重返回自然界，而是变成独立于政邦的自然存在。《牲人》由一个主权决定宣布其被排除，但从来不是真正完全的排除。当我们考虑到风险时，“主权”和排除的定义也即主权排外（sovereign exception），也是很有意思的。

主权本质上是一个自相矛盾的概念。主政者同时处于法律秩序的内部和外部。如果法律秩序赋予主政者宣布实施例外状态的权利，并因此撤销、悬置或搁置法律秩序本身，主政者就立于秩序之外；但同时，她又属于法律秩序，因为她需对宣布悬置的决定负责。跟随卡尔·施密特（Carl Schmitt）的观点，阿甘本坚持对理解内部（inside）和外部（outside）两者之间界限中涉及的拓朴学进行仔细审视。例外是一种形式的排除，是从普遍规范中排除出来的单独事例。然而，这种排除并不意味其与规范完全失去联系，它仍保持着与其悬置的形式相关联。规范通过对其不予理睬而将自身施用于例外之中。例外状态不是在秩序之前的混乱状态，而是由秩序的悬置所引发的。因此，更恰当的说法或许是，例外不是被去除的而仅是被排除在外（阿甘本，2002：25－27）。它是被包含进去的排除，本可能不被包含但却因排除这种行为被包含了进去——一种自相矛盾的包含。阿甘本认为真正的危机在于人们无法区别“属于规范”（belonging to the norm）和包含、区别内部和外部、规范和例外等概念。

不难想象，在描述完主权例外之后，例外状态变成了一个棘手的概念，其拒绝任何简单的定义，并且包含自相矛盾的因素。例外不是由规范排除出来的可以明确定义的事实，也不是单独具体的事例或一系列清楚界定的事实，这些事例或事实并不能被包含进法律，且不能由现存的规范来恰当的处理，因此，例外需要被特殊对待。例外状态指的是主权（国家或其代表，包括君主、独裁者等）与法律秩序悬置状态之间的关系。这种关系要如何被设定，才能使得法律秩序在其被悬置也就是处在规定之外时，依然同代替它存在的状态相联系？例外状态意味着规范没有发挥作用：存在的只是失范状态、法律的缺失和目无法纪。

就例外状态而言，阿甘本（2004：62－63）根据文献得出四点结论：第一，例外状态并不是专政，而是一个法律缺失的空间，即一个任何法律都失效的失范领域。它是一个法律而非专政力量悬置的状态。在此，阿甘本把自己放在另一种解读的对立面，即把例外状态看做应急力量，或者将其视为国家防守的权利。简而言之，他反对任何将例外状态置于一个法律背景下的理论。第二，这一法律缺失的空间似乎对法律秩序本身非常重要，后者竭尽全力确保与前者的联系，好似法律要保证正常运作的话，就必须与失范保持联系。第三，问题是在法律悬置期间人们所采取的行动。这些行动既不是行政的，也不是合法的或非法的，它们的法律性质似乎被置于一个虚无的空间中。第四，关于第二点所述的法律与失范关系的性质。法律缺失的空间与法律仅在两者的边缘有所联系，而彼此却又互相排除。如果法律不想彻底放弃，从而给对方让路，那么它必须创造一种权力，可以通过非直接关联来控制对方。阿甘本（2004：71）将它们称做“拟制卓越的法律”（fictio iuris par excellence）：在法律悬置时，将司法的法力从法律自身解脱出来，来努力维持司法的力量，甚至构建司法法力。在例外状态时，法律秩序被人类的行为所取代，这些行为跟法律没有丝毫关系。它们可以包括内战或革命暴力，当然也包括任何的专制统治。被排除的依然包含在内，这种联系是必要的，尤其是在它被用来宣告例外状态结束、重回最初的法律秩序时。

然而，阿甘本的探讨不止于此。根据以上结论，他回顾了对被包含在规范和例外状态关系间的生命政治学的重要理解。法律和生命是互相依赖的。西方的法律制度是由两个异质但又互相协调的因素组成的双重结构：法治—规范与失范—元法律。规范性的因素要发挥作用需要失范因素的存在；而在失范因素中，当规范性因素处于有效状态或被悬置时，例外状态只存在于其与规范性因素的关系中。

阿甘本的论述集中于那些可以代表国家的制度和人，所举事例从罗马时期一直到 20 世纪。因此，跟生命的联系被引导至一个政体的最高位置上。在这个背景下，这种做法并没有错。此处的话题是对例外状态的主权决策，以及这种状态对法律秩序的取代。关键一点是，一个规范不能单独存在，只有通过某个人才能发挥效力，因此，例外状态的实施也不能脱离实体的支撑。需要一个被规范的制度赋予权力的人来宣布实施例外状态，并且他能够最终引导它回归常态。另外，对于社会主体而言，例外状态意味着个人与社会区别的消除，因为这种区别只属于规范的范畴。

能够将生命和法律、失范与规范区别开来，源于生命政治学机器运行良好的结果。让我们回到《牲人》这本书的开篇。赤裸生命，并非独立存在于自然，它是跟法律一样的人为概念。然而，揭开它虚构的一面并不能使其回到原始的、纯粹的生命。这样只是开启了另一种形式的关联。当例外状态变成西方社会的常态时，人们开始假设“例外国家”（阿甘本，2004）的存在，因为很难由例外状态的国家退回到法律国家。如今，“国家”和“法律”本身都存在争议。

普洛斯佩罗亲王与例外状态

普洛斯佩罗亲王是一位典型的主政者，坐拥一座城池，并因此对其有绝对权力并负全部责任。在危急时刻，当瘟疫威胁整个国家的生存时，他能够并且可以合法性地宣布国家进入例外状态，远离普通民众居住的领土，他从国民中挑选了一批人随其撤退到一座坚固的宅院中。这种例外状态包含双重转折：人们被挑选出来生存于一个远离他们所属世界的地方，但不是作为赤裸生命（可以被任意杀害），也不是作为牲人。常态之外的行动步伐注定要设置一次必要的改变，即留在常态内部的人事实上被排除在生存之外。当权者把自己包含进去，并且通过此举象征性地证明，他的存在既在法律秩序之内同时又在其外。在这一故事中，他决定实施例外状态，并亲自选取了地点：常态之外也就是在宅院内，这个宅院被认为代表了生存的未来状态。

双重排除，也就是把宅院内的狂欢队伍与受瘟疫之苦的人们相隔离，将其与瘟疫本身隔离开来，都是无效的。细想一下例外状态的逻辑，普洛斯佩罗亲王的决策看起来像是一个对什么濒临险境的很好例证，虽然他用了一种独特的、讽刺的方式。被一个政体所排除的人意即赤裸生命，可以被任意杀害。红死病肆意拒绝了这种意欲为包含而做的排除：一个政体通过把自己从更大范围的国家团体排除的方式，把他们自身包含进一个“真正的”政体，一个最终会存活的政体。这就是意欲包含的排除：这种排除方式不是对另一方的排除，而是对一个国家的核心的排除，这样做可以尽可能地挽救政体。

另一种形式的排除，即把本该处于外部的风险排除的意图，但其也并未起如愿。通过排除的行为却被包含进来，风险一直在寻求机会发挥威力，而这又是不可避免的。将红死病引狼入室的故事表征了一个事实：试图把一个事物固有的东西排除出事物本身是徒劳的，这样会起到反作用，阻碍了本可被排除的东西被排除掉。红死病由此证明了，任何一个国际金融体系都存在潜在风险。那些在危机时期最终变的不可交易，直至失去任何价值的证券（也被称为有毒资产），即使对它们的标的物依然持有现金流，它们也会和红死病一样让人恼火。

（债权的）证券化

债权的证券化或曰抵押贷款是2008年国际金融危机的核心［阿蒂夫·米安和阿米尔·苏菲（Mian and Sufi），2008；西姆（Sim），2009］。接下来，我将根据以上总结的论点，即红死病是被一个主权例外的决策引致的，以尝试解读这次危机是如何产生的。

银行将信用风险证券化的初衷，是通过向另一方出售部分合约来减少可能的风险，这样风险便可以从银行的资产负债表上消除。被出售之后，这些合约便不再计入银行的基础资本，银行得以在不同的风险平衡中获取开展新业务的空间。信贷限额或者更准确地说监管规定的风险敞口与银行的基础资本密切相关。虽然这个看似清晰的政策受制于很多复杂的规定，这些规定解释了何为基础资本以及何种程度的风险必须被限制，但它确实为冒风险设定了一个限度。证券化的第二个动机是显而易见的，其存在于市场组织证券化的结构及其交易时所提供的机遇。这对银行来说简直是极乐世界：他们可以通过出售问题资产的方式来将其解决，同时又从新创造的需求中获利。

降低风险头寸的通常做法是证券化。原则上讲，债权证券化就是对债权所引致的付款申诉的交易。此处的“申诉”并非单独存在，而是指代各种捆绑到证券中的申诉。其目的是将所有申诉出售给一个投资者，或者是创立一种可交易的证券。规则说来简单，但要其奏效却相当复杂。

证券化至少涉及三方：发起者，即将诉求作为标的出售的银行；投资银行或基金，组织对新创设证券的出售并在此基础上组织融资；每个证券化过程所成立的 SPV（特殊目的载体），SPV 需协调投资者和原债务者的现金流。如果出售发生真实，全部付款诉求将被转移到 SPV。发起者把风险转移给 SPV，风险就转换成可交易的证券。

最初的资产证券化是为了将风险转移给其他方，以便可以利用不同的风险结构来开展新业务。这种方式向前跨出了合理一步。这种最初的、在问题出现时摆脱特定贷款组合的防御性策略，本身变成了一种交易。以住房抵押贷款支持证券（MBS）为例。住房抵押贷款支持证券被接受的目的并非是要将它们存在银行以从房主支付的利息中获利，而是从起初意图将抵押贷款证券化，并将其作为基础资产来生成其他金融衍生品的机构中获得收益。抵押贷款被证券化可以将整个交易从资产负债表移除，借款人不能尽到支付义务的风险也被转移，这样风险就不会再对发起者产生影响。然而，这种证券不如其他基于利息的证券透明，后者有确定的发行者可以保障支付。这种情形下的证券通常具有不同层次的资产结构，这些资产又具有不同的信用度。并且，一个确定优先支付的层级结构也成为了证券结构的一部分。

只要一切正常运行，这是一台堪称完美的赚钱机器。作为发起者的银行，通过接受“贴水”（disagio）来赢取新的业务空间，投资者因更高利率获取收益，投资银行从交易费用和证券交易中获益；而其他如评级公司、律师事务所等证券中介机构，也因其在创立证券过程中的贡献而获得佣金。此处的“运行正常”指的是最初的借款人也就是房产拥有者，即使在利率提高的情况下也能够支付利息，偿付贷款。只要损失不超过预期水平，证券交易仍可良性运作。如果风险真的出现，也即当很多借款人不能履行他们的偿债义务时，以抵押贷款作为标的的证券就不能正常支付利息而失去了价值；这种状况会立刻在银行和其他投资该类证券机构的资产负债表上显现出来。

然而要注意的是，抵押贷款的证券化不是一个新事物，它的首次使用曾带来悲剧性的后果。迈克尔·刘易斯（Michael Lewis）（1990）在《说谎者的扑克牌》（*Liar's Poker*）一书中描述了这些金融工具的创造，以及关于在美国立法中是否做相应改变的争论，并用标题为“富人和他们不可思议的赚钱机器”的整个章节来描述这些金融工具的成功案例。1989 年，他总结了现代淘金潮所导致的结果，为此得出的结论是，20 世纪 80 年代是一个商人的时代，“在这十年里，很多纽约和伦敦的 24 岁的年轻人在短期内赚得大笔的金钱，这是以前从来没有过的。”[刘易斯（Lewis），1990：9] 经历过 21 世纪初的互联网泡沫之后，债务的证券化成为银行清理其含有不良贷款的资产负债表的一种重要途径。在今后的时期里，证券化的原则仍将保持不变，但会发生一些决定性的改变：难以想象的 58 万亿美元的巨大交易量 [考克斯（Cox），2008]，风险承担者也将从一些确定性的机构可能扩展至所有的市场参与者，包括私人投资者。

目前来看，形势已相当复杂，但现实状况却是至少有两个方面的因素使之更加复杂化。当然，MBS 的风险也被对冲了，所使用的工具是信用违约互换（CDS）。实际上，CDS 可以被看做是在原始契约即 MBS 的标的中，用来预防拒绝支付发生的金融衍生品。它的构造原理是没有问题的，但是目前这种形式的衍生品所达到的规模，已经在很大程度上威胁到全球经济。最初设计这些工具目的是为了帮助企业应付业务风险。但问题是这些工具也可以被用来做杠杆投机，一种跟标的业务完全无关的投机。此外，由于这种交易根本不需要银行介入，因此，很多投机发生在受监管的银行领域之外，发生在另外一个被国际清算银行（BIS）称之为“其他金融机构”［金和瑞米（King and Rime），2010：28］的范畴内，它们包括“小型银行、共同基金、货币市场基金、保险公司、养老基金、对冲基金、货币基金、中央银行等”，以及利用金融衍生工具进行投机活动的公司。这样就形成了数量庞大的尚待执行的契约。

除此之外，可能发生并且已经大规模发生的事实是 MBS 被卖空，也就是说，有的市场参与者把赌注压在市场的不稳定性上。卖空意味着当很多借款人明显不能履行支付职责、整个架构即将瓦解之时，这些投机者把货币用于购买证券。卖空还会产生完全人造的产品：没有抵押贷款作为标的的，甚或完全没有标的的 MBS。他们仅仅依靠卖空者，并为他们创造出相反的风险头寸（刘易斯，2008）。

如何运用阿甘本关于例外状态的理论来理解国际金融市场的风险？虽然他的作品发生在一个政治国家及其与公民关系的范畴内。但是他的论证架构可以被用来探索其他的包含和排除之间的关系。

金融市场和例外状态

了解了红死病和阿甘本的主权概念，然后在此基础上来解读国际金融危机，得出的结论是令人激动的。风险可以用主权例外来解决，那这样是否就是开启了危机解决的开端了呢？但这种做法只有在主权确实的情况下才有效。风险最终变成对排除的包含，如同红死病；甚至，正如例外状态中所定义的那样，变成包含于它本应被排除的整体的一部分，然后再通过实现来证实这种包含。尽管一个决定性的改变被包含在内，但主权例外的相似性还是激起了人们的好奇心。主权例外被转移到另外一个领域：从一个整体转移到一个单独的组织——银行。金融市场上大量的参与者所制造出的各种复杂的主权例外状态，形成了一个全球层面的例外状态，它并不涉及任何一个单独的主权决策。在国际金融市场上没有一个像普洛斯佩罗亲王那样的主权存在。

任何一项可适用的法律，同时又是一种例外状态。这种例外状态表现在以下方面：第一，它是一个对国际监管协议认同的结果，如巴塞尔协议Ⅱ。由国际清算银行即国家中央银行的“中央银行”主持，十个国家的银行代表组成的巴塞尔委员会，通过跟银行业、政府和其他中央银行的国家联盟协商，制定了这项全球监管协议。为在全球范围内实施这项监管规定，它需转变成各国的国家法律或法规。任何可能阻止这项规定被批准的讨论，都要求在其被巴塞尔委员会正式确定之前进行。本质上这是民主空心化：越来越多由国家执行者协商的规定都是被立法机构批准的，而非由国会讨论发起和制定。因此，我们可以说，一个主权也就是民主政治的立法机构，在国际金融市场上是缺失的。第二，主权在全球层面的缺失，导致其作用被个体参与者所取代。银行在一个国家设立总部，并受其国内法律约束，并且这些国家也乐于让有实力的银行进入。但是，银行可以在世界的任何地方设立分支机构，这些地方有可能适用的是巴塞尔协议Ⅱ之外的法律。即使巴塞尔协议Ⅱ被转换成了世界上所有国家的国内法律，但在它和国内的其他法律融合的过程中也有可能产生漏洞。在超国家主权缺位的情况下，例如，在金融市场上缺乏一个全球性的管理主体，个体参与者的管理（操作）是有效的（就像在例外状态中）。全球性法律并不存在，存在的实际上是一种失范状态。第三，市场参与者之间的复杂关系，使人们很难界定什么是正常状态。借款人寻求信贷；银行发放信贷，并将债务转换成可以证券化的标的；SPV 寻求投资者；投资银行出售债券；对冲基金类的投资者，因为处于不受限于银行业的监管，利用自身的资本和信贷进行投资，而这些信贷也由银行发放；国家政体作为国家立法和国家监管权威的最高权力形式成为一个混合体，风险在其中被隐藏起来，游离于风险监管的焦点之外。

主权者的决定发生在另一层面。人们已经认识到，发展也就是例外状态的基础，是新自由主义的市场新教旨主义［例如，克里马基和威尔莫特（Klimecki and Willmott），2009；王（Wong），2009］。因此，规则和国家阻止市场利用实现个人行为的机会而获益，这最后会使所有人受益，这就是新自由主义的信念。主权者的缺失被市场思维的支持者充分利用，以市场为导向的话语权充当了自由主义的掩护，它对金融市场的监管是松散的［克洛克（Cloke），2009］。管制的撤销为金融市场提供了可向任何方向进行无限发展的空间。国际金融市场参与者的行为正是人们所预期的：创造性地使用这些空间，并且根据他们自己的需求来解释规则。总之，在被认为可以适当速度来独自解决经济问题的市场中，找寻规则漏洞的行为被隐晦地接受了，甚至是受到鼓励。适应不断变化的环境是可能的，创新是可行的。然而，这也存在风险。具有讽刺意味的是，恰是在应对风险的过程中产生了风险。新自由主义认为，市场的自我调节在实现经济稳定增长和避免动摇市场体系方面发挥出了最佳效果，但这种设想被证实是错误的。“最后的六个月很清楚地证明了，自发调节是无效的。”美国证券交易委员会（SEC）主席克里斯托夫·考克斯（Christpher Cox）在给美国参议院的证词中所提到的（考克斯，2008），与前美国中央银行行长艾伦·格林斯潘（Alan Greenspan）所承认的一样，“我错在认为对银行和其他经济组织来说，为了维护自身利益，它们有能力保护持有其股票的投资者”［引自杰恩（Jain），2009：98］。虽然新巴塞尔协议的监管机制是对的，即对资本充足率进行监管，但这不能阻止危机。银行业在规则中找到了漏洞，使风险逃脱了监管的范畴。

例外状态本应只由主权者来宣布实施，但根本不存在凌驾于任何国家之上的主权者。正如前文所述，它的存在被认为是不必要的。如果曾经存在，那它宣布进入例外状态的初衷也不是善意的。然而，危机对国家主权是有影响的。而且，由于忽视了全球范围内证券化的作用和交叉效应，这种影响又被加剧了，其中包括在非银行类金融机构，也就是非管制机构内的证券化。例外状态只能在国家范围内有效，因为危机所带来的影响会反映在整个金融系统中。全球性的主权权威可以确定法律和例外的关系，以及对全球金融体系内的法律效力的遵守。在缺乏全球性主权权威的情况下，以国家形式表征的主权者不得不扮演最终贷款人的角色。

然而，这存在一个巨大的差异，即管制的撤销从未被视作一种例外状态。它被认为是一种新的常态。这种在主权及其管制缺失下的常态，是一种无人能控制的例外状态的基础，就如前文提及的主权思想代表者艾伦·格林斯潘所承认的那样。例外状态产生于一种形势：没有一个主权者宣布它的存在或者停止它。相反，它来自于主权者的撤退。另外一种后果是，没有任何主权者可以为最终结果负责。这种状况可以被描述为有组织的、结构化的不负责任：在损失面前没有责任主体。这将留待风险和责任一章中再做讨论。

将风险排除在外的主权决定可以被看做是将风险与产品分离（克洛克，2009）。风险本身变成一种可交易的实体。“风险”两个字也只代指其本身。如此这般，市场变得完全不透明。投资者如蝗虫般（他们在2005年德国的一场选举中曾被如此称呼［佩尔泽（Pelzer），2009）］在一个超现实世界中开展交易：“超现实的经济是关于符号的经济，跟现实世界脱离开来，但却能作用于现实世界”［麦高（McGoun），1997：108］。被称为“影子银行系统”［魏茨纳和达罗克

（Weitzner and Darroch），2009］的国际金融市场进入到一种例外状态，在此状态下的经济是无法管控的。

阿甘本在他的一篇具有挑衅意味的论文中提到，当今世界处于一种永恒的例外状态中，民主已被掏空。这篇论文被用来描述在范围上拥有关键性延展的国际金融市场。例外状态被刻意创造出来并存在于一个没有主权者的世界中，而主权者则可以结束这种例外状态。这种结果跟巴塞尔协议的宗旨是相悖的。风险应更加透明，同时被包含于基础资本中。但事实却是，规则被视为一种诱因，设计了可以将风险从资产负债表上移除的途径［克里马基和威尔莫特（Klimecki and Willmott），2009］。

风险和产品的分离让人们错误地认为风险可以从交易中完全抽离。然而，例外状态可以被看做是毁灭之前的狂欢。风险被对冲——注意，此处用的是对冲，或者也可以说，被如普洛斯佩罗亲王（Prespero）的宅院围起来了？——被定义于系统之外排除掉了，因此，人们完全感觉不到它的存在。“银行内各种必需品非常充裕。银行外的世界能够自己照料自己……所有的欢乐和平安都在银行内。墙外则是风险的天下。”书中的几个词被替换了一下：银行代替宅院，风险代替红死病。即使人们遵守了规则、最初的风险被移出风险头寸和资产负债表，但风险并没有被解决掉。风险在发起银行的排除并不意味着风险消失了，它仍存在于超现实的金融世界中。它跟现实世界的联系仍然存在。让我们再次引用普洛斯佩罗的宅院内发生的事情来阐释。舞会一直在继续，直到红死病决定要提醒人们它的存在。它证明自己从未消失而是一直在等待，直到可以确定住房抵押贷款证券化（MBS）是另一个即将破裂的泡沫。虽然银行对风险的引入负有责任，但具体风险的实现并不立即对发行者（银行）产生冲击。但当它成为整个金融系统的一部分时就会对银行产生冲击，金融系统发展了这种证券，其一定范围内被用来交易，对冲本不应返回银行的住房抵押贷款衍生品风险。风险不会消失而只会实现与否。虽然个体行为人意欲通过主权决定将其排除，但它们仍保留在系统之内。

阿甘本认为，简单地从例外状态退回到法律状态是不可能的。世界在不断前进，新的形势需要全新的评估。“state”——包含双重意义，即“国家”和我们现在所处的“状态”——和“法律”（law）概念本身仍存在争议（阿甘本，2004：102）。明确它们的含义是建立新的制度和规定的前提。

第 4 章　风险的替代世界

异化风险的风险管理

（感知？）

蝗虫：关于邪恶行为的隐喻

人们对蝗虫的印象是很明确的。它们经常聚集在一起，以难以置信的数量出现，降落在一片区域内，吃光所有的植物，使整个区域完全荒废，颗粒无收。昆虫本身并不直接威胁人类，但当它们大面积出现时，会摧毁人类生存的根基。从长远来看，蝗灾是不可预测的。人们的感觉是，它们会莫名其妙地出现，令人难以招架。蝗虫与圣经相关，接下来我会对此作详细阐述，以便让它成为一个可以简单运用到公众讨论的固定短语。

德国社会民主党主席弗朗茨·明特费林（Franz Müntefering）在 2005 年的选举活动中，用“蝗虫”来描述特定类型投资者行为：

> 一些投资者一点也不会顾及到被他们剥夺了工作的人们。他们没有姓名，也无具相，像一群蝗虫一样袭击一些企业，置他们于死地，然后继续前往下一个目标。我们反对这种形式的资本主义。
>
> （弗朗茨·明特费林，2005，作者译）

当给对冲基金投资者贴上“蝗虫”的标签，以暗示他们大肆贪婪地腐蚀整个国家时，明特费林（Müntefering）只不过是反映出了公众普遍对一些全球投资方式的感受；毕竟，那是在选举时期。

简单翻一下《圣经》，便可为以上描述找到来龙去脉。在《旧约全书》和《新约全书》中都有提到蝗虫。蝗灾首先出现在《出埃及记》（*Exodus*）一书中。耶和华（Yahweh）用它来惩罚埃及人和法老，因为他们阻止摩西（Moses）和他的百姓按照耶和华的指示离开埃及。

你若不肯容我的百姓离去，明天我要使蝗虫进入你的境内：铺满地面，甚至让人看不到地面，它们将吃光那些冰雹灾害后所残存的和田间所生长的一切树木。

（《圣经》（*Bible*），《出埃及记》（*Exodus*），10：4 –6）

这是一个严重的恐吓，之后整个城市便真的遭到了严重破坏。在《旧约全书》其中的一卷《约珥书》中，指出了如何看待蝗灾。蝗灾被视为上帝所施的惩罚。一场严重的蝗灾降临到犹大，摧毁了庄稼。约珥（Joel）将这些生物带来的破坏视为上帝作出审判的预言，上帝愤怒的“大日子”即将来临。因此，约珥催促人们远离自己的原罪，皈依上帝。约珥的三次求告被人们所响应，并最终被上帝所接受，上帝终将对以色列周围敌国作出审判，这样希伯来人就可以永驻和平。

在《新约全书》的最后一卷《启示录》中，蝗虫的行为被描述得更加险恶。在该书中，蝗虫的负面形象不仅表现在它们的破坏能力，其还增加了对蝗虫折磨人能力的描述。它们预示着那些拒绝膜拜上帝的人将迎来可怕的命运。蝗虫被赋予如蝎子般的能力，它们不会杀死额头上没有神印记的人，却会让他们遭受五个月的折磨。《圣经启示录》（9. 3 –6）写道：在这期间，人们寻求死亡而不得，死亡会避开他们。

《圣经》中这三部分的联系是显而易见的。蝗虫是上帝所赐予的惩罚的象征。它是自然界的邪恶力量，随心所欲地吃掉任何东西；或如启示录中描述的那样，它不仅具有毁灭的能力，还能如另外一种动物般给人们带来恐惧。它们导致的后果是长久的痛苦而非死亡。死亡是被蝎子蛰了之后应有的后果，这是对道德罪恶的惩罚，犹如法老的硬心肠；它也是一种远离的原罪，皈依上帝的机会，或是基督教对敌人的报复。道德的罪恶和自然的罪恶之间有密切关系，即后者是前者所带来的后果。然后人们会问：既然上帝如此善良，他怎么会容忍自然灾害，如地震、洪水、瘟疫等？这些自然灾害给很多人带来苦难和死亡，这些人并没有错。人们认为这样的惩罚极其不恰当。神义论（theodicy），一种在司法上对上帝的捍卫，在 17 世纪晚期到 18 世纪中叶，一直是知识分子们辩论的焦点。这种辩论在 1755 年里斯本大地震后达到高潮。此次地震过后，紧接着是巨大的火灾和洪灾，摧毁了里斯本大部分的中心地区，吞噬了大量本在地震中幸存下来的生命和财产。因此，此次事件尤其具有毁灭性。神义论中关于自然灾害的争论最终因一个世俗的结论而结束。这个结论认为，地震或许是上帝对人们的一种提醒。它告诉人们不要太沉浸于世俗事物，而忘了更重要的东西。那人们对地震的恰当反应是否应该是，根据牧师的指导来禁食和忏悔？这是否是上帝重新赢得人们关注的一种方式？或者说，更恰当的做法应该如报道中葡萄牙总理向国外作出的回答："埋葬死者，供养生者"［尼曼（Neiman），2004：364］。总理对当时危机的管理方式，现在看来是非常超前的。他埋葬了死者以预防疾病，征用粮食以对抗饥饿，调配军队以防止抢劫。他成功恢复了正常生活。我们越把地震看做是自然事件，就越能将它融入我们的世界观，视为我们生活的一部分，如此一来，恢复正常生活就变成了现实问题。既然里斯本的灾难不再包含任何道德价值，那就有可能控制它所带来的不良后果。如果这些不良后果没有得到控制，那就是人类自己的问题了。自然的罪恶不再同道德的罪恶扯上关系，因为将它们联系在一起已没有任何意义（尼曼，2004：76）。这一看法并不妨碍我们花费大量时间评估人类对自然灾害的应对，并且追究道德和其他责任，如对灾后的过失所负的责任。这样人们关注的重点就从内在的道德的罪恶转移到人类自身的责任上。卢梭（Rousseau）通过强调罪恶的史实性，坚持认为其具有偶然性。罪恶本质上是跟人相关的，因此人们可以理解它是如何产生以及如何发展的（尼曼，2004：85）。从这个角度来看，研究罪恶对我们造成的影响，比定义其本质特征更有意义（尼曼，2004：34f）。

风险：全球化的回报计算

“风险”使用得如此频繁，以至于我们甚至认为自人类社会之初它就存在，因为它所描述的是我们生活中如此显而易见的部分。但实事并非如此，卢曼（Luhmann，1991）声称在古时候的发达国家，人们发明了很多不同的概念来区别具有相似性的问题，因此，并不需要“风险”这个词。当然，对未来的不确定性一直是人类社会的主题。预言是解决这个问题的主要手段。特德洛克（Tedlock 2001：189）认为“预言是一种通过探索未来而寻求对于那些普通人类无法理解的问题的答案（即神谕）的方式”。预言无法确保给出准确的答案，但它至少可以提供一种解决办法，一种不会冒犯神明的办法。“风险”这个词的引入，一定发生在一个深刻变化的基础上。我们来看一下彼得·斯洛特戴克（Peter Tedlock）在 *Im Weltinnenraum des Kapitals*（2006）一书中的观点，该书只能被不太恰当地翻译成《深入资本世界的内部》，是对他关于全球化观点的总结。我认为他在这本书中的构想更适用于德国的背景。斯洛特戴克不满公众及媒体对于全球化的看法，因此他发展出一种从哲学角度来看待全球化及其影响的理论。他认为我们可以给全球化设定一个确定的开始和结尾：始于哥伦布发现美洲，终于第二次世界大战结束。现在我们生存的世界是一个已经全球化了的世界，我们必须面对欧洲人跨越大西洋所带来的后果。全球化标志着沉思的球形思维向占领全球的实践转变。斯洛特戴克使一种观念发生了转变：其他文化的发现证明了那种认为本地秩序永恒不变的信念是错误的，其他文化可能完全不同于自己的文化，因而这种现象不是失去了核心，而是扩展了外围。任何东西都是可及的。每个人所在的地方都不是世界的中心，根本不存在“世界中心”这一说。离开自己所在的地方就产生了一种是否回归的不确定性。人身体的回归同时意味着货物的回归——船只，以及在他处找到或交易的物品。掌管一艘船是很重要的投资，这项投资的回归也变成一个关键因素。利用信贷、投资于装备、出海寻求发现，是一种面向远方未知的市场争取可能机会的旅程。斯洛特戴克（2006：78）认为，“发现”是一种特殊形式的投资。新兴资本主义需要另外一种对待不确定性的方式，以防因船只失事而导致货物损失，也就是投资无法收回以及利息不能偿还的可能性。这种新的方式是在冒险的同时来应对风险，通过引入他人来分享冒险所得的金钱利润及其他潜在利益以分散风险。风险和保险概念的产生需要一种具有全新理念的人，一种做自己未来的缔造者，而不是坐等神明赋予未来的人。这种人的经验认为，人可以从错误中汲取教训，但若能从债务中获取则更好。古有哥白尼的日心说：地球围绕太阳转动。在现代社会，这一说法可以变换成：金钱围绕地球转动（同上：79）。

斯洛特戴克在此玩了下文字游戏。在《深入资本世界的内部》一书中，提到风险文化（risk culture）时，斯洛特戴克用到一个短语：a risk culture of television［*fernsichtiges Risikohandeln*，斯洛特迪克（Sloterdijk），2006：86］，tele 指代距离和想象力，即包含视界（view）和远见（visionary）的双重意思；它不仅仅是指清晰的视界，也不仅仅指遥远的、此时目不能及的美景，它更指发现超越视界的景象。一个原本处于稳定状态的欧洲，其行为和精神状态被重塑为具有冒险性，这很好地解释了第一批开拓者所具有的惊人的甚至是神秘的攻击力。他们主动涉险的决心，因为靠获利以还清贷款的紧迫性和义务而变得更加坚定。出海并生存下来一向需要运气，但现在它不再是单纯的宿命，它有了更多的可能性，包括机遇。在这个过程中，人们可以估算成功和失败以及收获和损失的概率。它需要规划，也就说它变成了一种将政府的、具有冒险性质的和认识上的行为未来化的行动。冒险成为现代社会的中心理念。

有件事情是明确的：世界上不会再有自然界的罪恶。在以前，任何关于保险的想法，即为了避免或减少自然灾害所带来后果的想法，都是亵渎神灵的。在风险文化中被越来越多使用的基于概率计算来预估机会，使未来可预测的做法是逆天而行的［伯恩斯坦（Bernstein），1996］。当人们认为未来是注定的，那风险管理就无从谈起。然而，当提及“什么是风险”这个问题的时候，首先必须明确什么是能被应对的，什么可以以及什么不可以作为风险来控制。关于这些的讨论始于赌博——掷骰子，统计并分析结果是统计学的基础。西方社会越来越沉迷于量化。几乎所有事情都被测量、计算，以发现什么是正常的、什么可以往正常方向引导以及什么可被看做是偏离正轨的。这个过程产生了大量数据，其目的是为了《驯服机会》［*The Taming of Chance*，哈金（Hacking），1990］。

关于风险的计算，持不同意见且影响最大的是来自于法兰克·奈特（Frank Knight）的看法。他坚持区分风险与不确定性。虽然风险在通常情况下被指代为不确定性，但如果试图测量不确定性，就会显示出两者的本质区别。奈特提出了“可测量的具有不确定性的风险”一说，因为当某事物不具有“不确定性”时就变得可测量了。奈特（1921，1940）认为不确定性只限于那些不能量化的事例。卢曼（Luhmann）（1991）称奈特的定义已经固化为教条，这样所有关于“风险”的延伸都有可能被指责没有充分理解其意义（卢曼，1991：9）。他认为没有任何关于风险的定义能满足科学需求，因而他提出另一种观点。在他看来，既然所有的风险都预设一个可能带来损失的决定，那么“损失”的偶然性是显而易见的，而“决定”的偶然性又比损失本身更甚，因此，具有偶然性的损失是由更具偶然性的决定导致的。采纳另外一种决定便可防止损失。确定性作为风险的对立面，是带有误导性的。不做任何决定虽然预防了风险，但同时也失去了机遇。风险和危险之间的差异更值得考虑。我们先假定未来可能发生损失。这个损失或是归因于一个决定，在这种情况下损失便成为风险；或是由外界引起，那么它被称为危险（卢曼，1991：30）。风险是决定所带来的后果，但危险却无处不在。

全球化之后——生活在全球化了的世界

蝗虫，它们是风险还是危险？在一些地方，它们是自然界中动物种群的一部分，甚至被当做美味的食物。但当它们大规模出现而形成蝗灾时，对人类来说便成了危险的事物。这种灾祸非人为决定，便不能称为风险。这样看来，蝗灾仅仅是一种上帝的惩罚和自然灾害。前文提到过，在选举活动中将降临在企业身上并给予其致命袭击的投资者称为“蝗灾”，是不合适且具有误导性的。然而，让我们来解析一下德语中“蝗虫”单词的拼写，便可得出投资者与蝗虫之间的关系。我们把蝗虫（heuschrecken）一词拆分为两部分：Heu——干草，Schrecken——恐怖的人或事物。Hey 在德语中跟金钱有紧密联系：“He has money like hey”意思是这个人拥有不可计数的金钱：史高治·麦克老鸭（Dagobert Duck），即守财奴的形象（the Dagobert Duck phenomenon）。确实，当雇主受到对冲基金和私募股权基金的行动影响时，金融市场上极大的流动性加上作为交易媒介的金钱本身的中立性，给人带来不安并将这种不安转变成恐惧。金融市场的发展是惊人的。今天金融衍生品市场作为最重要的市场之一，在过去完全不被人重视，甚至大多数此类市场在 20 世纪 70 年代初是非法的，以至于没有任何关于其交易量的可靠数据被保留下来［麦肯齐和米洛（MacKenzie and Millo），2003：109］。根据三年一度的中央银行对外汇市场活动的调查结果（BIS，2010），每天全球外汇衍生品市场的交易额达到 4 万亿美元，比 2007 年增长了 20%。

比较对冲基金、私募股本和蝗虫会发现一件有趣的事情：对冲是如何开始成为风险管理手段的。通过适当策略把它们分配到市场上，风险可以被对冲。最初一些衍生品是为了应对特定的经济风险，比如汇率的变动。通常，一个向美国出口的欧洲企业在确定一份交付合同后，会以固定汇率将定量美元出售给当地银行。企业一方面获得了未来成交额的确定性，另一方面也接受了金融衍生工具的价格，失去了因汇率变动获取更多当地货币的机会。这种互换交易已经存在相当长时间。传统上说，银行作为中介，寻找相应的对欧元有需求的企业。现在，银行依然担任冒险者的角色。由于市场的发展，各种金融衍生工具变得越来越抽象，它们可以不需要基础业务而单独进行交易。今天的国际货币市场进行的交易量比“真实”商业市场的需求高出数倍。金融衍生工具的交易超过真实交易所需，为市场提供了流动性，而这正是工业活动所需要的。这些抽象的被称为衍生品的产品，不局限于外汇领域。实际上，它们可以也已被用于银行系统的所有证券和商品上。一旦被用来分散风险的金融衍生工具变成具体交易的一部分，衍生品就转换成具有自身风险结构的产品。市场上有一个根深蒂固的理念，认为风险可以被计算，同时还可以在确保利润的前提下创造各种投资组合以分散风险。对冲策略也可以被用于投资组合管理中，投资组合完全可由衍生产品组成。除了更传统的长期和短期股票和债券交易外，还有一种策略是对冲基金。对冲基金只适用于部分投资者，他们可以因投机兴趣而投资大笔资金。2006 年的资产管理规模达到 1.3 万亿美元［施密特（Schmidt），2007］，这些资产又通过贷款成倍上涨。结合金融衍生品的杠杆效应，对冲基金所创造的流动性资金对国际金融市场产生了巨大影响。

私募基金是另外一种商业模式。当然它也是一种流动性资金寻求比直接投资股份或债券更具吸引力的投资方式。他们的目标是购买那些他们认为在短期或中期内，可以通过首次公开上市的方式，以更高价格卖出的公司。最初这些基金瞄准的是出现问题但依然有回转余地的中型企业。向投资者募集资金成立私募股权基金，但收购活动本身伴随着较高的信贷。通过收购他们可以明确地给管理层施加影响。通常而言，重组加裁员被认为是提高公司价值最有效的手段。私募基金除了因导致失业而遭人诟病外，其在收购阶段的融资方式也广受批评。接受信贷的公司是为收购而成立的，在收购活动完成后，此公司连同信贷一起并入被收购的公司。也就是说，实际上被收购的公司反而为自己被收购筹集了资金。这种方式给企业的盈利能力带来更大压力，同时也增大了裁员的可能性。对冲基金一旦投资于公司股票，也会尽最大可能影响管理层决定。他们的目标在于获取监事会的席位来支持重组、出售公司部分资产或回购他们的股权，而最终目的在于提高股票价格。

对冲基金和私募基金两种投资方式都要求每年 15% 甚至更高的回报率。与银行不同的是，他们不接受任何监督和管理，因而也没有透明度可言。他们所使用策略的影响，比如，私募基金对当地就业市场的影响和对冲基金对国际金融市场稳定的影响；外部报告和透明度的缺失；再加上这些基金巨大的利润以及交易者的巨额工资和奖金，所有这一切引起了公众的强烈反感。这正如德国前总理赫尔穆特·施密特（Helmut Schmidt）的一篇长文“来监督这些新的大投机者们!”（施密特，2007）所揭示的。施密特没有使用“赌场资本主义”（Casino Capitalism）［斯特兰奇（Strange），1986］这个词来描述近期金融市场的发展，但是他所引用的交易量暗示：2006 年，纽约五大投资银行在管理和雇员薪酬方面花费了将近 360 亿美元，这个数字相当于德国财长在当年发放的信贷额总和（施密特，2007）。

因此，我们在蝗虫这个事例中所见到的是一个融合了不同时期和不同阶层的意义深远的混合体。但是，这些隐喻已经显示出效果。它们把不确定性转化为一个过去的众所周知的意象（蝗虫），这个意象本是一个圣经上的灾难，然而所有人都已经知道它不再作为上帝的惩罚而存在。蝗虫不是被上帝派来的；归根结底，它只是一个隐喻。这个隐喻用来表示一种转换，即一个抽象的威胁转化为具体的危险，而这一转换本是可以被避免的。但是蝗灾的隐喻还蕴含着对人类生存基础的作用，因为它摧毁了人们一个季度辛苦劳作的成果。伴随着金融市场的新形态和全球化世界的效应进入该阶段，来自海外的灾难从山的背面到达。在发现新大陆的时代人们的设想是，如果没有遇到海难，船员们会安全返航，并且满载珍贵物品。投资回报是所有行动的动因，这一动因是所有风险行为必须遵守的。它使得所有资本的行动拥有了一个航海意义上的特征：当资本经过长距离航行最终返回时，一个疯狂的扩张行为最终转变成理性的盈利行为［斯洛特迪克（Sloterdijk），2006：134］。

后社会关系：行动于一个规划的环境

在环球航行过程中，风险和风险管理经过几次抽象化和延异处理，那些接触过它们的人已很难想象它们原来的模样。最初船员所面临的物理性风险即船只失事，被转换为投资者共担的投资风险。这种风险或许最终导致财产损失，但却不会危及性命。把聚集的资本变成股份在交易所进行交易，增加了资本的抽象性。这样人们如要获得回报，就不必再对某次具体的航程进行投资，而是成为对一个航海公司的未来利润及其他可获利交易的期望。风险变得更加抽象和复杂，需要特殊对待。风险管理不仅需要预防意外，也需要控制因外界环境影响所引起的利润变动，如汇率的影响、自然灾害对原材料价格的影响和其他能够影响产品价格的外界因素。金融衍生品应运而生，它们的价值取决于预期中基础资产的未来价值。风险从寻求风险确定性的一方，转移到那些以某个价格接受风险的一方。衍生品交易意味着风险的延异，风险从基础资产转移到它的衍生品身上。在这个过程中，风险也被提炼和净化了。"风险的提炼，从资产到期货，再到期权，产生了风险的本质，也就是从资产中分离出来的不确定部分，而资产本身似乎再次变得安全起来"［里利和莱特富特（Lilley and Lightfoot），2006：384］。然而，这时的水手们已经不见踪影，被留下处理他们的物理性风险，如果失败，其本身就成为金融损失的一部分。对投资者而非水手来说，被分离出来的不是风险，而是风险实现后所带来的后果。

这种延异的金融风险管理方式，与另外一种形式的转变相伴随。就像齐美尔（Simmel，1907/1989）指出的，金钱已经成为主要的组织原则，影响社会关系、人的精神状况以及现实的逻辑结构。诺尔·塞蒂纳和布吕格尔（Knorr Cetina and Bruegger ，2002a，2002b）、诺尔·塞蒂纳和普蕾达（Knorr Cetina and Preda ，2007）就这一点做了更深入的探讨。他们通过对国际货币市场上的交易者进行调查发现了一个转变，即从与对方进行直接接触，发展为建立一个由交易者们组成的网络世界。任何关于市场的信息、报价和活动，像路透社、彭博或德励财经资讯等发出的消息以及关于某个银行的数据分析结果，都可以呈现在屏幕上。市场并不真实存在，它只存在于互联网。买卖可以在网上进行，并不需要交易者通过电话等直接接触。交易本身在此之前已经变成虚拟的。因此，我们可以说，交易的形式由现实转移至网络，只是交易本身已变成虚拟的一种表现方式。网上交易涉及基础资产，但每个市场参与者都清楚基础资产不会被交割。而在传统交易中，当交易双方协商好价格后，基础资产将被交割。交割是或曾经是贸易的必要元素，它也是船只存在的理由。对交割的撤销是很多金融贸易的特点。通过探讨诺尔·塞蒂纳和布吕格尔（Knorr Cetina and Bruegger，2002a）得出结论，他们的研究对象是一种后社会世界（postsocial world）的贸易。货币交易完全具体化地体现在电脑屏幕上。“后社会关系”（postsocial relationships）指的是人类和物体之间新的连接方式。这种关系结构改变的一个方面是后社会世界的贸易和社会世界关于货物交易之间的交锋。虽然对冲基金和私募基金已经超出了货币交易的范畴，但他们也带有后社会时代的特征。

将市场转移到网络上，使交易者们在网上进行操作，完全像置身于市场之中，因为两者是重合的，（它也使得交易者能够）“在网上和市场建立联系，网络成为了另外一种具体化了的市场，类似一个掌控者，它可以观察到所有的交易，也能知晓这些交易的背景和动机”［诺尔·塞蒂纳和布吕格尔（Knorr Cetina and Bruegger，2002a，b：164］。屏幕变成了一个掌控全局者，使得交易者疏远了社会关系，他们的社会关系存在于另外一个现实（网络）世界。但是，随着屏幕变成人类关系的替代品，交易者们那种作为社会关系一部分的意识、必要的责任感和道德，也同时随之完全消失。网络至关重要的作用具有了本体论性质：

> 网络本身并不是一个自我实现的现实，它只是现实的构成要件……网络就像一个建筑工地，在其之上，一个经济的和认识论的世界建立起来。网络不是一个简单进行交易的“介质”。
>
> 诺尔·塞蒂纳和布吕格尔（Knorr Cetina and Bruegger，2002a，b：166－7）。

金融市场已经变成一个奇特的独立状态。网络创造了一个不同的现实。网络贸易的参与者面向的是一个规划好的现实，所有的协调和回应也都针对这一现实［诺尔·塞蒂纳和普蕾达（Knorr Cetina and Preda），2007：126］。虽然这些参与者似乎变成了虚拟的，只存在于屏幕中，网络始终还是跟现实的市场存在对接。现实的市场中依然有交易进行，有产品的生产和交付。公司的所有权通过股票进行交易。交易所是网络世界和现实世界联系的纽带。后社会中的资产负债表、品牌价值、对异于主流观点的商业模式的厌恶等，将获利机会用签订纸质合约的形式固定下来，并根据金融市场的共同理念提出修改建议。投资决定显然带有后社会性质，因为它们所参照的只是文件、数字和预测，以及根据市场公认的理念所做的评估和判断。交易员和基金经理都有代理机构，他们作出判断并决定是否进行交易以及交易的方式。另外，他们也有获胜的压力。他们已经养成一种积极的、活跃的生活方式，而只有在利润足够的情况下才能维持这种生活方式。“足够”的定义取决于基金的投资者。那些受交易者和基金经理看似独立的决定影响的人们，也就是基金被购买重塑后再重新出售的公司雇员们，必然处于被动的地位。他们是受害者。任何使公司在市场上变得更有吸引力的决定所带来的负担，都由雇员来承担，在这个市场中，交易者变成代理商。

是蝗虫回来了吗？或者，投资者真的是蝗虫吗？

将全球化视为一个已完成的过程，将生命放到全球化的世界中去思考（在这个全球化了的世界中，遥远的决定会影响到欧洲人们的生活，欧洲正是全球化开始的地方），从理论角度来看，可以很好地被用来回顾全球化本身。但还有另外一个方面难以轻易被人察觉。这源于国际金融市场的后社会性质。后社会性质将市场参与者放到一个奇特的、与非市场参与者的对立面上。从被金融代理的决定所影响到的雇员角度来看，也就是明特费林（Müntefering）在选举演讲中针对的选民们，本来被撤销、提炼和去除掉的风险似乎以危险的形式又返回来了。由基金募集起来的流动资金，通过信贷成倍上涨，它遵守不同于现实社会的后社会规则。蝗灾突然变成了似乎不那么糟糕的隐喻，至少并不像在论战中所指的那样。尼曼（Neiman，2004：34—5）声称，将一个行为定义为罪恶时，代表它被认为具有动摇我们对世界信念的能力。这样看来，那些被对冲基金和私募基金决定所影响的、暴露于罪恶之中的人的感受是可以理解的。金钱似乎是从大西洋的另一边过来的。它是异己的，至少看起来像。人们对风险的普遍理解受到严重挑战。在赌场资本主义中所体会到的风险是单向的乐趣——没有风险，就没有乐趣。但是，这种乐趣只有那些代理机构能体会到。风险还是他们的，乐趣则来自于年终分红。损失就留给了那些参与赌博的人们。然而，即使我们了解了“蝗虫”在论战中的作用，我们仍须坚持蝗虫的形象带有误导性。我们谈论的不是自然的罪恶，或者说自然中的危险。我们谈论的是道德上的沦丧，完全人为导致的结果。将道德再次引入市场是非常必要的。

交易商和基金经理的代理机制是道德缺失的结果。“代理机构交易商制度基本可以暗示出，市场上对法律和商业的违规；或者说，可以约束活动并指明方向的社会审查员的缺位”（诺尔·塞蒂纳和布吕格尔，2002a，b：174）。这应该是政治家和监管者的职责，他们不应该仅仅利用一个误导性的隐喻来顺势推波助澜，激起公愤。

第 5 章　从"风险与责任"到责任的风险

我承认，是我做的。这个题目在春季就已经拟好了。这是他的提议，我们其他人也很喜欢，因为它明确表达出我们要讨论的责任这一概念的含义。责任也是他一直在意的事情。他不断地重复"给我义务，给我责任，我本人和我的作品都需要负有责任。我将以我的身体和影响力，来捍卫这些责任。因为，我带给这个世界太多愤怒"。

这一标题用了头韵法，但效果平平，不过只是玩弄文字而已，但它恰如其分地概括了本章即将展开的论证。风险和责任有着紧密联系。一个人在冒险的同时，也将对后果承担起责任。如果一切按照人们对风险行为的预测发展，便会产生正面后果，冒险的人会获得利润；但如果风险得以实现，冒险的人将承受损失，或付出代价。至少在外行人看来是这样的。细想一下 2008 年的国际金融危机或更早期的互联网泡沫事件，风险和责任之间有着不言自明的紧密联系，似乎大有问题。"金融危机可以说是责任的危机"［托马（Thomä），2009］。哪里发生了变化？在哪些方面可以明确看出变化，并且给风险和责任的失常关系以解释？

风险这个词已经深深根植于我们的日常生活中，以至于当我们用到它时，通常不会考虑它所包含的具体内容。但稍作思考便可了解到风险这个词的复杂性所在。风险是决定的潜在后果。"潜在"这个词指向两个方面：不确定性和未来性。如果一个决定导致的后果是不明确的，比如是否决定带来的预期后果会立即显现，或这一后果是更好或更糟，那它就被认为带有风险性。如果银行给予贷款，借方能在协议规定的时间内偿付借款和利息吗？这种情况下可能产生风险的货币损失，但也可能产生比预期乐观的后果。从流动资金规划的可靠性这一角度来看，如果客户提前还款，也是一种风险。原则上来说，如果银行能在预期时间前没有损失地收回贷款，那么这笔交易取得了较好的结果，但这一结果也具有实现风险的属性：因为合同日期缩短，银行收回的利息变少，也就意味着利润减少。该结果的另一个风险是，银行不能在这一期限内获取更好的业务。因此，银行通常在信用合同里排除提前还款的可能性，以减少风险。

合同签订之后，风险就转变成对将来后果的不确定性。本质上风险源自不确定的未来。客户不能偿还贷款会导致风险实现。这一后果可能由客户过去所做的错误决定导致，潜在的损失却会在未来实现；至于损失在什么时候发生，甚至究竟会不会发生，依然是未知的。

认识到未来的不确定性，是现代主义带来的关键性转变。人类基本的观念发生了改变。风险和风险管理的思维取代了用于探寻未知未来的预测。其表现方式是对潜在利润和损失的共享和共担，或另一种更系统、形式化的方式：保险。风险取代了定数；未来的状态从未知但确定的转变为不确定的。用来评估机遇、预测未来的概率统计是我们当今面临的风险本质的先决条件：风险几乎彻底地从外部风险或自然风险转变成人为的风险［吉登斯（Giddens），1999］。“人为的”这一用法表明，我们今天面临的大部分风险都是由人类造成的，由科学和技术的发展造成的。科技进步并不意味着向更安全的环境发展；事实正相反，科学和技术在消除一些不确定性的同时，也创造了另一些不确定性。在提到贝克（Beck）关于风险社会（1986）的专著时，吉登斯提出了一个假设，即人为风险已经变成人们日常生活中的一部分，人们已难以再次期待，通过对一个有着共同信念且稳定的社会环境的观察，根据某种特定的反应模式来解读风险。吉登斯（1999）指出，我们生活在一个后传统的社会。生活不再具有定数。未来是不透明的，生活的所有方面都充满偶然性。

如果风险是人为的，由人类社会的进步导致，它们就是决定带来的结果。虽然这一说法现在看来是显而易见的，但在之前的很长时间内人们并没有意识到这一点。关于风险最具影响力的定义来自于弗兰克·奈特（Frank Knight，1921/1940）。奈特将风险定义为可计算的不确定性，并且认为风险既然是可计算的，那就完全不是不确定的。不确定性只限于那种不可量化的风险类型。吉登斯和卢曼（Giddens and Luhmann）强烈反对这一定义。卢曼（1991）提出了不同的表述，他的定义是：如果一个损失可以被归咎于一个决定，这个损失就是风险；如果损失是由外部引起的，它就是危险。在卢曼看来，根本不存在自然风险。全球变暖时代人们所做的决定带来了深远影响，因此可以说根本不存在危险（意即全都是风险）。几乎所有自然灾难都可归因于人类的一个决定或一些决定。将风险和决定（或人为）联系起来，使风险的一个主要特点更加鲜明：未来性。一个决定必然引发某种未来的结果。现在我们决不可能知道预期的后果是否会实现，或者是否会出现非预期的后果。

银行服务包括信贷业务、组织付款、为企业融资、财产管理等。这些服务都集中于功能方面，几乎掩盖了银行的一个最重要的特征，这一特征存在于所有业务之中：风险管理。这一点在之前关于贷款的例子中已经提到过。这里的风险不仅仅是指银行的风险，还指代整个行业的风险。通过银行进行付款降低了货币转移的风险；银行组织企业融资会使融资过程对投资者来说更加透明，并揭露出其中涉及的风险；财产管理的目的不仅仅是财富的增加，它还涉及应对未来风险的投资策略。银行提供专门设计的产品，将风险从一方转移到另一方。银行业务围绕风险的扩散而展开。如果风险实现，谁将为此负责？既然风险和责任联系如此紧密，对两者之间互动的阐释就变得非常必要。

本章标题中的前半部分“风险与责任”引用了安东尼·吉登斯（Anthony Giddens，1999）的表述。这一表述暗示出风险和责任两者之间的联系，但学界对两者直接关联的研究似乎并不多。另一组概念间的联系是有组织的不负责任（organized irresponsibility）与结构性的不负责任（structured irresponsibility）。有组织的不负责任是乌尔里希·贝克（Ulrich Beck，1986；1988）关于风险社会探讨中的一部分，其也将会出现在本章的讨论中。本章会在银行业背景下将它与“结构性的不负责任”联系起来并做进一步讨论。“结构性的不负责任”是霍内格等，（2010）撰写的一本著作的标题，但他们并没有对其进行足够深的讨论。风险和责任的关系受到干扰，这是我的初步设想。风险和责任这种不平衡的关系，不是暂时性、可以恢复的，而是需要对之重新定位。本章将引用吕克·波尔坦斯基（Luc Boltanski）关于风险承担者的研究和德里达对责任和绝对他者关系的思考，用以描绘处于结构化的不负责任状态的金融业。

责任

只有少数学者曾就风险和责任的关系研究过，吉登斯（1999）便是其中之一。吉登斯（1999：7）认为，责任往往是同风险关联在一起的，所以，责任应该是在风险这个术语之后才产生的，它似乎在 18 世纪末期出现于英语语言中。现在这个术语又增加了两方面的含义。“尽责的”这个词只涉及某件事的始作俑者，在因果关系或者代理关系中的行为者；责任则还涉及伦理的或可解释的两个方面。作为第三个维度的意义，它还表示契约和债务——当我们努力平衡责任和风险时，这方面的意义是最有趣的。吉登斯认为就与责任的关系而论，在外部自然风险转变成人为风险的过程中，产生了六种形式的后果，其中有两种与所探讨的金融产业中的风险存在实质性联系。

吉登斯声称，由于人为的风险所固有的模棱两可的性质，导致责任的归属很难明确（吉登斯，1999：8）。他提到的后果包括：

- 出现有组织的不负责任；
- 预警原则；

- 一旦发生损失，集体风险转变为由个人承担；
- 未来的福利社会；
- 诉讼社会；
- 风险的两个方面：潜在损失、打开新局面的激励原则。

在提到贝克对风险社会（1986）的专著时，吉登斯承认责任归属发生了根本性改变。贝克著名的“有组织的不负责任”展现了这一事实，一些风险后果明显是由人类或组织决定造成的，但个体责任却无法确定。责任归属无法确定，不仅仅是因为藏于组织背后的个体声称自己在组织中的作用无足轻重，还在于风险实现的过程变得更加复杂，因此也更难以判断具体是哪个人的失误导致了破坏性后果。2010 年墨西哥湾的英国石油公司海上钻井平台发生爆炸，导致严重的石油泄漏事故，我们可以以此作为范例进行讨论。事故的责任归谁？是代表公司的总裁吗？这个总裁所代表的组织没有完备的灾害预警计划，以至于遭遇类似事故时却没有做出恰当的反应。还是公司本身？这个公司是发生爆炸并引发灾难的钻井平台的所有者。谁是因爆炸事件而应被指控的个人？没有很好地控制甚至完全没有监管深海石油开采的政府？没有制定有效法律来强制实施更加安全标准的政治政策？一味降低成本而稳定获益的市场？还是沉迷于石油消费，促使企业不管任何附带破坏后果地寻求地球上存在的所有矿物能源的社会？问题就在于难以准确确定事故的主体责任人。贝克（1988）认为，这一最本质的问题困惑了人们几个世纪。风险的本质包括它的发生方式和后果，在 20 世纪发生了改变，然而关于产业责任的法律制度依然是在 19 世纪传统法治的基础上建立起来的。现代西方司法对事故法律责任的认定，要求必须找到个人的起因，也即事件的始作俑者。但在当今世界，几乎任何领域的知识都存有争议。在一个有组织的全球经济中，将责任归咎于某个人已经变得不可能。这一论点将在之后关于责任人的章节中继续讨论。

预警原则提出，如果存在潜在危害，不管这个危害是否被科学证实，或这一危害是否会实现，都必须采取行动加以应对。当然，由于实施新技术的成本更高，因而这一原则鼓励人们讨论革新预防的必要性或者引发了公众的焦虑。专家的影响在这一争论中显得愈加重要。专家在冒险行为中的角色至关重要，但却不可思议地被认为不具备批判力。

集体风险转变为由个人承担是与福利社会和诉讼社会的实现紧密相关的。将之放到健康风险这一背景下，这种转变就很容易理解了。在某些情况下，个人不需要为自己生病而承担责任，比如，可能因流感感染或工作环境导致的疾病；但也有些疾病是跟个人生活习惯相关的。今天吸烟和癌症的后果越来越被认为是个人风险引起的；虽然人们还是难以接受由个人支付治疗费用这一现实。吉登斯（1999）借用弗朗索瓦·埃瓦尔德（François Ewald）的观点认为，福利社会是为反对不平等而斗争的副产品，福利社会创造了一种集体风险管理模式。福利社会的危机不仅体现在它已变得非常昂贵，如不必缴纳税金或纳税额太低；还体现于它是由风险特征的改变而产生的结果。在发生失业、疾病、伤残或失去家园的时候，福利社会将为此提供援助，保护那些由不可抗力导致的孤立无援的人们。人为的风险转移了风险和责任的界限。人为的风险以及责任的内在转变，使得国家提供的无条件帮助显得不恰当。吉登斯在此并不是承认，人为的风险结合有组织的不负责任，使得存在于19世纪的个人在风险面前变得无助，因此才形成了福利社会。他的观点是有组织的不负责任所产生的后果是诉讼社会。如此这般，对责任的寻求就被转换到了诉讼领域。这正是贝克（1986）所要表达的一个方面：虽然没有个人需为此担责，但搜寻这个人的过程给法院带来其能力之外的限制，因为这种搜寻并不能带来令人满意的结果。“当公共的‘责任契约’失灵，罪责便随处可见。赔偿已被有效地与因果关系分离开来”（吉登斯，1999：10）。他以自己为例，如果一个人在他的庭院小路上路过时滑倒受伤，他或许需承担责任。然而，对于那些根本无法通过诉讼来为自己争取权利的人来说，吉登斯的例子带有讽刺性。这也是对权力的转移变得更不利于广大民众的一种表达。

责任承担者

虽然以上这些论证本身很有趣，但只有结合过去三四十年中资本主义制度发生的转变，它们才能对现在的话题发挥作用。对于资本主义的转变，鲍曼（Bauman，2000；2008）做过很多描述。他提出的“流动的现代性”（liquid modernity）是资本主义后期所发生的改变，这些改变使得生活在资本主义社会的人们生活和工作的基础变得不再稳定，生活的其他方面也变得不再可靠。通过细化鲍曼的观点，吕克·波尔坦斯基（Luc Boltanski）不仅对吉登斯提出的后果作出了更深刻更有价值的解读，还赋予其更大的影响力，使其更加深刻。在此，Verantwortungsträger（领导者）这一形象值得我们探讨，虽然将这一词汇翻译成英文面临严重困难。在德语里面，有很多类似 Verantwortungsträger 的单词，它们展示了德语用两个甚至更多词汇叠加来创造新名词，并对其赋予新的或附加含义的绝佳能力。此种做法的不良后果是，这些词汇几乎是不可翻译的。Verantwortungsträger 这个词的正常翻译应该是“负有责任的人”（person responsible），但是这一翻译没能充分反映德语词汇中两个成分词（person，responsible）的紧密联系。“最终负有责任的人”（person ultimately responsible）的意义更确切些，但却没能恰当地转换这个德语词的第二部分：trager。动词 tragen 翻译成英文是“携带”的意思。“携带的责任”不大像英语中的表达。在另外一个例子“eine Krankheit in sich tragen”——“携带疾病”中，“tragen”的言外之意得到更好的体现，因为这一比喻本身包含荒诞的讽刺。当然，责任不是疾病，但是承担责任一样可以是负担。担责的人必须忍受它并承担后果。因此，我的建议是翻译成“责任的承担者”（bearer of responsibility）。这种表达的重点是承认责任超越了个人的范畴。“责任的承担者”中的“责任”更为广义，而不是归因于个人的责任。

波尔坦斯基的论证，强调承担责任的人与责任的表象之间的差异。他使用的术语是“解释学上的矛盾”（波尔坦斯基，2008）。银行等机构存在的问题是它们缺乏具体性。机构这个没有实体的存在，可以避开存在于特定空间和时间等立场上的局限性。对于存在于这一时间和空间的其他存在的事物来说，这些局限性则是不可避免的。机构的任务就是定义和巩固这一区别于世界的现实。承认这种现实的存在也就相当于假定存在一个背景，在该背景中这种现实是不可解除的。波尔坦斯基将这一背景命名为世界，它包含了所有维特根斯坦（Wittgensteinian）术语中描述的东西（波尔坦斯基，2010：92）。我们能够感知并描述现实，但没有能力描述世界的全部。作为某种广义上的裁判，机构不能为特定利益服务。但同时，这种没有实体的存在需要向法官、公务员、牧师、教授等表达自己。但这些人即使拥有适当的授权，也只是普通的实体性存在。由于他们存在于时间和空间中的利益，其也伴有情绪和本能，并拥有自己的立场。因此，很难评判一个机构的代表是处于中立态度，还是他同时也代表了一个有自身利益和偏见的普通存在。解释学上的矛盾是社会生活中最基本的矛盾。或者，人们只是互换立场就会产生一种风险，也即最后经过讨论这些立场并不能达成一致；或者，需要一个代表团来对各种解读进行评判，最后决定这一没有实体的存在究竟是“什么”。为此，我们永远不能确定，机构的代言人是符合公认准则的还是代表其自身的利益。

在对辩护［波尔坦斯基和泰弗诺（Boltanski and Thévenot），2007］研究的基础上，吕克·波尔坦斯基和他的同事们分析了资本主义新精神［波尔坦斯基和夏培罗（Boltanski and Chiapello），2003］，近期进一步将其发展成为批判的社会学（波尔坦斯基，2010）。他们意识到结构的细微变化具有巨大作用。传统意义上的统治阶级已经不复存在，现存的只是一群能够利用全球化资本主义来给自己谋取利益的人。波尔坦斯基描述的“基于规划的城邦”（project - based polis）（波尔坦斯基和夏培罗，2003）是另外一个术语“新城邦”（new polis）的补充和延续。新城邦是由波尔坦斯基和劳伦·泰弗诺（Laurent Thévenot）共同创造的。Polis（城邦）是一种进行辩护的机构，描述了其成员的特征和合法性，以及进入规则和评价标准。相较于20世纪60年代，90年代在对资本主义和管理的改变的研究中，较早前作品中对城邦的定义并不充分。波尔坦斯基和夏培罗，为城邦概念加上一个“基于规划”的描述，使其成为“基于规划的城邦”。“基于规划的城邦证明了一个约束和需求的系统，设置了一个基于网络的世界边界”（波尔坦斯基和夏培罗，2003：152，作者译）。关键词是规划和基于网络的，基本特点是线性稳定性的缺失。线性稳定性存在于层级结构或以家庭为基础的、家长制结构中。虽然基于规划的城邦中的社会生活，包含了复杂的、世俗的联系，但这些联系可以被重新激活。它们遍布于社会、职业、地理和文化的空间中，形成了网络。规划设定了局限性，变成了现实中固定的点，否则，这些点应该由松散的成对的关系组成。取代一个或多或少清晰界定的统治阶级涉及出身、地位、财产等方面，这个统治阶级由一个标准所决定，该标准明确包含了跨界问题。其中最重要的标准是流动性，超越了地理意义上的流动性。当然，国际旅行和网络中的会员身份是一个方面，但是流动性包括实际的工作。规划取代了长期的、稳定的就业，以及在明确的期限前完成的具体任务。这使得对某个具体领导者的忠诚失去了意义。在劳动力市场变得越来越不稳定，就业变得越来越没有安全感的情况下，一些员工的反应可以体现出这一点。这些员工因为其优秀的自身条件，可以在保持现有工作之外参与到新的规划中去。

波尔坦斯基和夏培罗在20世纪末的研究结论并没有影响很远。然而，他们明确揭示出全球网络文化的成员与具体关联于组织中的个人之间的潜在矛盾，这一矛盾代表了一种新形势的剥削。“能自由流动的人”使得那些“不能自由流动的人”处于不利境地，例如，那些在一个组织内部任职，并与“能自由流动的人”保持着联系的人，典型的是大型咨询公司里的外部顾问。如果在委托人的公司内部没有熟人，他们将起不到任何作用。然而，他们的优势几乎完全属于他们自己。他们的薪水更高，且不承担自己提出的建议所导致的后果。在我的经历中，我曾经见过一些咨询公司因此而遭受重大失败，但这完全不会影响他们在同一个行业甚至同一个公司获取大单合同的机会。人们怀疑在这其中必然存在一种超越供给方/客户关系模式的解释方式。一个可能的答案是人们对于以超越雇员的形式同属一个集体的理解。这一理解在具体的案例中并不一定产生同样的效果，但如果客户方的管理人员也将采取一种基于规划的态度，则可能产生短期视角和以职业为导向的行为，这些视角和行为会有损雇主的利益。由于雇主认为这种情况源自全球市场的需求和雇员潜能应用的问题，因而这已成为一种共识。忠诚度丧失的极端例子常见于金融市场上。在投资银行中重要的是团队，而不是银行本身。通常而言，为了开发成功的商业模式而另投新主的不是管理者自己，而是整个团队。

在基于规划的城邦的背景下，责任承担者可以同时在两个空间内工作。一方面，他们可以在私人组织和公共管理中发挥作用，另一方面他们也在普遍独立于这些组织并拥有自主性的金融、工业和知识分子网络中发挥作用，而这赋予了行为者自主的权利。当然，这也会产生矛盾。他们的关键能力就是尊重官方立场的规则，同时利用网络内不同规则的差异性，通常情况下这些网络规则与官方规则是相悖的。就组织内部的日常问题而言，这些人有一种高高在上和屈尊俯就的感觉，再加上他们的独立性，在结合两个世界潜在矛盾和制约的紧张局势中体现了他们的价值。

这些新的精英分子的汇聚，更多的是基于根植在经济和管理世界中的共识，这些共识具体体现于信息技术、法律和会计等领域中（波尔坦斯基，2010：29）。突破性的转变导致治理方式的改善。波尔坦斯基定义了两种治理模式：简单的模式和复杂的模式。简单模式处理的是保持一个不受世界上现有经验影响的封闭秩序。新的观点被视为扰乱因素：这是简单模式跟复杂模式的关键差异所在。波尔坦斯基（2010）将后者命名为管理兼容模式的治理。变化是现实中的基本事实，也是中心设想。变化是不可避免的。它们将会对所有案例产生影响，因此我们最好能管理变化，并将它们视为机遇。这一模式的基本论点是人类拥有正式的自主权以及平等地获得是否被选择的权利。没有被选择将被视为一种失败。这是一种对个人的责任转移，会被越来越多标示的“自我”所识别，这些“自我”意即自我负责［巩特尔（Gunther），2002］。

我们不应该阻止变化，而应将其运用到治理中；必要性是意志也是表现（波尔坦斯基，2010：188）。永恒变化这一过程是不可避免的，同时也是受欢迎的。结合银行业的经验，波尔坦斯基通过一种构想解释了一个很好的反讽：注定发生的可能性（波尔坦斯基，2010：210）。我们不得不依赖于专家，依赖于信息技术中心计算得出的预测结果。

银行业的风险管理是通过对庞大数据进行大量处理得出的计算结果［佩尔泽（Pelzer），2007］。风险计算必须依赖于历史数据，它提供了事情从过去通向未来的发展轨迹。实际上它是对过去的延续。这揭示了处于资本主义行为模式中心环节的永恒变化只是一种修辞吗？这一中心环节是独立于生产的资本积累。风险处理的核心是将风险从一方转移至另一方、从一种形式转化为另一种形式，风险的抽象化（至少在错觉上）几乎消失了。在这一过程中产生了简单治理模式的一个特点：强迫性的避免变化。当变化可以在用于交易的头寸中得以反映时，此即意味着一切都未改变。它不应改变：维持现状的状态保证了收入的可能性和影响力。

以变化为背景，波尔坦斯基将责任承担者置于统治阶级的角色。这些人具备必要的专业知识以及以管理为导向的方法，他们可以掌控变化，消除变化带来的恐惧。变化是必然的、不可避免的，这需要特殊的知识加以管控，唯其如此，才可能将所做的牺牲降至最低（如果不能全部消除的话）。这种修辞表达方式早在20世纪90年代的管理话语中就已出现过（波尔坦斯基和夏培罗，2003）。

在论证中引用专家话语的目的是排除其他意见。专家的意见被奉为中立无偏袒的，接近于客观；他们为解决问题提供一种参考。波尔坦斯基（2010：201）认为，专家知识的作用就在于其可以呈现事物的本来面目，使它们绝对透明，这样“事实”就一定会呈现出必然性。关键的问题是，如果这些论述不包含任意性，那什么可以揭示兴趣和选择呢？量化是可以达到该目的的方式，而结果则是基准。为了改善头寸，就需要充分利用指示器，并据此调整行为。这也是客观性这一概念微小却具有重要意义的转变。自18世纪以来，存在三种不同模式的客观性：与中立性相结合的法律上的客观性；与人的冷漠相结合的政治上的客观性；以及与主体和客体的分离相结合的科学上的客观性，它可以使观察者产生长期有效的、可重复的判断［达斯顿（Daston），1992］。将公众讨论纳入有管理的国家和司法体系以及来自专家的包容性论点，都会产生问题和矛盾。如果将国家看做是一个必须对资源进行管理并合理利用的企业，那它就会使自己陷入异己的逻辑中：在与其他组织竞争的压力下，它会产生利润。论证的领域被缩减至一个经济视角。它只接受对这一领域的发展有积极影响的观点，而忽略其他领域可量化或不可量化的成本。

在波尔坦斯基（2010：210）略感幻灭性的见解中，危机是为统治阶级服务的。这一论点呈现出它不诚实的逻辑。一次危机爆发的事实证明了一个现实的存在。这一现实并不依托于业已构造的现实，而是具有独立于统治阶级的自身逻辑。可以说，危机使统治阶级得以免责，甚或而言，危机确认了责任承担者存在的必要性，他们作为危机救援者的角色不值一提。虽然看似态度谦逊，但在危机中他们可以再次证明自己的能力。他们谦逊的方式是他们承认现实，例如，他们的行为由他们所对抗的力量所构成。

有人怀疑这种谦逊的方式就像让一只狐狸去看守鸡舍。至少看起来这种怀疑似乎已被排除掉，责任承担者的角色反而被强化了。具有绝对威力的是市场。市场并非由基于规划的城邦的成员组成，而正是这些人的决定导致了市场危机。当然，危机并不是人为故意制造的，因为市场过于复杂，超出了人的驾驭能力。但是，这一论争指向的是，危机不再给人以机会去犹豫或反思哪里出了问题，并采取改进或更正的措施。在历史上采取的可能性措施包括改革甚至革命。在基于规划导向型城邦的统治下，改革的潜力集中在“保持运行”上。革命，甚至非暴力运动，但对事情该如何进行的激进反思，是完全超出范围的。

讨论是否应该像一家公司般根据市场规则管理国家以避免乱政，对于本章有关风险和责任的话题而言，这种讨论较为无趣。以公司管理为例的重点在于，它指出了措施的必要性和不可避免性。如果经济学专家们提出的客观性要求是合理的，那问题就得不到应有的重视。

我倾向于认为，正是根茎（rhizom）使得解释学上的矛盾隐匿起来，至少使其免于受到攻击。责任承担者是独立于其定义的现实必要性的体现。他们是唯一可以采取必要行动来利用变化的机会，并可掌控出现在这一现实中的危机的人。现实的独立性使得传统的阴谋论无用武之地。利用阴谋以达到预期效果已变得没有必要。

绝对风险和市场：责任的困境

反思雅克·德里达（Jacques Derrida）关于责任的论述，风险承担者的角色会变得更加清晰。关于责任的这一话题，德里达出过两本专著。这两本专著几乎出自同一时间，两者之间的关联在于其中一本引用了另一本书中的某个章节名（德里达，1995；2002b）。如同大家期望的那样，两者的探讨都更加深入，并试图对“责任”这一概念进行意义上的解构。但此时德里达遇到了困难。书中以对“responding”的语法探讨开始。在法语中“*répondre*”这个词有三层不同的含义。*Répondre de*：承担责任、对…负责任、对…有赔偿义务、为…担保、保证某事。*Répondre à*：响应、对某人或某事（请求、恳求）作出回应。*Répondre devant*：为某事向某人或某机构辩护。这些形式不能单独存在，他们彼此关联。一个人为他人或事物向他者、团体、机构、法律等进行辩护，就是为这个人或事物承担了责任。我们通过对某个人或事物作出响应，我们也就承担起了责任，对其（我们自己、我们的行为、我们的话语）负责（德里达，2002b：338）。因此，这一形式似乎是最基本也是最没有限制的，关键的差异在于它针对的对象是谁。作出响应多是针对一个他者或者具体的人；做辩护的目的是使某个被授予权力的机构或法律，可以以机构化的形式（如道德、法律或政治团体）来代表他者。当在这种语境中讨论责任时，另一个立马浮现于脑海的词汇是尊重。承担责任是源于对他者或法律的尊重。然而，尊重和责任之间的相互联系产生了两种形式的尊重。对他者的尊重是一种社会关系，或许意味着友好；但对法律而言，不存在友好这一关系。如同对待朋友般地对法律表示友好，与对伦理法则的尊重是存在差别的（德里达，2002b：314）。

对比德里达提出的三种形式与吉登斯的责任的三个维度可以看出，两者大体是对应的。*Répondre devant*，向某人或某机构进行辩护，带有道义或解释上的意义。*Répondre de*，为…负责任或者为…担保，与吉登斯的责任和义务的维度相对应。*Répondre à*，响应或答复某人，与作为一名作家的责任的含义相呼应。但就出发点来说，两人有本质区别。吉登斯的维度多从行为者的出发点来理解："一个人为某事负责，可以被看做是这件事的发起人。"（吉登斯，1999：8）这与因果关系和代理相关联。行为人采取主动是事件的缘由，因此应为事件承担责任。这就是差异：吉登斯强调行为；德里达强调反应，不涉及出发点。从因果关系和代理的角度来考察责任，暗示着存在一个发起者的意象，最初该意象指代的就是应负责任的人。德里达强调"反应"是"责任"这个词含义的一部分，紧接着他将精力集中在二者的关系上。责任往往被指向了一个他者。

从德里达对责任的其他解读及其在《死亡的礼物》(*Gift of Death*)(1995) 一书中，对亚伯拉罕 (Abraham) 的圣经寓言的细致阐述中可以看出，这一差异并非微不足道。与绝对他者的接触表明，当责任与义务和他者相联系时，在极端情况下会出现什么问题。亚伯拉罕将遵从上帝视为自己的义务，准备好接受绝对的责任，执行一切命令，包括杀死与自己最亲近的人。上帝对这一不容置疑的忠诚很满意，在最后一刻阻止了亚伯拉罕割断他儿子的喉咙。该寓言描写的是极端状况，但对于阐释责任的基础问题，也即事实上的疑惑却很有价值。

> 义务或责任将我同他者绑在一起，同其他作为他者的人绑在一起，并将处于绝对奇异性中的我与作为他者的他人连接到一起……但是当然，把具有奇异性的我与具有绝对奇异性的他者捆绑在一起，立即会使我陷入绝对牺牲的风险之中。
>
> (德里达，1995：67)

接受对他者的责任，遵从这一责任来行事，往往意味着不可避免地牺牲其他的他者。因此，追究某人的责任，承担责任，并不是人们原来想的那么简单直接：

> 因此，责任、决定或义务这些概念，是先验性的概念，要先于悖论、丑闻和困境等概念产生。这被认为是不恰当的。悖论、丑闻和困境本身仅仅是牺牲，揭示出概念思维的范围、死亡和界限。
>
> (德里达，1995：67f)

一个人要么对一个具有绝对独一性的他者 (绝对他者) 承担绝对的责任，要么对一个家庭、群体或国家等承担责任，必须牺牲一个方面。这就是德里达的研究结论。如果我对一个他者负责任，就会自动对其他的他者不负责任。这一观点可以也必须来自于像亚伯拉罕这种对绝对他者遵从的寓言。就其本身而论，这是责任概念本身的困境所在，困境的一个来源即是语言。绝对义务或绝对责任有赖于独一性。对一个具体他者的义务，就排除了与其他的他者之间的关系。我一跟别人说话，独一性就被社会关系所取代，独一性变得不可能，最终结果是产生了他异性。如果回应不同的他者变成可能，那么伦理秩序就会出现问题。对一个具体的他者负责，同时意味着不可能对其他的他者负责。极端的情况就是对绝对他者的义务。放弃其他的他者而转向一个单独的他者，是对伦理秩序的拒绝，这意味着牺牲道德。承担责任必然带来牺牲，这一论点在风险和经济领域变得更加尖锐。

运用德里达在《死亡的礼物》（1995）中对绝对风险的解读，奥福德（Orford，2004）从自然法则制造者的责任及其与市场的关系这一角度，阐释了贸易合同的基础。在第 2 章中我们详细描述过，协商的逻辑可以被解构为塑造了市场这一绝对他者。人们对处于绝对他者地位的市场承担的责任也变成绝对的，并且德里达还指出，这一责任带有无限的错综复杂性；尤其是其他的他者所作出的牺牲更是不可避免。虽然亚伯拉罕的寓言出自《旧约全书》，但牺牲这件事情并非宗教所特有。牺牲具有广泛性。如果对一个他者负责意味着忽略其他的他者，如果对绝对的他者负责意味着牺牲大量的他者，那么将市场置于这一中心位置意味着产生非常具体的牺牲，进而演变成一个关键的伦理问题。不仅仅是将经济而且是将对整个人类关系的思考建立在对市场的关注上，是责任的特征改变的一个原因。波尔坦斯基塑造的责任承担者这一角色，再加上德里达对责任的困境所做的论述，业已带来令人不安的结果。在对该结果进行讨论之前，我们先介绍一下金融市场中有组织的不负责任的特殊形式。

结构化的不负责任

对于 2008 年的国际金融危机，除了专家和责任承担者的讨论之外，银行业内部做过的少量系统性尝试之一是由克劳迪娅·霍尼格（Claudia Honegger）、赛格哈特·尼克尔（Sighard Neckel）和尚塔尔·马格宁（Chantal Magnin）（2010）组成的团队所完成的研究。以三个德语国家为基础，他们对在各种国际和公共银行中从事不同工作、处于不同层级的人进行了广泛访谈。他们选择用定性的研究方法来呈现自己的研究成果。这些访谈被转换成带有社会学性质的描述，例如，包含了对受访者的职位、在银行中承担的工作的描述以及对其话语的直接引用。相对于公众印象中的“银行”和“银行家”形象，该研究结论将商业呈现了一种更加丰富和多层次的见解。在银行业内部，不同业务领域的人对市场的态度以及雇员的背景有很大的差别。

这些差异不仅适用于面向市场的部门和支持性的后勤部门或技术部门之间，而且也适用于业务范围之间。任职于小额信贷银行、为公司财产服务的银行、投资银行和从事资产管理业务的员工有着极大的文化差异。霍尼格（Honegger）等并未在各业务范围之间设立精确的分界线，而是界定了各种不同的典型态度、世界观和行为状态。他们将这些类别统称为虚构的思想和行为范畴，并确定出四种分类：

- 游乐场（playground）是金融工程师的世界。金融工程师创立了复杂的模型和产品，他们并不认为自己是银行家。他们是特殊的一类人，是对同事们不懂的模型进行计算的专家。模型建立之后，他们不再关心这些模型被如何使用。他们似乎是唯一对自己工作充满热情的人，也很乐意谈论自己的工作内容。
- 赛车场（racetrack）是投资银行家和其他危险金融人物的练武区域。霍尼格等（2010：30）用相当开放的态度对这类人进行了描述。他们采访的多是年轻人：金钱积累过程中的杂技演员、投机者、魔术师；他们认为自己处于金融系统的第一线，身处永久的压力和竞争之中。雷曼兄弟的破产给这群人带来强大冲击，这一事件印证了他们一直以来存在的担忧。他们骄傲自大又沮丧失意，在采访中常表现出攻击性和苦恼。

- 在“刻意的正派”（staged decency）这一群体内，与一些行业实践相冲突的道德禁忌得以表达。处于该领域内的人认为自己是正派的，就像那些给客户提供切实建议的守旧派银行家们。他们因日益下滑的声誉和信任度而感到苦恼。相比于“赛车场”中仅有两名女性被采访，此类人中多数受访者为女性。不同于专家和交易者的玩世不恭，她们表达出了深思熟虑和宿命论。
- 灰色区域（grey zone）用以表示银行业中的绝境。对其描述的措辞几乎带有诗意性。作者曾见到过不可靠的银行家，他们了解如何栽培自己的“奸诈”，犹如一只狡猾的狐狸；在金融世界幕后的艺术大师们表现得越开放，他们所处的世界就越神秘。

霍尼格等的书名“结构化的不负责任”（Strukturierte Verantwortungslosigkeit，2010），并非仅是一种修辞用法。它是银行业中有组织的不负责任的特殊形式，因而非常值得研究。虽然这一术语被用做书名，但它只出现于一篇短文的标题和结论中。这篇短文讲述的是由于结构化的不负责任而产生的金融丑闻。比格勒（Biegler，（2010）认为这些丑闻都是由于金融主管部门的监管和法律控制的缺失导致的。文中记述的丑闻实际上是商业犯罪。这肯定是放松监管导致的后果，是由于主管部门缺乏适当的方式来防范或采取行动，我认为欺诈几乎是根本性发展的副作用。根据我的假设，风险和责任是受制于波尔坦斯基和德里达所述的改变。在银行业我们面对一个关键的集约化，因为风险和对风险责任的转移是银行业的核心竞争力。银行业要为他们承担的责任负责，或者为向其他市场参与者分散风险责任负责。

在结论中，作者回避了对结构化的不负责任这一术语进行仔细推敲，它被当做一个毋庸置疑的事实来对待。虽然他们探讨了四个范围内的责任，但没有对有组织的不负责任做更深度的探讨，也没有提及贝克

(1986）的理论。结构化的不负责任被当做一个假设，用来对该背景下的责任进行反思。作者确定了两种一般模式，可以将责任从单个的行为人身上移除。第一种是泛化的贪婪。贪婪不仅是银行家们的特征，它也是整个人类的共同特征，这在多数被访者身上体现出来。如此看来，贪婪是导致危机的普遍推动力。从事金融业的人可以此开脱，他们声称只是提供服务，任何处于他们位置的人都会做同样的事情。在他们看来，公众对银行从业人员行为的批判就是嫉妒。第二种是授权，这种类型的人在精神上是支持结构化的不负责任的。引发危机的总是他者：投资银行家、金融工程师、评级机构、客户、人类、高层管理、美国人、政治家或国家，而“市场”是最好的辩解机器。市场如同自然力，会决定一个人的行为（霍尼格等，2010：306 ）。

区分这些模式很有必要，但还不足以体现“结构化的不负责任”的真正意义。然而，访谈成果深刻地揭示出，被访者对国际金融危机中责任的概念有着极其不同的理解。这些理解在四种思考和行为范围之间存在很大差异。“游乐场”上的金融工程师们不认为自己负有责任。虽然他们负责开发出工具，如何使用却由管理层决定。但他们也承认，管理者不了解这些工具的复杂构造或可导致深远的影响。

“赛车场”上的交易者们也不认为自己负有责任。他们只是完成自己的工作，如果没有他们，其他人也会接替来做相同的工作。他们的行为应该由银行、国家政治甚至整个社会负责。

那些归于“刻意的正派”中的银行家们，相对于其他同行，则具有更强的反思性。他们因日益占据主导的投资银行、极端的数学化模式以及人们对科学不可辨别的信念而深陷苦恼。但是他们也清晰地看到自己的保守态度在金融业已不再适合。除此之外，由于银行内部劳动分工的发展，任何人都难以真正理解其他人的业务，也没有人可以真正为整个行业的政治负责，这一点尤其适用于董事会成员（同上：308)。银行的中层阶级群体对工作的态度正在发生改变。他们尽职尽责完成任务，并赚取薪酬，但同时也在规划并经常实现其工作以外的更有意义的生活。

那些处于“灰色区域”的人对形势的看法更加务实。他们的任务是最优化利润、税收和产品，并在法律许可范围内试探行业模式的边界。责任则由银行系统、资本主义制度或可悲的人类本性承担。从游戏中退出将是愚蠢的。更极端地说：不抓住时机在如此短的时间内赚取更多的钱，简直是不负责任的（同上：309）。

在金融危机中所刻画的“行为者”的形象比“银行家”更复杂。董事会成员被认为应该有足够的能力，可以制定银行的长期业务规划，并对单笔巨额交易也即那些威胁到银行稳定的交易作出决定，换言之，他们被认为应该为银行的行为负责。刻意的正派者们对董事会成员表达出的怀疑态度是一个生动的例子，证明机构内部互相间的不信任已然常态化。如果这些怀疑有道理，那么过去数年几个银行的破产意味着，作出决定的董事会并未真正考虑决定所带来的后果，例如，决定中所蕴含的风险，这些责任的承担者是问题的一部分，却并非能解决问题。

贪婪是人类具有的共性，将责任归咎于他人也成为基本模式，银行内部行为人的态度和行为，都反映出结构化的不负责任会引发的问题。结构化的不负责任究竟具有怎样的特点，可以成为一本书的标题，甚至作者认为无须对其解释？这一术语的构成本身就能说明问题。因为在金融行业中，“结构化”已经成为危险的银行产品的代名词，而银行家的行为已被公众认定为是“不负责任”的。除此之外，“结构化”和“有组织”的不负责任有何差异？选用前者而非后者的意义何在？对其他业务领域的了解确实是有组织的不负责任的前提条件。由于风险制造者们承担不同的角色，责任感在这些角色的转变中逐渐消失，因此不可能查寻出确切的责任人。

触发 2008 年国际金融危机的因素包括几个小银行的破产、大型投资银行失败并被更大的银行赶超、最后是因过度证券化的市场而倒下的雷曼兄弟。“根本没有人做过深刻反思，如果很多人在赚钱，这些钱总得有个出处，而事情的发展却并非如此”，这是一名风险经理人在危机后所说的话（霍尼格等，2010：57）。“总得”、“正好”、“根本”、“不知怎么”：这些词汇都表达出一名风险经理人在考虑到投资银行同行们的态度时，对信贷业务的无助和困惑。

银行业的状况已变得不可靠，要评判这种不可靠的程度，有必要提及德里达对责任的三个维度理想状态的理解：谁对谁负责？作出决策或采取行动参照的法律或规则是什么？谁为何应承担责任？在一种简单的一对一的情景中，一个人向客户出售一种金融产品或服务，这种情况下一切都是明确的。这个人对自己的客户作出回应，他必须遵守法律，为自己出售的产品或服务负责。一旦我们将此情景放入一个组织化的世界中来考虑，事情就变得复杂起来。此时的个人变成了业务代表，他出售的不是自己的产品，而是其供职公司的产品。他仍需对客户作出回应，但却使公司遵守法律；业务代表只要不在销售过程中触犯法律，就不必对整个公司的违法行为承担个人责任。德里达认为责任感的三种情形不能分开，它们彼此相连。但在组织风险转移的第一个阶段，这三者已经分离。更加复杂的是，在金融行业中通过出售产品使风险可以被转移。销售人员可以是一个组织的代表，该组织创造出可以管理风险的产品，也可以将风险从一方转移至另一方，因为它创造的产品使得风险可以被转移，这也明确了支付的方式；在第一种情形中，组织处于风险转移的对立面；在第二种情形中，组织使得风险转移，风险转移的对象是单个客户。

有组织的责任是由组织中具体的人承担的，当这个人对整个事物发展、产品计算或交付的链条失去控制，这种负责任的形式就会失败。如果销售员被迫需要在特定时间内，出售特定数量的产品，这潜在意味着，他需要向对产品并不完全了解的客户进行销售，对他人的责任变成了销售责任。销售员需要对老板定下的目标和任务负责任。老板也是如此，他需要对他的上级汇报。这些个人当然只是整个销售计划的一部分，计划的目的是预估组织的利润。简单看下这一链条，就会发觉“有组织的不负责任”这一术语是合理的，向个人请求赔偿是错误的。这已经得到很好证明，并引起公众注意，因为当风险实现时，也就是出现具体损失时，法庭很难证明单个人的责任。如果没有明显的诈骗行为，几乎是不可能做到合理评判的。对责任的认定几乎不可能在法规中得到实现。在任务的组织和分配过程中，损失与责任的直接关联已经消失。

那么，将金融机构中组织的不负责任命名为结构化的不负责任，是必要且有意义的。具体从哪些方面可以得此结论？我认为可以从以下几个方面分析：风险的商品化；风险变得虚拟化，越来越抽象，也就是风险性质发生了改变；金融机构承担起中介的角色，建立了市场（如果不说建立起他们独享的“游乐场”的话）；金融市场的独立性和相对其他市场的主导地位；产品；结构化的贪婪。在以上几个方面中，风险的本质、可见度和透明度都在发生重要转变。

经济世界中的风险指的是潜在的无力付款、原材料价格的波动、国际市场上货币汇率的变化、兑换率波动、利息变动等，所有这些都直接或间接影响企业的盈利能力。就风险而言，金融市场和商品市场中最重要的区别是，后者在商品的交易环节和服务的质量方面不存在风险。风险本身变成了被交易的“商品”，风险由“商品或服务的性质”变成“商品”本身。这样一来，银行设计产品组合，就必须有开发工具这一环节，以使具体的交易对银行来说变得更可预测，这些工具就是“衍生产品”。这一名字清楚地表示出，被交易的东西是从其他东西衍生出来的。衍生品跟标的物相关联。它的价值跟人们对这一标的价值的预期相关联。它代表了人们对这一标的可能的波动性发展的假设：价格或汇率上升还是下降？幅度是多少？通过衍生品，标的物的价值变动带来的风险可以进行交易。在全球化的市场中，其中一种风险是货币汇率的变动，而生产企业是不可能对这一变动产生影响的。用来转移这类风险的金融工具叫做期货。期货是合同；双方签订合同，规定一方以一个固定的价格，在某个指定的将来的时间购买另一方出售的指定数量的资产或货币。这样一来，不管未来真正的货币汇率是多少，卖方在将来某一日期营业额的交易价值确定下来。他自愿接受一定的保险金，放弃获取更高额利润的机会，即使到那时汇率有可能上升。如果汇率降至比指定的水平低，他也确定不会有损失。一种必然、明确的风险从企业消失，被转移到另一方。这跟风险的保险有所不同。当风险真正得到实现后，保险才会起作用。保险为损失进行赔偿。金融工具将卖家置于这样一个位置，好像风险根本不存在。不管货币汇率是多少，卖家并不会受到影响。风险被买家承担。

风险被商品化，这也是金融工具的用途。我还是认为，我们必须意识到，目前国际贸易中对衍生品的频繁使用，是企业越来越把握不住全球竞争的结果。企业使用衍生品的目的是将风险转移到一些他们可以不受外部市场力量影响而能发挥作用的业务领域。总体上来说，衍生品的使用并非是最重要的灾难来源。决定性的改变来自于其他地方。

在探讨严重影响市场中力量关系的特殊市场之前，有必要看一下风险日益变得抽象性的性质，这也是风险商品化的后果之一。有组织的责任中的风险仍是可识别的。然而，风险与决策者也即风险承担者的关系已经难以察觉。风险的实现是具体的，可以在物理上感觉得到。切尔诺贝利核电厂爆炸的事件是促使贝克（1986）重新思考这一话题的原因之一。这一事件使得大型工厂带来的直接威胁，对每个人来说立刻变得可以想象。在此之前，人们更多信赖自己对技术和剩余风险的管控能力，因此这种受到威胁的感觉已经被遗忘。在这次灾难中，即使适时地采取了投保措施，所有的损失也得到赔偿，但受害者已经死亡，还有许多当地人在之后的几十年中因癌症死亡。这一极端例子显示出，实体经济和金融市场领域的风险在本质上存在区别，这也是具体的风险和可以在经济上进行预测的风险之间的区别。如果风险以物质形式甚至威胁人类生存的形式实现，可以参加保险减少损失，但却不能通过交易转移。用来转移风险的金融工具处理的是具体业务交易中经济上的、货币化的方面。在本书第2章描述早期从宿命到风险的转变中，这一差异就已经体现出来。一个关键差异是，船只的所有权，成为待在陆地上的人们所做的投资。作为船只拥有者的水手们的风险是双重的：船只失事后，他失掉的不仅有财产还有性命。投资者损失了投资。载着通过交易换回来的货物返航的船只，是投资（船只）的返回，但也是投资带来的回报。具体风险中腐烂尸体的气味已被洗涤，被抽象体现为财务收益或损失的数字。置换了的风险仅仅是行业关系的隐含意义。

不断增加的抽象性和复杂性，需要对风险进行特殊处理。衍生品被引入进来，它们的价值取决于某标的资产在未来某一时期的预期价值。衍生品交易就是为了风险的置换。风险从标的资产转移到衍生品上，变成了可以独立于标的资产而单独进行交易的产品。这也是导致现今市场对风险的交易可以独立于商品市场发生的最根本的一点。银行也有机会转换自己中介和服务提供者的角色，变成建构和主导市场的活跃角色。

从自然和人为风险的区别来看，金融行业中的风险很有意思。人们创造了金融工具，将风险从一方转移到另一方。最初，这些风险是出海，发现新世界，并载着有价值的货物返回。出海意味着承受天气的无常性和大自然的威力。被发明出来的商品，用来承担船只失事时投资损失这一风险，显然是人为的。这些商品和它们的交易内在地具有风险性，这又是另一个层次对原始风险的抽象。从某种程度上来说，这些工具的交易对标的物也即现实的商品或资产的关联是可以忽略不计的。这使得生产过程达到另一个层次。

只要银行通过提供特殊的产品（即衍生品）将风险从一方转移到另一方，他们就起到中介和服务提供者的作用。他们通过收取一定保费，将风险从不愿意承担的一方转移到愿意承担的另一方。然而，衍生品也可以被用来从人们对市场走向的假设中直接获取收益。期货就是一个合同，是卖方和买方就将来以固定价格在特定日期买卖一个证券或某种数量商品的合同。如果期货在市场上进行交易，它们的逻辑是其可以被当做预测价格未来走向的工具。商定的价格反映出风险卖出者和风险承担者对价格未来发展所持的看法，这是一种形式的市场预期。因此，在市场交易的就是对价格走势的预期。所有这些预期的后果最后都由市场参与者承担，人们认为这一巨大的价格发现机制的表现值得认真对待。

要理解这一阶段的关键转变，或许有必要从财富管理的角度对事情重新表述。结构化的产品可以被当做策略来对冲和担保一个产品组合，以满足客户的投资需求。但是，它也可以被认为是银行进入零售市场的最后一步。证书、与指数相关的文件等，其目的都是零售市场的私人客户。任何人都有机会进行投机，甚至使用“安全带”：这些文件的条款之一可能是，不管在此期间是否会获益，在投资过程结束时，投资者可以得到100%回报。结构化的产品标志着从专业市场到大众市场的转变。

证券化是另一个具有明显双重含义的术语。一方面，它将单个涉及定期付款的合同转换为证券，而证券可以独立于标的合同进行交易。由于融合了不同标的合同的不同特性，证券的评估等级与标的是不同的。证券的评估等级是不同标的的平均水平再加上发行人的信用水平的混合。另一方面，“证券”和“证券化”两个术语本身转变成委婉语（科斯洛夫斯基（Koslowski），2009）：证券化的文件不再安全；相反，整个过程变得更不透明。在21世纪初，证券化是银行减少其不良信贷的重要手段。当时，这种业务由专业人员操作。银行给买方提供一种方案，也即类似对冲基金，并做尽职调查，清楚计算出该方案的价值，并就费用扣减同买方协商。银行可以将此产品从资产负债表消除，用另外一种风险结构赢取新的业务机会。买方接收了贷款者不能按时偿付的风险，然后寻求更好的投机机会，利用这一方案获利。风险变得绝对透明——至少就风险计算的工具来说，变得尽可能透明。

就抵押担保债券（DO）来说，产品的细微增值潜力被增强，能满足的客户群也扩大，增长在这两方面都可能发生。被证券化的信贷合同是抵押债券，目标客户对银行和基金有了更广泛的筛选机会，甚至增加了私人银行服务的客户。抵押方由于接受了具有极低甚至没有信贷价值的房屋，并依靠房地产价格上涨影响抵押贷款结构，增加了风险（米安和苏蕊（Mian and Suri），2008）。然而，此类证券可获取到较优惠的费率。做抵押贷款业务的银行可以立即将风险转移，随后得到新的业务机会。由于这一事实一直未被察觉或被忽视，导致房地产泡沫不断膨胀。我们甚至可以说它是多级风险蒸发器。那些与风险直接相关者，也即应该承担信贷利率无法支付风险的人，已不再对风险进行持续地系统性审查，因为他们会立即将风险转移给其他银行，而这些所谓的其他银行则处于不同的风险水平。新建立的证券需要一个正面的评级，以便成功售出。此时与风险相关的责任发生了深刻改变：变成了销售责任。一旦抵押贷款被证券化，它的目的不再是保留，而是被创建成一种方案，通过交易而转移。证券化通常是由多个层次的具有不同信贷价值的资产构成，一个优先支付层级变成证券结构的一部分。评级本应为投资者提供透明的信息，但实际上，评级隐藏了证券创立过程中不断增加的复杂性。投资者不再能对风险作出正确评价。

这一领域的动力因内部的目标和金融工程师的竞争而加剧。在产品开发过程中精于计算的人，如果想要证明他们自己的能力，就会一直处于压力之下。一个营销方案管理部门的领导曾说过，如果一个人在六个月中不能开发出新产品，将会被淘汰（霍尼格等，2010：144）。此为该工作逻辑的一部分：高薪水，但并非因为某一背景或市场需求，而是为了开发产品而开发产品；市场需要越来越奇特的产品。

贪婪被霍尼格及其同事（2010）认定为一个普遍的模式，通过贪婪，责任可以从单个行为人身上移除。贪婪可以被视为受访银行家们的重要解释动机。银行系统本身容易产生贪婪。客户们无疑会按时偿付贷款；贪婪可以说是外部赋予银行系统的品质，系统内部的人无一可以避免。他们只是遵循市场行事。一个风险经理人认为，对客户或者投资银行家来说，情绪、被认可的强烈欲望、表现其重要性以及过度追求个人荣誉，这些方面不断加强是助推一些事情贪婪的主观原因（霍尼格等，2010：51）。但事实证明，除了个人的贪婪，还出现了某种结构化的贪婪。对“更多”的追求也已经变成金融市场上的组织目标之一，这一追求表现出来的形式是，对最大盈利性的不懈追求。只有成倍的收益才被认为是成功。德国最大的银行宣布其目标是 25% 的股东权益回报率。它声称要满足国际金融市场的要求，这是必要的目标，因为在国际金融市场上，竞争者们永远追求的是更高的利润（弗赖伯格（Freiberger），2010）。然而这一目标变得并不光彩。以前人们认为，要实现这一目标，需要巨大的杠杆以及风险的相应增加。然而，实际上只要对冲策略发挥作用，这些条件并不需要。一些关键词，比如，股东价值、短期眼光、季度报告、几乎不惜任何代价来即刻增加利润的压力，是结构化的“更多”的典型表达，反映出金融市场对实体经济的控制。

> 对成功的欲望，仅从金钱和地位的角度来衡量成功，变成金融资本主义的精神力量，也是一个竞争社会的主体化进程的精神力量；在主体化进程中，社会地位可以发展成某种个人崇拜。
>
> （尼克尔（Neckel），2010：6，作者译）

有组织的不负责任是由于劳动分工过度产生的复杂后果，发生在所有组织和银行内部。然而，很有必要将它和金融机构的特质区别开来，虽然这使得整个论证变得更加复杂。我认为在我们谈论风险转移产品的时候，必须将结构化的不负责任包含进来；这些产品本身不属于银行的风险。这些风险是银行带着一定目的从客户那里接收过来的，或是单纯为了将风险转移给其他相应组织。这使得我们可以明确区分哪些问题跟银行业相关，哪些问题是一般组织所特有的。然而，两者的结果是类似的。风险被商品化，并且在商品化的每一个阶段变得愈加抽象，结果就出现了金融市场，使得金融业从实体经济中独立出来，甚至反转了这一关系：金融市场控制了实体经济。实体经济不得不根据金融市场上行为者的需求作出反应。很多这些需求可以被称为结构化的贪婪。在这一背景下，被解读为回应、辩护和单一、明确的个人基础上负责的整体“责任”，不再是系统的一部分。随着证券化的广泛应用，不仅仅是在抵押贷款市场（在过去几年这一使用已广为人知），还在所有已知的信贷业务领域，大部分银行业务受到影响。即使在传统上被认为是银行的核心能力（通过信贷给实体经济的行业融资）的业务领域中的风险，银行在接收风险之后也可以立刻将其转移。这导致某种形式的道德风险，霍尼格的一个受访者说到“既然银行将风险完全转移，便不会对风险进行充分检查；因此，银行检查风险的能力消失”（霍尼格等，2010：116）。因为银行不再需要面对风险的后果，风险不再是银行负债表的一部分；银行的业务增加了，却并不为它接收的风险承担责任。

责任的承担者：一个范例

当银行可以无须为处理的风险承担责任，就产生了结构化的不负责任。在当今世界中，承担责任却可以无须承担其后果。ABC 新闻的资深记者克莱尔·施普曼（Claire Shipman，2010）在美国参议院的小组听证会之后，对高盛集团的 CEO 劳埃德·布兰克费恩（Lloyd Blankfein）的短访可以揭示这一点。克莱尔对劳埃德提出的问题是，高盛集团是否需对金融危机承担任何责任。劳埃德回答道：

> 是的，我们有责任。承认这点对我而言很难堪。但事实是，我们确实有责任，金融系统失灵，而高盛集团是整个系统很关键的一分子。因此，我们必须共同承担——我们对此需承担部分重担。

这看起来像是明确认可自己负有责任。布兰克费恩承认高盛是失灵的金融系统的一部分，并且是很有影响力的一分子。但即使高盛是系统中有影响力的一分子，失灵的却是独立于银行的系统本身。布兰克费恩没有使用“责任”这个词，他承认他们需承担部分“重担”。他代表的是作为责任承担者的银行，而这一责任被视为“重担”。责任被转换为重担，无情地击中每个人。因此，所有被击中的人不得不支撑住这一重担。尽管布兰克费恩在这一简短的陈述中以明确的回答开始（是的，我们有责任），但“责任”（在此它具有三层含义：对某人作出回应、辩护和有义务的）这一概念却已经不复存在。这种回答谨慎避免了接受任何个体的责任。

这一回答并未使采访者满意。施普曼继续问道：

施普曼：根据那些你的下属们所言以及你的证词，我似乎感觉到，你们都不约而同地避免使用一切明确的语言，比如，“对不起，我很遗憾，我道歉”等。诚然，确实有些语言是人们不愿意说出口的，但简单明确地说出来反而不是更好吗？“我们很抱歉，我们向大家致歉，是的，我们”……似乎有些东西你们一直回避。

布兰克费恩：我并不这么认为。我认为，比如，我们有不同的小组，第一小组的人是四个个体，顺便说一下，其中两个已经离开公司，但是四个人的确参与到做市商活动中，我不知道他们之前是否被问及这些问题。但我认为在你访问过的高管中，他们对自己的责任和角色有着很好的反省。

对公众来说，本是理所当然的事情但对这些责任承担者来说却不那么明显。如果单一银行没有责任，证实他们并没有违反法律，那就不存在因单个事物导致危机发生这件事，银行的角色就从创造市场现实的积极行为者变为受害者，跟其他经济成分一样，遭受到市场冲击。布兰克费恩声称他不知道参与到做市商事务中的四个人是否有被问及类似问题。在参议院听证会中的事实证明，他话中有误。这些听证会发生在危机之后。但为何这些做市者并未被质疑或问及这些问题？这难道不是暗示出，银行内部的风险管理是如何运作的吗？风险管理难道没有责任提出疑问吗？这些假设与霍尼格等（2010：70，108，124）谈及的三个人的观察一致；这三人曾经警示出，市场不会按人们预期发展，他们要求人们慎重对待市场。

另外，认为那些高管对自己的责任和角色做了更多反思是何用意？如果布兰克费恩认为高管身为主要行为人不需要因是导致危机的部分原因而道歉，那么他对于责任和角色的这一差异性（与公众看法不同）看法或许就是导致危机的原因。在布兰克费恩的回答中，责任这个词并非指的是承认风险的责任，而是在炫耀自己是市场中盈利最高的银行而承担的责任。

但施普曼并未放弃：

施普曼：在证词中，你听起来很有逻辑，尤其在谈论行业运作的模式时。或许，高盛的运作模式确实如此，或许你的话可以讲得通。

但你能明白为什么很多美国人会将目光集中于一个赚大钱的行业。美国人正在失去家园，认为肯定是哪里出了问题；但你们却因此兴奋。或者，来看另一状况。这些话你是否很熟悉：没错，我们知道这笔交易并不怎么样，但是我们无论如何得出售。这看起来是不对的 。它可能合法，但感觉不对劲。

布兰克费恩：不，瞧，我们的使命并非解决大众的生活保障问题。140 年来，我们一直以客户为导向，并且做得很成功。因为在这一行业中，如果没有客户的支持，你不可能取得成功。

我们在这一行业中已保持多年领先。我们对待客户的方式，在高盛已经延续了很久。

这就是关键所在：布兰克费恩考虑的是客户，施普曼询问的则是公众，大多数公众从未以业内人士的角度审视过高盛，甚至大多数或许并未被高盛认为是客户。对高盛来说，正在失去家园的美国人只是证券交易的一部分。等级不高的客户买不起银行的服务。他们没有足够的钱，甚至根本没有钱。施普曼试图使布兰克费恩承认这一差异，承认自己需承担的责任：

施普曼：我指的并不是你的客户，我谈论的是全部的美国人。他们只关心事实，他们认为这些投资银行并未给他们带来任何好处。他们在指责你。他们不理解为什么有人可以从那些伤害如此多美国人的事情中获利。

布兰克费恩：我理解你的意思。我理解他们的反应。但有些事情是人们断章取义的说法。确实，市场中有些人在做业务，有些人从事的是长期销售，有的人是短期，还有些人，他们已经观察到，当状况发生时，他们可以赚到金钱。他们本可以——他们表达了对他们的不良贷款率的想法。

但是我告诉你，我们都是这个国家的公民，我们有家人，我们也是纳税人，是所处集体中的一员。高盛的命运如我们每个人的命运一样，跟公众的利益是完全一致的。

如果没有客户的支持，就没有高盛。而我们的客户就是社会大众。坦白地说，如果没有经济发展，没有大众的资金，没有人们投资的意愿，就没有高盛。高盛的利益跟整个美国的利益也是一致的。

布兰克费恩声称理解人们对他的指责；理解人们认为他所代表的银行的获利方式伤害了很多美国人，但是他提到“有些事情是人们断章取义的说法”。是的，有些看法是断章取义的。但是，是谁在断章取义呢？是那些将一切归咎于市场的人吗：他们根据自己对价格波动的推测，开展长期或短期销售业务（是的，布兰克费恩将争论藏在市场背后，没有提及他供职的银行是市场的一部分，但他所描述的正是交易者们应该做的事情）；或是银行家本身：他们将风险从单个的房产贷款中分离出来，转移到金融交易和投机这一新的背景中。将事物同原来的背景分离，是否就是风险商品化的整个过程：也就是从各种价值抵押贷款到以打包的形式出售这些抵押贷款给其他银行；而后者重新打包这些风险，创建一个可以独立于抵押贷款而被交易的过程。将风险从最初的房产贷款的背景中剥离出来，意味着一种金融革新。该革新一方面可以支持增加职业的政治观点，另一方面也创造了道德风险。风险与最初的语境脱离，便不能得到确切的评估，甚至几乎没有人认为需要对风险做评估。另外，在那之后或许甚至在证券化过程中，整个打包的风险结构不可能被理解（黑尔维希（Hellwig），2008，维（We），2009）。相反地，一种新的风险出现：也就是计算风险暴露的能力被削弱了。银行的损益和银行的客户仅仅意识到，当风险发生和风险对冲失败时会产生什么后果。只有在证明交易者视角有限之后，在（通过把自己归入普遍的公民、家庭成员、纳税人和社团成员）跳出责任承担者这一角色之后，布兰克费恩才能将自己同施普曼的问题结合起来。但是这也只存在于片刻，只是一个修辞学上的运用，为的是将他的银行纳入整个国家内。此时，他清楚阐释了他有限的视野“……我们的客户，也就是公民大众”。这一说法拒绝了施普曼的质疑，忽视了被牺牲者。他的这一说法，跟通用汽车在这次危机中（也就是同一个情景下）所说的一致，而高盛正是导致该危机的肇事者之一。高盛与公众的利益完全一致，因此跟美国的利益也一致，布兰克费恩如是说。他没有提到紧急财政援助，也即因为作为纳税人的公众挽救了市场，才使得他们的业务可以进行下去而感到感激。

风险和责任的关系是银行业的核心能力，这一观点日益变得不可信。随着风险在银行系统逐渐消失，责任感和防范风险的策略也消失。在对布兰克费恩的采访中，责任承担者的理论变得清晰。在金融市场中，责任承担者承担了亚伯拉罕的角色，他们将市场视为绝对他者。尽管其他的他者、实体经济和那些依附实体经济的人被牺牲掉了，但两者也存有差异。当亚伯拉罕接受绝对他者给他的责任时，他明白自己在做什么。他很明白牺牲的是他的家庭。德里达认为，这种情形不是出现在极端状况下的例外情况，而是最普通的日常现场（德里达，1995）。承担责任不可避免会带来牺牲。但布兰克费恩并不理解，或者说作为一个责任承担者并不承认这一点。他试图将交易和对交易的责任同公众分开。

劳埃德·布兰克费恩的叙述，揭示了责任承担者对责任的理解：承担责任，但没有义务；一种典型的结构化的不负责任。

在结构化不负责任世界中的责任承担者

将对责任承担者、作为绝对他者的市场和金融业中责任的特殊情况的讨论结合起来，几乎是顺其自然的事情。如上所述，责任的承担者是一个超出组织和机构之间界限的范例。流动的现代化中产生的变化，创造了一个新的统治阶级，他们的基本特点是以基于规划的城邦、网络中的会员身份代替了传统的对组织的忠诚。当一个具体的人代表一个机构，并声称为机构代言时，解释学上的矛盾永远存在，在一种复杂的统治局面下，这一矛盾又呈现出新特点。这是一个有趣的相互作用：一种统治局面从简单到复杂模式的转变，包含了责任承担者涉及的现实变成了（至少看起来是）独立的、客观的现实。显然这一观点使得责任承担者对产生这一现实所做的贡献不复存在。市场获取了独立性，不再依附于市场参与者，也不再与那些可能因市场发展遭受不良后果的人相关，甚至它也不与具体的市场相关。围绕结构化的不负责任所做的讨论证明，在提及市场时有必要使用复数形式，不仅仅是为了显示出不同商品和服务存在不同市场，也是为了证明金融市场独立于其他的市场。在有商品和服务交易的地方就会有金融市场。全球化金融市场的参与者创造了商品，这些商品将风险转移的基本理念发展成了投资策略。因此，通过产品的创新和发展，金融市场从它的标的物中获取了独立性；这些产品的业务从在银行产生之初就存在，业务风险源自交易的全球化。迈克尔·刘易斯（Michael Lewis，1990）生动地描述到，诸如抵押支持债券（MBS）等的出现，最开始就是银行业的自主产品，专门为金融市场而开发的。开发抵押支持债券（MBS）的目的是为将房主的风险转移给投资者。

银行和其他金融机构参与到市场创造活动中，那些为自己的投资寻求更高回报的投资者们也参与进来。市场作为他者，由那些将其称为绝对他者的参与者组成。责任承担者将市场视为绝对他者；参与者只有遵循市场规律作为，市场才有可能产生积极后果。一个客户代表直言道：

现在，风险和利润两种因素，都依赖于人们对于风险含义的理解。如果风险在一段时间内保持平稳，奶牛就如在薄冰上舞蹈。银行必须遵循这头奶牛而动，因为它是银行利润的来源。

（霍尼格等，2010：288）

在霍尼格看来，市场显然处于一种困难甚至危险的境地，但是银行跟随他的利润来源而动。他们不认为自己是市场的一部分，也不认为自己参与到事物发展的过程中；他们观察市场的发展，就像人观察一头野兽——觉得有意思，但保持安全距离。与此同时，客户代表出售挤奶工具，也就是他的金融工程师同行们的最新发明。他不需要了解这些产品，只需要售出它们。银行家们没有提及绝对他者；当使用奶牛作为神的代名词时，用亚伯拉罕的故事做类比也变得滑稽。然而，这一论述跟亚伯拉罕故事的指向是一样的。市场似乎跟其中的行为者分离开来。它似乎拥有了独立的生命，只要事情沿着统计数据描述的轨道发展，市场走向也可以预测。如果事情偏离轨道，系统和其中的参与者便会措手不及。

结构化的产品是投资策略，代表投资者自己对未来的判断，也是一种购买确定性的形式。结构化的产品或是某种形式的私人定制的保险策略，可以用来缓解消极经济状况的冲击，至少人们期望如此。它们是对未来的一种管理方式。“在市场社会中，不可能杜绝管理未来的行为”，这是一个银行行长的观点。没有个银行家能从市场全身而退。他认为每个人都必须根据市场运行状况进行投资（霍尼格等，2010：206）。即使对于那些会做反思的银行家来说，也即归于“刻意的正派”的那一类银行家，市场也是绝对他者；没有市场，不可能在全球化的经济中生存下来。银行高层缺乏对现实的了解，以及他们对下级管理人员和他们所提供信息的依赖，这是银行业失败的原因之一。银行的总裁们公开说的都是别人告诉他们的话：这一令人震惊的论述来自一个同行（霍尼格等，2010：211），他至少能意识到大型组织的影响。

从外部来看，将市场视为他者有助于人们将市场中发生的事件描述为不可预测、想象不到的，并将自己的银行定位为牺牲品。一个销售管理的部门领导解释说，正是由于无预期的崩溃，使得银行和它的子公司沦落于困境之中。他以银行的利息管理和再融资为例解释道，将长期合约以再融资的形式变为短期合约是银行的一贯作风。如果风险以事件的形式发生，也就是说，在危机的情形下不可能进行再融资，当前的风险管理就是无用的，但不用担心：“基本上，它是合法的，姑且假设，其实我们都这么认为，短期市场是流动的。这就是原则。没有人会假设市场的‘不可流动性’会发生”（霍尼格等，2010：144）。

市场作为一种独立力量，表明不可预期的行为是一种解释方式。银行高管们的贡献，就在于他们组成的盘亘交错的网络所起到的作用。霍尼格引述一位行业分析家的话说到（霍尼格等，2010：63f），“金融高管们”组成一个“封闭的网络，没有人会指责他人或将他人置于困难的境地，因为他明确知道，他人拥有和他同样多的资源”，没有人询问有关责任和自责的问题，“因为每个人都有不可告人的秘密”。

在危机后对银行家们的采访中，他们持有不同的观点，可以解释在结构化的不负责任的世界中责任承担者的角色。回顾 2008 年国际金融危机和接下来政府对银行的救助，这些论证具有强大的解释力，甚至令人沮丧。“市场的主张是”，这句话可以被看做是一个陈述句的开头。但它也可以被看做几乎是本体论的陈述。这就是市场的力量，责任承担者只能选择被动响应。然而，这些人是市场中经验最丰富的人、行为者，因此可以洞察现实并提出解决方案。2008 年国际金融危机的解决方案就是一些国家大量的紧急援助措施。我们来看一下这些数据（帕内塔等（Panetta et al），2009）：11 个国家（澳大利亚、加拿大、法国、德国、意大利、日本、荷兰、西班牙、瑞士、英国和美国）为金融部门提供了不同数量的资金援助。已支付的紧急救援总金额为 4. 994 万亿欧元，还有 2. 006 万亿欧元尚在支出中，平均而言，两者分别占这些国家 GDP 总量的 18. 8% 和 7. 6% 。每个国家的贡献是不一样的。英国承担的责任约为其 GDP 的 54% ，美国为 22. 3% ，荷兰为 44. 6% ，日本仅为 2. 7% 。这些资金用于资本重组、债务担保、资产购买和保险。85 个金融机构获得了政府援助。

广义上责任承担者的形象是一种机制。这一机制支撑现实的自由发展，有时候出现危机或灾难。责任承担者正是通过这些现实中的失败来巩固自己的地位。这一失败给了他们充当责任承担者的理由，而他们个人则无须承担责任。市场成了绝对他者，责任承担者认为自己对这一绝对他者负责，他也从这一关系中获益。同时，这使得他不得不对其他的他者不负责任。网络中的其他人也持同样的态度，将市场置于优先考虑的地位。

经过以上论述，接下来的推论便在意料之中。银行高管对导致危机的银行策略负有责任。在危机发生后，他们悄悄混入政府顾问的角色，解读现实（现实正是这些策略导致的风险累积而最终实现的结果），得出的结论却是除了寻求紧急贷款人即国家的帮助，没有其他的解决办法。给其他银行高管们的国家救助，或者直言不讳地说，是给他们自身提供了重振系统的方式；最后一切好像都没发生过。责任承担者就是提出解决办法的人，他们不承担任何个人责任（除极个别被解雇或接受法律问责），这是波尔坦斯基描述的责任承担者的形象的一部分。事实证明网络很稳定，可以使成员们安全度过危机，并将危机的代价在网络以外的地方抵消。为了银行的再融资，相关国家几乎穷尽了各种方法。如果乐观地认为这是国家重新成为经济主体的表现，那么你是错误的。国家只是被动作出反应，并未有明确的行事目的（贝克特（Beckert），2009）。他们的行为由责任承担者们来操纵。责任承担者就是要利用公共资产谋取私人利益。

因此，从对风险和责任的讨论中我们可以得出，责任承担者代表的是责任的风险。他们所代表的与本章开头引用的克里斯托弗·施林格塞夫（Christoph Schlingensief）的意思正好相反。那是他在临终前所表达出的对自己做过之事的责任的理解。他说“我承认，是我做的”。但他是一个戏剧和歌剧导演、一个艺术家。

第 6 章　是谁在害怕红黄蓝

对风险的美学的研究

罗伯特·库珀（Robert Cooper，1991）认为，对组织的专业研究过于偏重它的实用性和管理方面。他强调美学理论作为实用性的必要对立面，对组织的研究有很大价值。审美学指出，当我们不加鉴别地依赖于从实际、有用以及管理的角度，试图解释隐藏在我们身边的复杂世界时，这种工具理性的主导地位，需以经由感官获得的认知来给予平衡（库珀，1991）。人们习惯于几乎完全通过功能性的话语来描述组织，比如，人们会说银行业中具有规范的结构和规划，但却没意识到人类的机构也需要像形式、结构呈现、对称/非对称等审美上的逻辑。当然，库珀并没有停留在这些基本点上。当我们探讨某些例子时，会再次引用库珀的论证。

自库珀就美学和组织这一话题做论述之后，其他人也对此发出过重要言论，提出将艺术、艺术家或广泛的美学思想包含进组织的公共形象中。马尔库塞（Marcuse）曾经说过“在只有通过激进的政治实践才能改变悲惨现实的时候，人们对美学观念的关注需要得到合理解释”。在马尔库塞的基础上，沃伦和雷恩（Warren and Rehn，2006：81）开启了对美学价值另一个方面的讨论：美学对于不良实践的解释价值，并拒绝承认创意空间的存在；简而言之，美学作为压迫手段的作用。博梅（Bohme，2003）提醒我们，对审美化的批评已然不新鲜。霍克海默和阿多诺（Horkheimer and Adorno，1971，1944）在其合著的《启蒙辩证法》(*The Dialectic of Enlightenment*) 一书中，强烈驳斥了文化工业是多余的这一观点，并且在那之后多次重申这一观点。

对于银行所承担的特殊形式的风险，尤其是普通的信贷和零售行业的风险，就人们对它的态度，美学理论可以给出很多启示。美学理论是本章的理论落脚点。认为美学理论具有解读风险这一能力（虽然对于交易或资产管理等其他刺激性活动来说，美学显得无趣），本身就是美学上的评判。银行业的交易，基本上是有意就风险进行交易，而非是对商品交易具有风险性。交易的基础是未来的不确定性，以及各种商品的价格、证券、碳许可证甚至天气的波动性。被交易的不仅仅是商品本身。近期容易获利的交易是对金融衍生产品的交易；金融衍生品是跟某标的物或证券相关的产品，但衍生品交易是独立于标的物进行的，目的并一定是为了货物的交付。这样导致市场的不透明。在不透明的市场中，参与者不仅仅是专业人员（跟其他市场一样，参与者需具备产品、产品特性或其他参与者的专门知识）。参与人员需要有关于运算规则的抽象知识，因为产品正是基于这些规则运作。真实图景，甚至更加复杂。不仅仅是交易者本身需要这些知识，银行内部人士也需要了解这些知识，以开发产品。交易也可以发生在正常的金融市场上。我们试图理解风险的美学思想，从另外一个角度认识这一银行业活动的重要性和魅力所在。

大英图书馆的“都市生活”项目，正是设定在交易者的世界中(对这一项目的简单介绍和其中一些重点，可参见考特尼和汤普森(Courtney and Thompson，1996))。“都市生活”或许是了解交易者世界的最好方式之一。该项目所包含的对市场参与者的采访，具有典型性；采访人尝试进入到金融世界的交易中，激发参与者对其工作的机构及其在机构中所处的位置进行反思。通过这一资源和其他的人类学材料，我们将强调两个方面。美好和崇高是本章使用的用于走进交易的美学术语。通过本章论述，我们将意识到对美好的欣赏也可以导致错失要点，同时崇高支配下的交易或对崇高的交易，是有价值的。

对咖啡的体验

咖啡无疑是能通过感官激活感知能力的一种物质，能够带来美好的感觉。接下来的例子中，虽然顶级咖啡的香气甚至会使人忽略报告的其他方面，但你仍然可以意识到一些相冲突的因素。物品带有自己的美学品质，可以由此产生故事；美学思想，也可以作为一个框架，评判事件发生的形势和事件本身。这两种美学具有差异性，两者都会在接下来的访谈中提到。

杰克·施帕尔（Jack Spall）（凯茜·考特尼（Cathy Courtney）采访于 1991 年 10 月和 1992 年 1 月），是一个咖啡期货经销商。这次采访除了提供有关贸易本质和交换重要性的一些见解（莱特富特等（Lightfoot et al.），2009）外，还揭示出美学的重要价值：没有了美学思想，这一贸易类型会变得极其抽象。施帕尔回忆起 20 世纪 50 年代末期，他访问汉堡市的情景。在那之前，伦敦已经出现了咖啡期货市场，施帕尔的雇主准备开展咖啡贸易，因此派施帕尔到汉堡学习品尝咖啡。这实际上是一次学习活动，通过品尝不同的咖啡，来辨别它们之间的差异。施帕尔向采访者展示了他的作法，这跟品红酒有着惊人的相似之处。即使仅仅通过阅读，你也能深刻感觉到这一年老的交易员在忆起那一光辉年代时所表达出来的审美享受。

人们会认为，如果一个人有幸在他所感兴趣的领域做贸易；或者，如果一个人受过良好的培训，使其能更好地了解他们所交易的商品，可以判断不同类型商品的价格差异，那么这个人一定是个行家了。然而，正如随后即将提到的，期货市场与施帕尔生动描绘出的品尝体验之间有很大差距。施帕尔知道罗伯斯塔豆（robusta，速溶咖啡由其制成）与具有更高品质的肯尼亚、哥伦比亚或其他拉丁美洲咖啡之间的差别。

他能辨别不同类型咖啡的特殊香气，因此其对罗伯斯塔豆有着深深的厌恶。这是对传统商品市场的描述，在此，生产者和交易者直接面谈，评判物品质量，商议价格，如果幸运的话，最后握手订立合约。

两个世界曾在此相遇，那时他们还是可能遭遇的：真实商品的世界，他们的物质性，对咖啡而言，则是口味、香气和感官质量。感官世界在市场上是不可或缺的。尤其在汉堡市咖啡和茶的贸易中，最重要的就是感官。汉堡港著名的仓库城（Speicherstadt）拥有壮美的建筑，有时甚至在大街上都能闻到高品质物品的气息；感官上的体验，再加上适宜的环境，更加使人感觉身处一个特殊的世界。只有少数人能理解咖啡之间的口味差异，而正是这种差异使得贸易维持下去。在那个时代，所有感官体验都是生意的一部分。对这一时代的记忆，带有一定的怀旧色彩。施帕尔报告中明显透露出基本的冲突因素。与不同市场、交易地点和期货关联的两种类型的咖啡，不仅仅体现了审美观念，还体现出贸易者的尊严。在描写罗伯斯塔豆时，施帕尔的用词带有明显的蔑视——相当糟糕、相当讨厌，但这就是他们使用的原料——仅仅是原料，不值得品尝。但在期货市场中，罗伯斯塔豆成为了贸易的核心。反正，期货市场是全无美学品质可言的：产品在生产之前就已经被卖出或买入。施帕尔表达遗憾的方式是含蓄的，但如此详细地描述品尝经历，衬托出他内心的失落感。

然而，各种市场上甚至期货市场上的交易也不过如此，与人们预期的无差别：在咖啡收成之前买入咖啡，为其定价（这一价格肯定比买入时高），并确定在将来某一时期卖出。虽然并未将商品真正拿到手，但它已经提前卖出、交付，不管未来市场定价如何。买和卖不仅可以提前一年进行，还可以将作物的潜在损失计算在内，比如，在经常遭遇霜冻的地区，霜冻可能摧毁大部分作物进而导致损失。不仅利润已经被锁定，付款也在日后交货时间完成。

访谈中有意思的地方是贸易活动中一个关键性转变。以前的贸易有具体的产品，还会因产品质量不同而制定出的条款，现在则转变为一个屏幕前的抽象市场。这种转变正是访谈的背景。这就是现货市场和期货市场的区别：前者交易的是可辨认质量的实体货物，后者交易的则并非实物；前者的形式是卖出，后者则是卖空。“究竟为什么”，莱特富特等将他们的困惑写了出来，“如果一个人只是在伦敦交易空气的话，为什么需要了解汉堡市现货交易的咖啡品质如何？”（2009：113）。施帕尔见证了旧世界；对那时抽象化的产品而言，以上所说的转变大部分已完成，但还没有形成后社会关系（postsocial relationships）的形式（诺尔·塞蒂纳和布吕格尔（Knorr Cetina and Bruegger），2002a）。我们之后会再回到这一个话题。

采访者试图抓住要点：

那么，期货市场的销售带有风险，因为你不能确定收成是否会比人们预想的少，或者你是否会遭受损失。

是的。但这一说法过于简单化。还有很多其他因素，但……但是大体上如你所说。

（莱特富特等（Lightfoot et al.），2009：14）

“很多其他因素”，是的，但到底是什么，除了一些过于显而易见的：

那么，这就是重点，实际上，就是赚钱？

是的。

因为每个人都认为它在未来比现在更值钱？

或更不值钱。

但那，但那就是，怎么说呢，那就是你会在期货市场销售的原因？

你可以在期货市场出售，你可以这么做，就如我所说，这样你就可以避免损失；或者，你可以下一赌注，说，“现在，我认为今年安哥拉、迈索尔和乌干达的产量会增加，明年八月市场会被咖啡淹没。因此，当咖啡价格在 300 英镑一英担，或不管什么价格，我会以 300 英镑一英担价格出售，等到价格跌到 250 英镑一英担或 280 英镑一英担，我会买回我八月的合同，那么，一吨，额……一英担，我就可以赚 20 英镑或 30 英镑，或诸如此类的吧。”

这太荒唐了，不是吗？

（莱特富特等，2009：114）

采访者没有接着问下去。受访者口中描述的所谓卖空这件事，对于采访者来说无疑是荒唐的。在买入之前将货物卖出，在贸易市场之外是很奇怪的现象。但对贸易者来说，它并不奇怪。除了很明显的盈利目的之外，它只是对正常的货物贸易路径的反向思维，最终形成步骤颠倒但对贸易来说是必须的逻辑。如果某人认为市场价格会下跌，其他人持相反意见，卖空就是最好的工具。这就是贸易者的思维。不会涉及任何潜在的系统风险。一个人必须持特殊的态度，也就是从货物之外的角度来看待市场；他必须明白，市场和商品之间的关联依然存在，或者说曾经存在过，但正变得越来越特殊：

不。并不荒唐。这背后总是靠咖啡这个商品本身来支撑的。不同的是，你可能在期货市场上交易一百万吨，但在现实中只交付十万吨，甚至十吨咖啡，并最终在期货市场上提取货物。

这就是所谓的抽象和实实在在的市场的奇特混合。

没错。

（莱特富特等，2009：114－115）

这种奇特的混合也就是抽象的流动资金，金钱的交易（这种交易只在最后被咖啡这个商品支撑）和实实在在的咖啡交易的混合，这一赌博性质的游戏，影响着真实世界中的咖啡生产者和消费者，因为金融市场已经在很大程度上转移到虚拟世界。只有期货市场交易的一小部分最后完成交付，其余大多数都用现金结算。施帕尔认为，是保证金交易使得这些市场中尚待的交易具有如此大的杠杆。采访者大体明白了怎么回事。这种状况在现在已经很平常：

> 那么，这其实是一种游戏，对吗?
>
> 没错。它们都是游戏。是的。
>
> （莱特富特等，2009：115）

此时，莱特富特等（2009）强调，想要给一个处于市场外部的谈话对象精确指出是怎么回事似乎不大可能。施帕尔的回答揭示出市场的不透明性和不可掌控性。难以给局外人以满意解释，或许正是游戏的一部分。魔术师总是向观众揭示把戏的一部分，而将其他部分留给观众想象，以此吸引观众。或许，其他市场参与者也只能了解到片段，因此不能系统性地给予解释。或许，这是市场正常运作的部分前提：它不能进行充分解释，不然就会变成可预测的、枯燥的生意，没有任何自豪感可言。

要给局外人解释商品贸易的世界，美学化或者以后可以起到一定作用。它可以传达贸易活动的魅力，并在人们对这一世界感到困惑时适时掌控局面，给出合理解释。然而分歧仍然存在，采访者能明显感觉到。本章中，那些不能或不应该被解释的东西，也即魅力的来源，将跟崇高这个概念一起被解读。接下来，将通过一个高风险休闲活动，也就是登山运动，来强调冒险的另一方面。

要么冒险，要么规避风险

高标准地攀登喜马拉雅是高风险职业。无疑，它是风险最高的活动之一：每次探险中，遇难的概率为1/8或1/10。一位人类学家（同时也是位登山者）的反思，对我们当前的讨论有很大启示。迈克尔·汤普森（Michael Thompson，1980）坚持认为，想要理解人们接受高风险的原因和方式，很有必要对登山中涉及的风险而非经济风险进行美学研究。攀登珠穆朗玛峰有很多途径。第一种途径，也就是最初希拉里选择的路径，在主流登山者中已不受青睐，因为他们的装备已经有了很大改进。有直升机支持的大规模团队的登山活动也不会走此路径。希拉里的选择是事倍功半的做法，结局也没有任何悬念。汤普森认为一件有趣的事情是，不仅他的团队对希拉里的做法进行揶揄，当地的夏尔巴人也融入这一审美框架，将原始路线称为“牦牛路线”（the yak route），暗示这是最简单和安全的路线，大型动物都能做到。“高标准登山运动的审美理论认为，只有那些后果相当不确定的路线，才被认为是值得去攀登的”（汤普森（Thompson），1980：278）。简单的假设是，尼泊尔人扮演了夏尔巴人的角色，运载重物，甚至还要驮着那些老爷们，仅是为了赚钱。这一人所共知的笑话揭示出，东西方文化有着比人们认为的更多的共性。路线的挑战性、对风险的认知以及对风险价值的评估，都是相同的。

汤普森将这一趣闻融入到对当地两个民族在冒险中表现出完全不同行为模式的研究中。由于喜马拉雅南北坡处于不同的气候带，地形不同，种植的庄稼和生存的动物也不尽相同。因此，南北坡之间可以通过贸易往来赚钱，给潜在的贸易商带来宽裕的生活。但这些贸易商也有风险，因为当地地形环境恶劣，路线也很复杂。历史证明，佛教徒会选择冒险和行动，而印度教徒则拒绝冒险，宁可留在原地。所有的解释以一个循环结束“他们的离开或停留是源于他们是佛教徒或印度教徒？还是正因为他们是佛教徒或印度教徒才选择离开或停留？”（汤普森，1980：275）。汤普森指出，两者都没错，但两者也不可能同时都是对的。为了给出解释，他介绍了佛教徒和印度教徒，以及严肃、传统的登山者和高科技登山者在冒险和风险规避方面的主要差异。冒险者对不确定性的反应是积极的。他大胆行动，期待最丰厚的回报。他使用的策略是缩小风险，也即他无视跟当下状况无关的可能性。风险规避者对不确定性的反应是消极的。策略也变成了风险扩大。采取不同策略的原因不是文化差异而是社会环境。区别就在于是否有人分担风险。如果没人分担风险，冒险就是单个人的行为，获利也归于一人。一个单独冒很大风险的人一旦成功，就会不愿意同社会中的风险规避者分享利润。社会环境导致了差异，这些差异是后天形成的。群体中人的实践、成功和失败的经验，都影响人们对风险的态度，这一态度会深深嵌入人们的行为之中。更换群体是可能的，但要付出相当大的努力来改变投资结构，并且要忽略掉以前的经验。

通过施帕尔的论述，我们见证了交易转变为抽象的过程。这一说法或许已经过时，因为在20世纪90年代交易就开始变得抽象化。一个类似但更重要的新情况是交易者工作地点的计算机化。现在的交易场所看起来差异很大，但又有着惊人的相似性：狭小的空间被塞进四到六台显示器，电脑之间通过电话线相连。屏幕不仅仅承载着信息（最新的新闻和任何可能跟证券、货币或商品贸易相关的比率），它还是交易平台，连接市场参与者，这些人交易的对象包括任何未在交易所上市交易的产品。场外交易（OTC）就是由无处不在、无法回避的路透社和彭博社等中介，来提供信息。它们创造了电脑屏幕这一交易平台，并提供显示在屏幕上的信息。这一交易平台存在于世界每个交易场所中。

诺尔·塞蒂纳和布吕格尔（Knorr Cetina and Bruegger，2002a，2002b）和诺尔·塞蒂纳和普拉达（Knorr Cetina and Preda，2007）对国际货币市场上银行交易场所内的社会关系进行了研究，发现一个基本的转变，也就是从与对手的有形互动到建立起面向交易者在电脑屏幕上交易的转变。在夜间新闻中，直播主持人依然会连线身在交易所的记者，报道金融市场当日的情况，背景是交易大厅内人群熙攘的交易画面。然而，这一画面具有误导性。交易所内大厅的景象只是给外部世界看的。交易本身已被迁移到系统中，多数交易发生在交易所之外。报价

(offer)，交易活动，路透社、彭博社和美国德励（Telerate）公司提供的信息以及单个银行的数据收集结果，全部展示在屏幕上。市场不存在于任何地方；他们体现在屏幕上。买方和卖方都在网上寻找合作伙伴，而非通过在交易大厅直接接触或通过电话联络。交易的虚拟性质在屏幕上得到体现。通过交易场所的访谈诺尔·塞蒂纳和布吕格尔（2002a）总结出，他们研究的贸易行为处在一个后社会的世界。货币交易变得完全具体化，体现于屏幕上。交易成了人和机器的互动。

屏幕的重要角色变得带有本体论性质：

> 屏幕，本质来说，并不代表一个切实存在的现实；屏幕是现实的一部分……屏幕是一个建筑工地；在上面，一个经济和认识论的世界建立起来。屏幕不单单是一个传递其他互动活动的介质。
>
> （诺尔·塞蒂纳和布吕格尔（Knorr Cetina and Bruegger），2002a：166－167）

金融市场达到一种奇特的独立状态。屏幕创造了另一个现实世界。屏幕上交易的参与者们都着眼于预期中的现实，他们的行为也都因此作出反应（诺尔·塞蒂纳和普拉达（Knorr Cetina and Preda），2007：126）。

另一个转变是跟他者的关系。交易者作为国际金融市场内部参与者的同时，又"作为被剥离开的他者跟屏幕上的市场联系起来；屏幕是一个主宰似的存在，它观测所有的交易，包括这些交易的背景和动机"（诺尔·塞蒂纳和布吕格尔（Knorr Cetina and Bruegger），2002a：164）。然而作为主宰者的屏幕，将交易者置换到一个不同的（超现实）世界，让他们同社会关系疏远开来，但仍代表着市场。

以上观点似乎同迈克尔·汤普森相悖，迈克尔认为社会背景决定风险行为的差异。然而，人和物之间的后社会关系是包含在社会背景中的，社会背景本身由各个群体组成，每个群体有自己的内在结构，各不相同。就如瓦莱丽·汤普森（Valerie Thompson）在报告中所称，交易者们对世界的假设是相同的，他们有相同的叙事，或至少意识到叙事对市场的重要意义；交易者在市场中交换叙事（利利和莱特富特（Lilley and Lightfoot），2000），还交换关于市场参与者的信息。瓦莱丽·汤普森用了一个生动的例子解释交易者如何融入交易这一大环境中。在“都市生活”访谈中，她回忆起自己如何成为一个交易员，以及最初遇到的困难。在被邀请进入贸易领域伊始，她曾做过电报员、助理，之后给一个外汇交易商做记录员。在被邀请进入贸易领域最初，她有过犹豫，因为她并未受过这一领域的教育，但后来她接受了这一邀请。显然，做交易员并不需要正规学历背景。求职者被放到大环境中，适者生存。他们的培训方式就是自己亲身体验，自己学习。施帕尔说交易中设计的因素，远远多于采访者能理解的，这也暗示出在这一领域不需要正规教育。在汤普森与其同事们共事的初期，她曾问过一些荒谬的问题，得到的答案也不尽如人意。给人的印象是，交易的不透明度（施帕尔似乎急于保留对这点的看法）是风险行业的普遍特征，或者这对于市场参与者甚至也是有益的。

信息远不明确，精确定义也不存在，有的只是在不同场合可能含义不同的情境。答案使人彻底迷惑。这种不透明性甚至有可能是刻意为之。人们永远也不可能知道，这种不透明性是否只是反映在同事的回答中，或者这是人们对一个新同事采取的防御性举动，目的是保护自己在一个不透明环境中的位置。通过从同事那收集星星点点的片段信息，尝试理解她所处的社会环境，并且与之适应，汤普森成为了一个成功的交易员。“所以……我，开始赚钱。我不认为，你知道，我……我学到了如何去做，但我赚钱了”（莱特富特等，2009：115）。这是一个相互的过程。她获取到一些信息，但这些信息并不是作为输入的数据，经过加工后刻意输出，这些信息同时也改变了市场参与者。这是从美学角度审视交易得出的结论，也是区别于其他角度的关键性结论。信息永远都是系统的一部分。借用康德的概念，库珀声称行为者被去中心化。他收集信息并不是为了使用，帮助自己成功；他是通过信息融入到环境中，也就是说，行为者被嵌入到环境中，成为交易这个世界的一个部分（库珀，1991：6）；行为并非作为一个中心存在，聚集信息并加工信息，同时自身又不受信息的影响。

贸易中的冒险行为依赖于一个社会群体中的叙事，这一叙事的形成依赖于大家所共享的信息。一个人要么认同“牦牛路线”，同意为了贸易成功而规避风险；要么就不属于这个群体。在银行中他们所处的集体在呈现于屏幕上的虚拟市场中进行交易，对象是最抽象的产品，他们或者给银行带来巨大利润，或者导致巨大损失。

交易者们被扔进一个完全虚拟的世界，里面需要一种不同的认知能力。为了他们所处世界的美学品质，一个对于这一后社会世界意义的追寻开始了，或者仅仅是为了给外部世界一个合理解释。

崇高（The sublime）

本节的题目来自巴内特·纽曼（Barnett Newman）1966/1967 年创作的绘画。这一巨幅绘画 2.45 米高，5.44 米宽，运用了三个色域。绘画给人以强烈视觉冲击。它由大块红色区域占据，被一条 15 厘米宽的蓝色“拉链”和 2.5 厘米宽的黄色“拉链”，分别从左右切断。黄色和红色的边界略微呈不规则状，红色和蓝色则界限分明。这是一幅帆布油画，画幅巨大，颜色也为单一的红色。

纽曼的绘画非比寻常。这幅画的目的不仅仅是为了挑战人们对形状和构图的预期，它还创造了一种从未存在过的探险奇遇（伊姆达尔，1989）。纽曼就如何摆放这一巨幅绘画做了指导，他指出，观赏者应该只能在近距离才不会看到这幅画，这样他才能更专注，也能被绘画的尺寸所冲击，体验到一种庞大的感觉。绘画中的红色占据了大部分空间，蓝色和黄色只有很小空间，由此产生一种冲突感。拉链很细，尺寸也不一样。因此，红色在整个绘画中是离心的存在。这对观赏者也产生影响。观赏者尝试走到绘画的中心位置，但寻不着确切地方。当他将自己置于艺术家建议的位置时，又没有办法看到绘画的全貌，一股愤恨之情油然而生。这种愤恨的情绪正是纽曼的目的所在。

纽曼的意图是超越任何概念的、运算的、几何或美学固定的秩序。这些秩序是人的基本能力，观赏者可以借助这些秩序来欣赏这幅画作，并产生特定情感。纽曼的绘画拒绝任何形式的雷同。纽曼（1948）在一篇论文中写道："崇高就是现在"（The Sublime is Now）。观赏者变成关注的中心。这幅绘画的目的在于给观赏者创造这样一种体验，将他隔离于任何熟悉的意象或情境。"我致力于使观赏者具有存在感，也就是创造'人是存在的'这一理念"（纽曼，引自伊姆达尔（Imdahl），1989：237）。

崇高这一概念在启蒙运动之后获得了新的意义，跟美这一观念是相对的。埃德蒙·伯克（Edmund Burke）通过关注快乐和痛苦的感觉，在美和崇高之间划清了界限。任何能够用来激起痛苦和危险想法的东西，任何可怕或带来类似恐惧的东西，都是崇高的来源。相比快乐，痛苦的概念更具威力，对人身体产生的影响更大。痛苦是更强烈的情感（伯克（Burke），1998/1757：86）。虽然虚无的感觉，也就是对毁灭的恐惧，跟崇高相关；但伯克坚持认为，崇高仍然是快乐的一个来源。他们威胁要停止什么什么的进行，以此来建立威信（崇高的形象）。

利奥塔（1984，1989）；利奥塔和普里斯（（Lyotard and Pries），1989）重新表述了伯克的观点。崇高的实现总是意味着带来阻断某种延续性的威胁。伯克给出的例子中，主体总是被剥夺某种东西：对黑暗的恐惧是对光线的剥夺；孤独的恐惧是对身边伴侣的剥夺；或者最重要的是，死亡是对生命的剥夺。为了获取崇高的特性，这些恐惧需要用一种方式置换掉，也就是要将恐惧跟它的对立面结合起来。要将痛苦以及对失去的恐惧同快乐结合起来，需要特定的空间来消除痛苦和恐惧对人身体可能产生的威胁。如果人同恐惧处于安全距离内，产生颤栗这种可怕的感觉，但同时由于距离会得到身体上的放松，在这种情形下，会产生愉悦的感觉。被置换了的次级恐惧：观赏者不再有丧失光线、语言、生命等的直接威胁。艺术和文学是创造这种形式快乐的最初途径。对崇高的审美使我们可以超越对美好理想事物的模仿。纽曼的中心思想就是：崇高就是现在！（纽曼，1984）。这一思想被利奥塔借用来，强调一个具有决定性意义的次序性。当一件事发生之后，我们首先想到的是发生了什么。询问这一问题，就代表事情已经发生。“事情发生了”，必须先于“发生了什么”这一问题。事情发生了。第一步可以问出的问题是“发生了吗?”“确定吗?”这两个问题同时暗含发生的是“这”“那”或到底是“什么”；或者暗含“这”或“那”确定发生了（利奥塔（Lyotard），1984：152）。以上这些问题，跟“有可能什么都没有发生”这一状况之间有一个界限。隐藏在这一界限背后的是虚无。这种等待触发了不耐烦、焦虑，甚至有可能是绝望（试想一个艺术家站在空白的画布前，或者作家盯着空白纸张意识到自己没有能力表达心中所想）。但等待也可能增强对未知和存在产生愉悦的强烈欲望。处于边界这一感觉是矛盾的，崇高就表达出了这一矛盾。崇高能表达出其他形式不能表达的，就存在于此时此刻。

库珀（1991）澄清了一点，崇高并不仅仅发生在艺术家面对空白画布等待某一时刻到来的过程中，而是在每次有所等待的过程中。

> 崇高，界限以外，事件或“此刻”无法表达的东西，并不是超越界限以外，存在于另一个时空的东西。纽曼的意思是，发生在此时此刻的正是“事情发生了”这一件事——就是色彩，就是绘画本身，而非一个外部事物的表象……崇高就是简单的潜意识（sub - liminal）它一直在我们面前，我们却视而不见。
>
> （库珀，1991：11 - 12）

sub - liminal 的意思是“到达最高的阈值” （普里斯（Pries），1989：12）。

康德（1974/1790）将崇高视为美学的一个全新范畴，但将伯克更为经验主义的概念，转变为一个先验的过程。他的目的是通过想象力具有的带动感官的能力，建立一个完整的连接大脑和理性的框架。当美连接起想象力和大脑，想象力和理性的互动就迸发出崇高的感觉。康德认为，崇高是用来做评判的（1974/1790：§25）。这种归类法将崇高置于主体内部。崇高并不是大自然的特点（相反，美是大自然的特点）。崇高是对主体的感知经验所做的评价。这里的关键点是：将崇高转化为一种经验，占主导地位的是主体的自信心，在它面前，大自然的威力不复存在。崇高唤起的是对处于优越地位的主体的尊重，而非对大自然的尊重（博梅（Bohme），1989：139）。这是明显的启蒙表现形式。在此之前，崇高是对界限的体验，将渺小的、处于从属地位的人同可怕又受人钦佩的存在隔离开来的界限。现在崇高是人类的一种品质，能够驾驭恐惧情绪。对康德来说，崇高的任务是克服由来已久的人类对自然恐惧的状态。崇高是对现代人获得主体权力、征服自然这一志向的审美评判（博梅，1989：126）。

冒险是一种乐趣，使人入迷：海浪和弯道

马克·斯特兰杰（1999）考察了冲浪运动中体现的“风险的美学思想”。他在澳大利亚冲浪者团体中做了广泛研究，再加上其自身的经验和采访，得出了自己的观点。他指出高风险休闲活动是现代社会的特点。冒险运动中涉及的刺激感是一种肉体而非精神上的体验，崇高源于与海浪融为一体以及与自然力量相结合的狂喜，因为自然远比冲浪者有力得多。大自然不会摧毁冲浪者，但“顶峰与毁灭仅在一线之间”（马丁，引自斯特兰杰（Martin，quoted by Stranger），1999：271）。他通过观察得出冲浪的刺激可以通过小的海浪获得，但当冲浪者的技巧提

升时，这种刺激感便更难获得。他们需要更大的海浪来获取想要的那种强烈刺激。斯特兰杰在采访中得到的一个回答很能说明问题："冲浪就像吸食毒品。最初刺激感很容易获得，但后来变得越来越难，迫使你需要更大的海浪来获得相同的刺激感"（引自斯特兰杰，1999：267－268）。冲浪者本意并非想增加风险水平，但为了寻求最大的刺激，风险的增加是不可避免的。

媒体也为风险水平的增加作出了贡献。通过图片和视频的形式，媒体建立起并强化了冲浪运动的崇高形象，使得这一运动变得越来越具审美化。除了冲浪者之外，其他人也被感染，希望分享海浪所带来的美妙瞬间。杂志和电子媒介传播的图像产生了这样一种效果："增加的对刺激的渴望，抵消了更高水平的风险所带来的恐惧，因此，通过风险评估的审美化对冲浪的审美再加上媒体的作用，助长了冲浪过程中风险水平的提升"（斯特兰杰，1999：273）。无须更多理由，冲浪运动变得有意义，合理的风险评估被毫无顾忌对刺激的渴望所代替。

人们似乎乐意冒险的另一项运动是骑摩托车。摩托车是速度竞技运动，带有危险性。没有安全带、安全气囊、司机周围没有钢铁防护，有的只是一个头盔和一些塑料防护器具（有些人甚至不会戴这些防护器具）。骑摩托车应该属于人们常规理念里"需要规避的"风险。人们可能认为一旦有更加舒适和安全的交通方式出现，摩托车会立即消失。但它并没有，甚至变得速度更快、功率更高。或许摩托车象征的是，对巨大加速度的体验。这一体验的承受者，是车辆和驾驶员，两者的结合与摩托车引擎所产生出的力量是不可比拟的。对这一巨大力量的驾驭是骑车的动机之一。以惊人的速度超过汽车，绝尘而去，从后视镜看着身后的汽车变得越来越小，使人产生强大的优越性。关于这种有意识的冒险行为，有两种截然不同的魅力模式。

作家和艺术评论家约翰·伯格（John Berger），是《观看之道》（*Ways of Seeing*）（伯杰（Berger），1972）一书中的作者。他在80

岁时依旧骑摩托车。他对在这一项运动中体验到的美学价值的描写（伯杰，1972）引人入胜。他承认骑摩托车有危险性，但否认这是对死亡的挑逗。他指出摩托车手跟日常生活有一点儿距离，但这一点儿距离并不代表它使人更加接近死神；骑车人想要逍遥自在，追随自己内心的感觉。经过几个小时的驾驶，骑行者已将数个城市和乡村抛在身后，这种感觉超越了一切。更重要的是，日常生活的各种束缚被抛在脑后，人们可以打开另一种对自由的特殊感觉，一种存在于自己和空间之间的自由感觉。这种感觉与目标这一意向有关，不管是主观的目标还是空间上的目标。在驾驶时眼睛就是目标装置。你将自己的目光对准哪里，你的身体和摩托车就驶向哪里。基本上你在行进过程中总要看着某物，而不是通过手臂和身体来感知方向。你的视线引领你，但是你所看到的事物对你也有牵引作用（伯杰，1992）。你虽然感觉疲惫，但身体和车却带领你驶向远方的目标，这个目标看起来很有趣，完全不再受制于日常感受到的束缚。风险不再是关注点。风险还是存在的，人们也能意识到，但自由的感觉已经凌驾于一切，不允许人有一丝保守。

当然，车和人总体处于持续的稳定状态，这也是人通过前一刻的感受不断调整的结果。在这种情况下人的感知包括视觉上的，也包括触觉上的，这种感知还是有节奏的。通常身体的反应比头脑快（伯杰，1992：41）。骑行是一种身体而非精神上的体验。

小说家和记者亨特·S. 汤普森（Hunter S. Thompson）在写作中提到，如果说这种经历是对死亡的挑逗，那么在自由骑行之外，处于危险境地的是什么：

一旦将油门踩下去，就别抱有任何侥幸心理，没有犯错的余地。所有事情都必须正确……当陌生音乐响起，当你赌上所有运气，恐惧都使人愉悦，它沿着你的手臂震动。你仅仅能看到百米开外；眼泪还未成形，就已经蒸发出去。你只能听到风在耳边呼啸而过，沉闷的轰鸣声由消音器里传出。你目光追随着地上的白线，尝试倾斜身体……在咆哮声中，车身一个右转，再一个左转，沿着一道长坡，向帕西菲卡驶去…现在可以放松些，双手松开车把，但提防着警察；盲骑一阵，或是尝试在边界停留数秒……边界……没有任何确凿的方式可以解释边界，因为那些真正了解它的人，都跨越了过去。他者——生存下来的人——在感觉能够掌控的时候，会尝试冒险加速，再撤退，或减速，或当他们感觉需要在“现在”或“稍后”做选择时，做任何必须的事情。

跨越边界是对涉及其中的风险的生动比喻——死亡、毁灭，或者，至少是身体上的残疾。在文章开头，汤普森提至，他骑摩托车曾出过的事故。他承认以飞快速度（超越法律允许的范围）行驶在太平洋公路上带有黑暗的一面。亨特·汤普森的知名，不仅来自于摩托车骑行，还来自于他对毒品的尝试，以探寻生与死、意识与无意识、清醒与疯狂的界限。斯蒂芬·林（Stephen Lyng，1990）参考了汤普森的“边界”概念，创设了自己的概念。他把类似的高风险休闲运动称做“刀锋作业”（edgework）。刀锋作业活动具有明显的能察觉到的威胁人身或精神健康的因素：高空跳伞、攀岩或攀冰岩、汽车或摩托车赛、高山滑雪或斯库巴潜水，都是林举出的例子。林指出汤普森描述这种运动时的冷漠态度很恰当，“当你冒很大风险时必须有很好的技能才行，否则你会失败，陷入巨大麻烦之中。”（汤普森，1974，引自林，1990：858）。刀锋作业者们往往是杰出的人。他们认为自己具有极强的精神韧性，可以掌控活动中的极端状况。对于那些多数人认为完全不可控的状况，他们也有能力对其进行控制。测验机械或个人能力的极限对困难的掌控使人们相信，那些不幸遭遇事故的人们，并不是真正的刀锋作业者。简单来讲，他们并不具备应有的能力。他们尽可能接近边缘，但不越过边缘。对于刀锋作业，有一种寻求越来越纯化的倾向，甚至会人为增加其中的风险。

对于骑摩托车的描述表明，除了领会到与大自然融为一体的感受之外，它还涉及更多的风险。风险是关于毁灭的游戏，通过对美好的体验而获得。持续尝试寻找界限，寻找在弯道上能达到的最大速度和保持正常路线之间的边界；以及保持在边界内而不被弯道扔下深渊的能力，都是摩托车骑行中产生的崇高悬念，也是刀锋作业意义中的审美方面。对能力的掌控，可以说是康德对崇拜的看法的现代认识，是对陈旧的对自然界畏惧的克服。高风险休闲活动可以当做人类对大自然宣示权力、征服大自然的典范。

探索交易场所里的崇高

仔细阅读完伯克、康德和其他关于崇高的理论材料，很快明晰的一点是："交易是崇高的"这一结论，不能像最初设想的那样直截了当。把风险描述为崇高在有些地方并不恰当，听起来也不对劲。我们必须更准确地抓住要点。

为了解释崇高的影响，我们列举了三个高风险休闲运动作为例子。为解释交易及其中的风险与崇高的相似之处，我们可以看一下这三项运动的结构。崇高至少包含三个成分：行为、风险和大自然的特征。在冲浪运动中，这三个成分是：冲浪活动；在海浪中淹死或被摔至礁石的风险；大自然的特征是海浪的威力、海浪本身和人对海浪的驾驭。在摩托车骑行中，这三个成分是：骑车；由于越过弯道边界导致严重受伤或死亡；大自然的特征是，保持摩托车稳定与既定轨道上的离心力和向心力，或对自然风景的欣赏。爬山涉及的风险是在通往山顶最高处的路上跌落而亡。自然或自然规律是魅力的来源，能触发崇高的感觉。强烈的感觉来自于海浪难以置信的巨大威力，体力的细微平衡确保不会摧毁摩托车和骑行者，以及伯克和康德的原例攀岩。风险被崇高的力量所吞没；快感能够超越挑战。然而，在这些高风险休闲活动和伯克的崇高模式之间有一个关键性差异：距离的消失。崇高的审美理念强调两个步骤。最初的恐惧意识到脆弱的身体受到威胁，害怕疼痛、毁灭，最后得到解脱体会到快乐，因为人们意识到，身体并没有真正受到伤害。在所有高风险休闲活动中，人们都有可能，甚至有很大可能，超越边界。它们是在跟自然力量玩游戏，目的是证明自己对大自然的驾驭能力。我能驾驭巨大的海浪，我能以最高速度越过弯道，我能通过最艰难的路线攀登最高的山峰。这远远超出哥特式小说中引人入胜的刺激感，即使是那些将背景设定于现代的杰出作品。这些作品可以产生极强的代入感，使读者颤栗。纽曼的绘画中红色部分创造的极强烈感觉，使人们对于冒险本身所能创造的崇高，有了模糊的概念，产生代入的感觉。斯特兰杰（1999：271）分析了距离的消失，把它形容为一个去分化（de－differentiation）的过程："冲浪者体验到崇高，同时也欣赏着崇高"，这导致人们曲解了任何理性的风险评估。对崇高的体验，再加上欲望，冲浪者想要更多甚至更高的海浪。去分化通往一种崇高的情绪综合体，"这种对风险的美学评判，带来的可能后果是对物体的崇高评价以及渴望跟物体紧密连接"（斯特兰杰，1999：272）。

交易中的刺激是什么，是什么使交易如此具有吸引力？本章的假设是交易带有美学的特性，风险或交易本身具有崇高的特点。这种特点很难对外人准确道出，正如施帕尔所言，还有很多其他因素。卖家将本身未曾拥有的产品出售，也就是卖空这种交易方式，使得外人感到这些市场很特别、不透明，而对交易者来说这些市场是有意义的。

> 我认为，你能学到的第一件事情……或许也是人们最难以理解的事情，就是，你能出售还未到手的东西。卖空……实际上，是纸上交易。令人兴奋，也令人头疼。
>
> （莱特富特等，2009：115）

令人头疼的是因为有时候你必须接受，对某项投资策略的假设与来自一个更强大力量的假设相冲突。这种强大力量可能是一个更大的投资公司或中央银行，他们对某些证券的看法与你的相反。对这种令人头疼的特性，证券交易员们描述得更为清楚：

直到在第一个交易日后，你回到家试着入睡；结果第二天起床后发现，损失已经发生，你永远都不知道能否渡过这一关。

（阿沃拉菲亚，1996：240）

能够接受并承担损失，不是所有人都能做到的。但作为一名交易者，你必须具有这一品质。正常下班回家，但心理很清楚，或许就在今天晚上，你会损失一百万美元，但第二天早晨你要按时起床去上班。做到这一点很困难，对身体和精神都是一种摧残。但，你必须具有常人没有的特殊品质。

（阿沃拉菲亚，1996：239）

以上描述的就是交易中风险最贴近身体体验的那一方面。即使是下班回到家，依然清楚某一头寸可能会遭受金融损失，这是折磨人的。它跟高风险休闲活动的重要区别是，交易者的风险不存在对人身体的威胁。然而，交易场所中用来描述这一感受的意象，给人不同印象。这些意象往往带有夸张性，强调涉及的风险。交易者看重的是一对一的挑战，他专注于自己的头寸，对对手的动机和行为进行预测。交易大厅是获取成功的好地方：

交易者之间存在对抗关系，并非兄弟情谊。你和他是相互对立的。你若想盈利，就必须牺牲掉他；这种事情无处不在地发生。

（阿沃拉菲亚，1996：242）

阿沃拉菲亚（1996）利用了一些男性为导向的形象，如枪手、飞行员或职业运动员，塑造自我的形象。“（交易）就像用牙齿捕捉子弹”（阿沃拉菲亚，1996：240）尽管在林的研究中，刀锋作业者明确否认投机是一种刀锋作业，因为投机包含一些冒险者完全不能掌控的情形。

但在投机中确实存在判断刀锋作业的一些标准：它威胁人的精神健康；冒险者必须精通于此，否则将会失败；多由精英分子从事；在常人认为不可控的情况下，行为者可以驾驭；认为失败的人根本不具备此种能力。

从波尼克（Poenicke，1989）关于 18 世纪美学思想的作品中，可以推论出一个具有讽刺性，但却给交易场所中的崇高的讨论带来宝贵启示的结论。崇高就是主动跳入一个极度危险的境地，紧接着被救赎；因为“自我”认为自己有能力战胜这一巨大危险，并在最后挽救了自己。极端恐惧瞬间被胜利所取代，使人感觉自我能力增强。正因为如此，波尼克（1989）总结指出，我们主动寻求机会达到崇高，好像它是一种能给人威力的药物。

然而这种恐惧与交易者面对的恐惧来说不在一个水平上。他们从未考虑整个市场的力量，一个交易者曾说过：“我的第一生存原则是不要过于直接卷入市场。否则，你会陷入与其的战斗中，而你绝不会赢。”（阿沃拉菲亚，1996：240）。那么，市场是否就是崇高的来源呢？

作为崇高的来源的市场

21 世纪之初，一个深刻的讽刺是我们从后现代主义者认识到元叙述和形而上学都是值得怀疑的，但同时我们看到了另外一个绝对他者的产生。在人们和时间及永恒的关系中，风险取代宿命，金钱取代上帝。人们由迷恋神学转而迷恋金钱。在全球重新陷入对投资的热情的过程中，神义论没能证明上帝的存在。因此，上帝的观念被一个更世俗的、象征全球互换性理念的东西所取代，那就是货币。货币交换发生在市场上，市场全球化具有双重含义。我们生活在一个全球化了的世界，我们被包含在全球市场之内，可以说，全球化了的世界和全球市场已经融为一体；当然，这只是泛泛而谈。虽然市场有很多分类，比如，工业用品市场和消费品市场、大众市场和个性化市场之间有很大差别，而且倾向于将这些市场更进一步细化；这些也都是普遍意义上市场的特点。市场不再局限于本地。你会遭遇来自世界各地的竞争，商品在全球范围内生产和销售。市场转变成了一个绝对他者。市场不再被认为是参与者行为的结果，参与者反而必须顺从市场的逻辑。市场获得了独立性。它似乎外在并凌驾于参与者之上，可以进行自我调节。贸易自由化、预防因国家规则不同导致体系摩擦的标准化和规则，如今都变成制度化。《牛津高阶英语词典》（第 4 版）（2004）分析了一些国际规则和监管，比如，关税及贸易总协定（General Agreement on Trade and Tariffs, GATT）、服务贸易总协定（General Agreement on Trade in Services, GATS）和世界贸易组织（WTO）的发展。该书得出的结论是，这一发展过程的结果，远远超出预想的保护国际贸易的预期目标。地方现存的规章制度、手续或决定带来的限制，潜在具有非常深远的影响，因为它们超越了贸易协定的范畴，反而变成更像是管理协定。同样，在金融市场一也存在这一现象。20 世纪 70 年代，布雷顿森林体系对固定汇率的管理结束，也标志着银行业 40 年放松监管的阶段开始结束，恰在此时金融市场取得了相当的独立性。金融市场不仅仅从之前的许多规则中解放出来，它们还从从前与之相关的其他市场中独立出来。它们转变为完全的独立状态：金融市场使得商品价格变成衍生品市场上交易的结果。哈斯（Haas，2008）试图发展一个意象来定义衍生品市场的交易，与衍生品市场建立起来的基础也就是社会经济，两者之间的关系发生了很大的转变。衍生品是被生产企业用来管理因价格波动带来风险的工具，它们的价值只是企业生产商品和服务的一部分，但现在看来生产反而变成可有可无。通过以下数据可见：在 CIA 公开发表的报告中，其对 2007 年世界的生产总值预估为 65.61 万亿美元；所有发行的可在全球证券交易所交易的股票总值为 53.51 万亿美元，这一数值与 2006 年末全球基础资本非常接近；国际清算银行也即国家中央银行的银行，给出的 2007 年末国际金融市场上衍生品的交易额为 680.29 万亿美元。

根据以上数据，哈斯推论出总衍生品风险敞口不足 8 % 的损失会彻底摧毁全球基础资本。这是一组非常有趣的数据：新巴塞尔协定这一国际银行规则，明确要求银行必须在基础资本中保有至少 8% 的风险敞口。如果对市场的崇高存在争议，肯定源于它的规模以及其对世界经济具有的潜在毁灭能力所带来的威胁。

风险或交易中崇高与之前讨论过的其他领域的崇高，有所差异，所涉及的美学理论也不同。将市场纳入对崇高的讨论中，意味着也要对其他概念进行相应替换。遵循高风险休闲运动的结构，我们可以确定交易中崇高的要素：涉及的行为是交易，风险是金钱损失，压倒性因素是市场。尽管市场跟大自然有着极不相同的特点，但两者带来的后果似乎具有相似性。市场代替自然成了人的对立面，变成被驾驭的对象。人们永远看不到市场的全部，它总是比人们认为的要强大。“市场是没有固定形态的动物”一个政券交易员如是说（阿沃拉菲亚，1996：238）。或许，某研究员和一个货币交易员的以下对话表达得更清晰些：

LG：你知道的，它是一只无形的手，市场永远都是对的，市场是一种生命形式，一种独立的存在。你也可以说，它是一种格式塔似的存在，市场有形式和意义。

KK：它具有独立于人的形式和意义？你无法控制它。是这意思吗？

LG：没错。完全正确！

KK：大多数时候它是相当分散的，或者，你认为它有固定形状吗？

LG：嗯，这就是我说它有生命的原因，它本身就是一种生命形式，也能自主运行。就像，比如有时候，它看起来像一个整体，有时候又有点，嗯，分散和任意，以及随机，缺乏方向性和连贯性。

KK：但是你把它看做第三类事物？或者说，你是指他者？

LG：作为一个更强大的存在。

KK：……

LG：不，我不是说市场是一个他者。我的意思是，它是一个完整的存在。这一存在就是外汇交流市场——我们由各个部分组成，或者说市场也是由它的各个部分组成。

（诺尔·塞蒂纳和布吕格尔（Knorr Cetina and Bruegger），2002a：169，原文有删节）

一种生命形式，拥有自主能力，不可能被控制，一种更强大的存在：市场看起来像是一个独立的现实，一个客观存在，人们只能祈求它的怜悯。它是人类创造的对象，并且这些对象仅由人类行为、决定或规则组成，它们似乎成为一个生命体，独立于人类；但是人类却通过参与到市场的买卖来赋予其形式，维持其运行。市场获取到超验的地位。观察者变得不知所措。在一个完全理性的环境中，估算似乎原本处于支配地位，人们原来的目标是获取可能的最高利益，参与者原本确信自己有获胜的机会；但突然一种超自然的、宗教的构想加入进来，明确显示出人们对这一环境的了解远远不足。虽然市场明显是由市场参与者组成，但它是一个压倒性的他者。市场被视为一个独立的存在，区别于单独的交易者；市场可以给交易者带来毁灭性的后果，但又是力量来源（波尼克（Roenicke），1989）。交易的成功在于满足具有强大威力的市场需求，在于交易者能够承受巨大的风险。感到自己的力量不断增加，可以被视为一直参与市场风险所得的回报。

高风险休闲活动产生崇高的先决条件，海浪、摩托车骑行中的离心力和向心力，山峰等，都是大自然的一部分。市场是完全人为形成的。然而，市场可以被赋予一种魔力，一种跟大自然相似或相当的威力。接下来，我们需要利用鲍德里亚（Baudrillard）关于表征和仿真的观点，来了解金融市场中风险的结构。

崇高的拟像

贸易变成虚拟的发生在电脑屏幕上，再加上速度，也就是“真实时间”，意味着你按下“确认”键的同时交易即时生效：两者看似根本没有时间间隔（巴特尔斯（Bartels），1989）。在 19 世纪初之前，崇高的来源主要是大自然，在那之后其变得越来越被人工制品所取代。康德（1790：§25ff）已经揭示出，作为动态的崇高来源的原始自然与作为数学上崇高来源的人为自然之间的区别。数学上的崇高是科技崇高的基点。数学崇高指的是建筑学上的崇高，体现于金字塔、大教堂和其他大型建筑物。这些建筑与庞大的机器和齿轮的运转一样，是工业时代具有重大意义的进步。这些巨大建筑创造出的人为的无限性，与速度的崇高结合了起来。火车、飞机、战争在这些事物中，庞大机器的技术崇高再次变成现实的威胁。这些事物，再加上飞行、斗争和摄影的动力，产生了运动技能亢进的崇高。极端地说，我们置换了大自然；人为的自然或者说仿真，而非大自然本身，创造了崇高的感受（巴特尔斯，1989：308）。巴特尔斯（1989）指出，微型计算机已经取代了技能亢进的崇高的角色。尽管巴特尔斯的文章只是发表于二十年前，但文中表达了其对微型计算机潜在重要性的关注，这种关注甚至带有天真的成分。相比较而言，虽然鲍德里亚在《海湾战争并没有发生》（*The Gulf War Did Not Take Place*，2002）中对战争的陈述更具挑衅性，但是巴特尔斯的文章指出了一个核心问题。屏幕已经变成一个人造的自然，可以创造崇高。屏幕上的世界不仅脱了大自然，还创造了一个独立的世界。时间和空间的延续给自然提供了物理参照点。但在屏幕上的世界中，这些参照点都不复存在，它不再跟任何现实相关。屏幕被碎片化的信息所覆盖。这是一个过程，但跟人们想象中的过程不同。它并不是那种一种行为接着一种行为，从而产生有价值后果的过程。这种过程是“非同质的物质无限接续，并将自己投射到屏幕上，不断向前发展”（诺尔·塞蒂纳和布吕格尔（Knorr Cetina and Bruegger），2002c：398）。这就是崇高的来源。冲浪是一连串无限延续的事件，永远追求那个作为“绝对他者”的海浪。

网络现实的人为性又因另外一个事实变得更加突出：交易者在感到自身位置受到威胁时，其脆弱的身体却处于安全状态。这不仅仅是将身体上的危险置换到虚拟世界中。他的交易对象是风险，并非是在冒险。交易者永远不会直接遭遇危险；他所要处理和交易的是风险，这个风险不仅会影响他的金融地位，还会影响交易者在银行的地位（如涉及奖金等）。这可以被称作是崇高的仿真体验，虽然这一体验显著影响着人的情绪。

参见吉恩·鲍德里亚（Jean Baudrillard）的著作，进入他的超现实视界，可以揭示出另一个隐藏起来的方面。麦高恩（McGoun）在他关于“超现实的金融”（1997）的文章中，提到金钱或股票价格在仿真的四个阶段的重要性，这一点可以用来描述风险所扮演的角色转变。

> 这将是这一意象的连续阶段：它是基本现实的反应—它掩饰、颠覆了基本现实—它掩盖了基本现实的存在—它跟任何现实都脱离关系：它就是它自身的拟像。在第一阶段，这一意象看上去面目友善—这一呈现的是圣礼的规则。在第二阶段，它呈现出可憎的一面—呈现的是邪恶的规则。在第三阶段，它的样子不再固定—呈现的是巫术的规则。在第四阶段，它完全不再露面，它只是一种仿真。
>
> （鲍德里亚（Baudrillard），1983：11）

在第一阶段，风险体现的是一个基础危险。出海的风险是丢失性命，抵押贷款的风险是无法支付费率。在第二阶段，基本现实被掩盖和颠覆。人们开始计算风险，并将风险分散到一群投资者身上。单个水手的风险被掩盖，不再明显。在第三阶段，基本现实消失了。风险被转换为一种衍生产品，掩盖了对一个标的物的需求。人们不再仅仅因为标的物而进行风险的交易。对衍生产品来说也是如此。在第四个阶段，符号跟任何现实都不再联系，它指向的是超现实，也就是说，不再有表现形式。这是对证券化最后阶段的衍生品的最佳描述。风险跟产品分离开来；它是一个不间断净化风险的过程。风险被提取出来，从资产到期货，再到期权。如利利和莱特富特（Lilly and Lightfoot，2006）所观察到的，人们在开发金融产品来对冲越来越细化的风险需求过程中产生了风险的本质，并将其从资产独立出来。这样的风险只指代其本身，而跟标的物无关。假设最初的目的是通过交易将风险从资产中去除，那么现在资产已变得安全。金融市场接管了风险，留下一个安全的贸易环境。至少在这个环境中，没有风险可以威胁到企业家。

那么，崇高的拟像是什么？国际金融市场的动力在于网络；寻求交易的刺激；消耗力量来源，从事刀锋作业；在一个无线连续的非同质物质之间冲浪，意味着参与创建市场的过程，单个交易员也是市场的一分子。用鲍德里亚的话来说，它是在超现实中行为；超现实是一个被符号代替的现实。风险是崇高市场中的拟像，是无限范围纯化了的本质。在市场中单纯是为了交易而交易。这是超现实的特点：为了在崇高市场中交易，而就风险的拟像进行交易。即使做过所有努力来对冲风险，风险还可能会实现。即使风险被成功对冲，还存在二级风险（霍尔泽和米洛（Holzer and Millo），2004）的可能性，2008 年的国际金融危机就是一个很好的例子。麦高恩认为超现实的金融对经济其他方面的作用微乎其微。但通过衍生产品对冲抵押债券证券化的风险这一实践，证明了麦高恩的结论（1997：117）是错误的。

交易风险唤起崇高，但……

本章最后部分对风险的美学分析与其他一些方面联系起来。我们必须清楚，风险交易是为创造一个自由市场作出决策带来的后果。崇高市场这一理念需要得到扩展，使人们意识到，将市场视为绝对他者会带来一些不可避免的后果。雅克·德里达（1995）引用亚伯拉罕的故事，用来描述人与绝对他者的关系。与绝对他者的接触（对亚伯拉罕来说，绝对他者是上帝）显示出，在极端情况下，当责任与义务（在本例中，绝对义务）跟他者联系起来时，会出现什么问题。亚伯拉罕的寓言描述了这一极端情况。在绝对他者的命令下，亚伯拉罕牺牲了自己的儿子，但是这一寓言还揭示一个基础性的问题，也就是责任的困境。德里达承认（1995：67）：“故事无疑是骇人听闻的，令人无法接受，甚至无法想象”，“但是，它难道不是很常见吗？”一个人选择了绝对他者，接受他应承担的责任，往往意味着牺牲其他的他者。正如亚伯拉罕所做的选择。一个人要么对一个绝对他者承担绝对的责任，要么对一个家庭、群体、国家等承担责任。人必须牺牲一个方面。这就是德里达的结论。

将市场设定为对任何经济关系来说的绝对他者，意味着必须牺牲其他的他者。如果自由市场是参考点，解除监管就变成了必要之事，因为监管就是要破坏掉市场内在的自我监管能力，并将市场同外部价值捆绑在一起。但事实是，人们对解除管制这种观点存在争议（以克里马基和威尔莫特（Klimecki and Willmott，为代表））；在最近市场明显出现失灵之后，更有明确的针对监管存在漏洞的投诉（比如考克斯（Cox），2008）。然而，对人们将市场设定为一个绝对他者的批评，德里达提供了一个深刻的哲学论证。从这个角度来说，对市场的集中关注具有负面效果。如果不考虑给市场之外的他者带来的破坏，为交易而交易就会变成可能。在崇高市场中，冒险带来的刺激以及拒绝承担责任会被合理化。

换一个角度来看，监管的角色还有另一面。放松市场监管给市场上的行为者带来更大自由，全球化发展给资本和劳动力在全球范围内的流动提供了机会。鲍曼（Bauman）分析了这种发展导致的深刻变化。鲍曼（2000，2008）认为，现代化变成了流动的。他的关键词包括：解除监管；政治放权；个性化和断裂；在跨越空间、获取赔偿方面，表明时间重要性的即时性；以形象化的游牧民形式出现的精英人士的激增；大众由生产者变为消费者的意义；投机者取代领导阶层，引诱取代监督。

长期目标变成不可能的存在。所有这些微小或巨大的改变，使不确定性和不稳定性日益增加，现代生命也更脆弱。恐惧的来源莫名，压力也原因不详，它们都需要一个恰当的宣泄出口。由于来源不确定，压力找到的宣泄途径就是即时环境里的独立证券。由于国家拒绝履行它之前承担的义务，市场中的不确定性更加强化。在这种情形下，国家甚至将对养老金的责任部分转嫁到个人身上。这可以证明以上一些变化所产生的影响。国家担保的养老金计划现在只是老龄人群的部分收入来源。其他收入或由个人承担，或由投资于金融市场的养老金基金来承担。本不是金融市场一员的个人，大多数不想涉入其中，但却变得依赖于这些市场。

在这种形势下，个人寻求的是确定性和安全性。这一点或许会投射到这样一个场景中，即对交易的审美化和评价所扮演的角色变得并不那么明显。除了那些热衷于投机、认为证券交易所遍地黄金的人，除了为增加股市的个人投资和其他活动（以使普通人更容易进入市场）的尝试之外，现在每个人都需要了解并担心自己的投资。这一利益驱动主要来自于报纸等媒体以及交易所发布的每日报告。媒体制作长篇专栏，刊登各种比率以及对市场前景的评论；而每日报告则就现实的市场发展状况给出预测，或传播关于交易员的传闻。还有特殊杂志介绍投资策略，发布与银行做法一致的技术性分析，讨论股票的根本价值，并提出建议。这些杂志承担的角色，与在冲浪和骑摩托车运动中的特殊杂志的角色类似。它们共同为各自所关注的活动或运动创造出一个公众形象。这一形象告诉人们，投资于这些市场符合理性，决定也是合理并且可解释的。市场就在于计算，银行开发出的复杂模型是风险管理的强制性部分。这是一个严肃的行业，可以驾驭对未来的恐惧。它的公众形象可以也必将被理解。

当然，公众形象也被小说或电影中虚构的角色所影响。现实中的人可能被塑造成作品中的角色，反之亦然：创作出来的虚构人物也可能变成现实。史蒂夫·麦考伊（Steve McCoy），是汤姆·沃尔夫（Tom Wolfe，1988）创造的小说人物，他是宇宙的主宰者，享受巨额薪水，这一角色是根据读者的期望应运而生的。奥利佛·斯通（Oliver Stone）导演的《华尔街》中的戈登·盖柯（Gordon Gekko），变成了丑陋交易员的代名词。《大都会》（*Cosmopolis*）（德里罗（DeLillo），2003）中的埃里克·帕克（Eric Packer）具有很强的个人魅力。本书被认为是对20世纪90年代反全球化运动对股市影响的夸张渲染。埃里克·帕克输掉他的数十亿财产，却坚守着自己的哲学态度。安德烈·科斯托兰尼（Andre Kostolany）是一个私人投资家，在德国受到公众关注，是一个很典型的靠国际市场赚钱营生的例子。他出过书（科斯托兰尼，2004），上过电视，呈现给外界一个友善、成功、聪明的老先生形象。约翰·麦瑞威瑟（John Meriwether），一个叫Liar's Poker（老千骗局）的游戏发明人，是所罗门兄弟公司（Salomon Bros）的证券交易员。他曾出现在华尔街业内人士迈克尔·刘易斯（Michael Lewis，1990）的小说中，后者跟两名诺贝尔奖获得者一起成立了一个对冲基金LTMC，这一基金后来成为投机失败的典型例子。LTMC的目标是无风险收益（麦肯齐（MacKenzie），2003b），但也被认为是无节制的非理性和有组织的自恋（斯坦（Stein），2003）。互联网泡沫首先来自于媒体的大肆宣传，在泡沫破裂之后，媒体又极尽谴责。在这些学术以及通俗出版物中，我们是否同时看到事实和编造，同时看到对确定性的渴望以及对风险处理的理想化？我并不是说麦肯齐、斯坦或其他被引用的人种论学者被LTCM和他们的管理者们欺骗，但是这些作品中给出的意象，确实有助于人们理解交易的整体形象，以及交易者们在迷恋或厌恶之间来回摇摆的主人公形象。

金钱取代上帝，市场被设定为绝对他者，当人们意识到这一切可能引发的后果时，震惊于将要作出的牺牲，并将他们的反感投射到交易者身上；市场的主导地位，使交易者们生活在一个纯化了的世界，可以用大量金钱交易掉不确定性、不安全性。金钱是对生活中挑战的防御，保险也是。损失可以用金钱来衡量，并且损失可以被替换。风险由保险公司承担，保险公司本身必须对冲风险。这一切也发生在再保险公司和国际金融市场上。金钱对生活各方面的控制几乎无所不在，金钱的威力被制度化。谢弗（Shafer，2001）的结论是，“制度化的金钱的力量，是抗御快速增长的无力感和已经减弱的对个人和体制权威的工具。目前来看，我们高估了金钱保护我们对抗不可预期性的能力。”

对金钱抵抗不可预期性和不确定性的高估，普遍发生在流动的现代生活中，这也是金融市场交易活动膨胀的原因。在一个不确定性的世界中，风险可以被处理，可以被对冲，人们会感到安心。同时，冒险不再局限于交易。很有趣的一点是，高风险休闲运动的兴起成为一种大众现象，与此同时，金融市场上的衍生产品也迅速增加。两者的基础都是对不确定性和风险的掌控。林（1990）推论出，自发的冒险行为是一种经验上的无序状态，意味着个体跨出既定的社会模式范围，到有序的现实的最边缘。刀锋作业者挑战秩序和无序、有形和无形的界限，因为它完全是一个美学上的概念。事实是，很多人认为这种挑战很具吸引力，试图尽可能重复这些事情，这是现代社会生活本质的关键性表现。

在交易的世界中，风险是崇高的拟像，它指代的只是其自身，在超现实中的自身。然而，超现实对其他（超）现实不存在影响，这是一种错觉。“那么，这是一种游戏”是采访者给施帕尔抛出的问题。“没错，都是游戏”答案是肯定的。价格忽上忽下，这种游戏是“你跟他的对阵”（阿沃拉菲亚，1996：240）；胜败、暴力和攻击的感觉的情绪一直存在（诺尔·塞蒂纳和布吕格尔（Knorr Cetina and Bruegger），2002c：400）。屏幕上呈现出来的威胁，似乎无处不在，但又寻不出确切来源。市场确实是一个更强大的存在，势不可挡。因此，交易者有着跟其他生活在流动的现代人们一样的焦虑，但是他们找到一个领域，可以跟那些由不确定性引起的焦虑抗争，并达到自己的目的（或只是幻觉?）。他们可以通过控制市场风险，来暂时获得一个成功的确定性。但不确定的来源正是这一领域本身。积极地看，交易员赢取金钱，可以购买现实生活中的确定性。这也是他们的优越性所在，也正因如此，人们都羡慕交易员这一工作：当然，这是在一切都顺利运行的情况下；但人内在都具有无限扩张的倾向，都渴望更大的海浪，因此会创造出更大的不确定性，这时，交易员就成了人们厌恶的对象。

我们不应该忘记，交易员的特许利益还不仅于此。如果不够成功，他们会丢掉工作，然而，机构内部评判成功的标准是确定的。除此之外，他们的风险是有限的。他们不分担为之工作的机构风险。一个女性股票经纪人告诉霍尼格和他的同事们：

> 导致灾难的一个原因是人们拥有风险概况的不对称性。事情一旦出错，没有任何后果；但如果一切顺利，我将全部兑现。在银行内部，理应有很多人承担严苛的责任，但他们自己没有意识到。在中层管理中，你可以疯狂赚钱。责任却在银行身上。
>
> （霍尼格等，2010：136）

对组织理论来说，如果美学的角色仅仅在于提醒我们，对组织做功能以外的研究，并给出研究的工具，那么我们可能已经达到了预期目的。然而，开发美学的关键潜能需要避免陷入一个圈套，即专注于美好的事物，而忽略其他事物。我们尤其不能忽略的是崇高，它具有吸引力，但也有阴暗面。本章标题为“对风险美学的研究”，目的是希望利用崇高这一概念，来解释一些平淡无奇的行为——迷恋和厌恶之间的摇摆，以国际金融市场发生的事件为原型。

第 7 章　即将来临的风险

——思考风险的另一种方式

面向即将来临的风险

自国际金融危机以来，风险和风险管理开始进入或者说重新进入到公共的视野。而在此之前则是持续盈利的狂欢时代。至于那句数百年贯穿于金融市场的至理名言，即收益越大风险越大似乎奇迹般地失去了效力。通过计算创造无风险利润（麦肯齐（MacKenzie），2003b）的野心诱惑了市场双方参与者：金融机构的交易员和销售员，以及包括那些在零售市场内的私人投资者。整个金融系统似乎充斥着一种普遍的贪婪心理（霍尼格等（Honegger et al.），2010）。不仅是银行和基金的交易员和销售员，就连投资于银行和基金产品的私人客户也在追求前所未有的投资利润。国际金融市场上大量的流动资产在寻求更好的回报。一些人发出的警告被压制，或是因为声称只是个人意见从而与业内人士无关而被忽视；又或是这些人直接被解雇：市场崩溃后一些银行工作人员如此告诉研究人员（霍尼格等，2010：70，108，124）。甚至一些首席风险官也没能坚持自己对风险的关键性判断，如德国某大型银行前首席风险官奥托·斯坦梅茨在一次采访中提到的一样：

或许之前他们（首席风险官们）对其内部模型太过信任？

斯坦梅茨：或许是吧，至少监管部门（BaFin）是这么认为的。但话虽如此，那个两年前欲将一个美国大型投资银行的破产纳入到自己模型中的风险管理经理，最终将会怎么样？又或者，如果他公开表示他无法承担此风险，将会得到什么后果？

他此时应该已经离开金融市场了。

斯坦梅茨：他将被视为因为失败而离开，并且损失掉浮动薪酬、认股权，甚至养老金福利。谁又会给他提供另一份工作呢？

（法伊尔（Pfeil），2010：27）

现在监管部门所使用的“压力测试”，在雷曼兄弟公司破产之前被认为是极其荒诞的：它竟能使一名首席风险官因对风险模型后果的计算，而被整个行业所摒弃。斯坦梅茨承认，银行投资和风险管理必然要发生冲突。当银行投资成为银行大部分利润的贡献者时，任何异议都被视做利润产生机器上一枚无足轻重的“螺丝钉”。

那些试图通过影响投资决策，即试图阻止投资于不可计算之风险的风险管理行为，被认为是利润产生的障碍。正如斯坦梅茨指出并且被压力测试所证实的那样，这些案例可以很好被推算出来。信息技术的日益进步为构造更多更成熟的数学模型提供了基础，这些模型可以展现风险预测中所有风险的全貌。银行业的风险管理以大量数据，甚至可被称为海量数据的计算为表现形式（佩尔泽，2007）。在实际操作中，交易员和风险管理的冲突如此严重和显著，已经被视做银行业安全漏洞的一个范例；然而，这种冲突更多的是掩盖而非揭示人们对风险认知的缺陷。再多的数据也不足以解读当前的形势，因为人们对计算本身的设想是不足的。

风险，这里指的是金融风险，可以被评估，其损失的概率也能被预测，这是数学驱动风险管理的中心设想。这种思想在具体交易中并不缺乏，但它是对所有风险都可能带来的损失这个事实的陈述。这样，原本不可预测的未来便有机会呈现出来。风险中的不确定性可能转变为损失这是风险的本质所在。是否会变成损失，以及会产生什么样的损失，只有在未来才能确定。那么，风险可被看做对可能的未来形态的一种考虑和评估，并采取相应行动的形式。如此看来，风险不只表明了不确定性和可能会出现的问题，它更理性地表示出使本不可知的未来以一种人为的、创作性的现实呈现出来的处理方法。这样看来，风险，作为风险管理的工具，就是一种命令。风险通过使未来呈现于眼前的方式给其下达指令。

乔治·沙克尔（George Shackle），基于凯恩斯理论的不确定性的理念，认为未来并非理性理论所理解的那么简单。沙克尔（Shackle，1967）认为一个人在采取某个行动之前不可能知道它的后果。关于未来的信息不可能全面到可以满足人们利用其来预测某项行动的确切结果。沙克尔重新定义了可能性和概率的重要差异。概率仍然带有赌博的意味。概率针对的是“对现在所说的未来”，而可能性则针对的是“未来的现在”。可能性描述的是一种需要在不确定未来的背景下做决策的行动者所处的状况。沙克尔使用“即将来临的时间”和“即将来临的决策”来指代“未被预先决定的”和“不能被预先决定的”的情形，这种用法是对潜在惊奇的一种表达。未来将至的潜在惊奇，为探讨风险和风险管理中涉及的自相矛盾的情况作了很好的准备。雅克·德里达对于“即将来临”的事物的理论将被用来阐述风险不能被计算的方面。

即将来临的是什么？民主（2006）、正义（2006）、大学（2001）、发明（2003）、友爱（2002），都是德里达所举的例子。很显然，在未来即将发生的事件和他所举的“即将来临”的事物之间是有区别的。我们已然说过，一个还未发生的事件，是“不可能”存在的。它是不可预想到的、独立的、无条件的。一旦发生了，它就变成“可能”性：它变成现在的一部分，同时在改变着现在，它还可能再次发生。在这个被此次事件改变了的现在，人们的决策可以并且一定将塑造未来，直到未来再因另外一个事件而改变。德里达所给出的关于即将来临事物的例子在结构上甚至更加复杂。我们早已了解他所用的这些概念，至少我们认为如此，所以我们给它们赋予意义，这样在我们脑海中就会清晰地存在这些概念或指代的意象，它们的理想状态是什么，在现实使用中的具体意义是什么。我们可以分析两者之间，即理想和现实使用的差异何在：哪部分实现了，哪部分还未实现。解构是一个帮助揭示这些概念历史发展的方法。它帮助人们了解这些概念如何产生以及如何在使用中被改变和曲解的，例如，友爱这个词最初就指代单方面的含义（德里达，2002）。了解了这些，我们就可以对依然存在的差异有所察觉。这些差异是永远不会被克服的。但是以上的描述暗示存在一种理想的、规范性的、乌托邦似的概念。德里达不仅否认任何目的论或本体论的概念，他还认为那些都带有曲解性质；相反地，他坚持同自己揭示出的绝境进行抗争。其难以理解的概念之一是关于他对“即将到来的未来”的建构。将来不是确定的、在某一时刻必定实现的事情；相反，它是不可能完全实现的，因为在实现的过程中，任何方面的变化都能改变最终所达到的将来。已经实现了的，改变即将来临的，提供新的机遇。同即将来临的未来差异会持续下去；不是作为一个附加的整体，此消彼长；而是对在“来临”过程中所能被理解的事物的一种重新定义。德里达（2006：126）强调未来不仅指“他者”的到来，还指事件所创造的未来（而非事件本身的未来）。事物即将到来或来临的过程，不仅是对调节性的概念没有需求。我们所说的“即将来临的民主”并不一定指的是未来肯定或应该达到某种形式的民主。没有任何确知的形态肯定会来临。即将来临的民主并不意味着“民主会来临”。那么，民主的状态会是什么样的：在路上、缺席、未完成、悬而未决，或者与任何业已存在的本体分离？英语语境下，“即将来临的民主”短语中“to”这个词的情态意义，在于摇摆在两个永远无法决定的可能性之间：专横的命令（施为性的，要求实施某种行为），或者是耐心的“或许”（一种非施为性的，对即将来临的、不一定会来临的，甚至是已经发生过的事情的探知）（德里达，2006：130）。第一种是分析性的，叙述性地考虑民主这个词的含义。使用“民主”这个词时，人们需要了解它已有的属性、使用方法，以及它有几重意义。作为一个施为性的叙述，由于它还不存在一个完整的意义或者说最终概念，由于它仍需等待，因此，人们对它的信心非常重要。这两种态度可能出现交替：它们可能轮流出现；也可能同时出没，分开，然后趁对方不在而宣示主导权。在两种可能性之间摇摆，永远不会停靠任何一方，意味着引入了另一个词“不可决定性”。德里达相信，作为民主甚至说自由本身的一部分，不可决定性是决策的唯一激进的可能性：（施为性地）拥有它或她的发生，甚至（元的施为性地）承认它或她是一个事件。它打开了一种关于自由的完全矛盾和令人不安的体验：带有危险性同时又处于危险中。

这里描写的“即将来临的”潜力是巨大和充满希望的。对于民主之类的概念，它拒绝给它们任何确知的、客观的、不变的未来。它是一种理论的哲学基础，这种理论假定，在通往未来的路上，关于“得到的”和“失去的”两方面的可能性，在不断变化。零和博弈是不存在的。任何在通往民主的道路上取得的胜利，并不意味着下一步更接近理解中的民主概念将会实现，也不代表民主可以通过每一点的进步来实现。目标永远在变化中，终点永远都是未知的。每往前一步，对未来可实现目标的理解都在变化，甚至对意欲达到的目标本身的理解也在变化。对民主的理解，给人们提供了更多的期望，至少是更多的可能性；这些期望和可能性可以作为人们的目标，人们可以选择去达到或放弃；同时在这个过程中，在对未来可实现目标的讨论和斗争中，任何关于理想状态和所能达到目标的意向都在不断变化中。

德里达对于风险的讨论不如之前讨论过的其他概念那么明确和集中。他在采访过程中提到过风险，并将它同“绝对的”结合在一起，揭示出一种有点令人烦恼却更具深度的概念：绝对风险。他也在论述人们与绝对他者关系的中心点时提到过风险。在《死亡礼物》（*The Gift of Death*）一书中，他的一些言辞暗示，如果对风险这个词做深入探讨，将会采取的方向：“一条对绝对风险的探索之旅，超越了知识和确定性”（德里达，1995：5）。比如当我们致力于“不可能”的事物、超越边界以及开始某项行动之时，“绝对”是一些事情的后果基准。所有这些“绝对”都指向知识和确定性之外的空间，一个令人不安的空间。在这个空间中，没有任何经验可以求助，不确定性是唯一确定存在的感觉。起主宰作用的是绝对风险。只有它可以经受住“不可决定性”的严酷考验，应对“他者”。

德里达的理论在此被用来描述风险的一个方面。在那种依靠以前的数据来计算未来风险的可能性的风险管理方式中，这一方面注定是被忽视掉的。这种风险是一种决策，然而这种决策并非在对已知信息进行计算的基础上决定的，也不是非此即彼的。它是“一条对绝对风险的探索之旅，超越了知识和确定性”（同上）。虽然这种形式的决策极少出现，但它确实是在通常的风险管理中会被忽略掉的。可以推断出，这种决策是经理人日常决策中的一种意外，因此，它们在例行程序之外得到认可，虽然例行程序本可以将之纳入其中。即将到来的风险不包含于此。德里达将我们的注意力引导到在任何社会关系中都会存在的动力身上。即将到来的风险对于风险管理中所理解的风险来说是一个必需的对照物。那种日常风险管理中所涉及的可计算的、按照程序进行的、遵循既定轨道的风险，正需要一个如此的对照。在此“即将到来的”意义的转变有点意思：即从人们所向往的、可以在其基础上实现全部可能性的，转变为指代即使实现了全部可能性，最终的结果也不一定令人愉快的事物。这决定于风险是如何被定义的。它仅是一项决策所带来的负面影响，还是包含其他预料之外的后果，也就是说结果可能比预期的更好或更差？即使这种风险也还是在预期框架内的。那种考虑可预期的和应预防的风险评估，针对的都是可计算的、对某项决策或行动来说已知的潜在后果。这种形式的风险管理必然将无法把握事件的走向。它并未指向“不可能性”。它只是考虑了可能性，或者说把可能性计算在内。风险这个词帮助人们绘制关于未来的图景。它使未来呈现于现在。这种未来是可计算的，是预期会发生的。然而，我们能计算在内的只能包括在现在已知的或者是在过去发生过的，因而对未来有借鉴性的事物。库珀曾提到过“概率，是一种预测或先觉意识的形式，可以保卫系统使之远离不利的意外或未知”（库珀，1987：397）。即将来临的风险虽属于未来，却困扰着现在。

关于未来的交易

在卡伦·霍（Karen Ho，2009）关于华尔街的人种志《清算》(*Liquidated*) 中，她描写了投资银行的基本态度和工作机制以及他们的雇员。在她看来，这些是导致 2008 年国际金融危机的关键因素。但是她的研究成果仅把此次危机解读为单一的危机；或者说，它不是投资银行本身的危机，而是市场正常起伏所导致的危机。华尔街引以为傲的是它与市场同生存、共命运，也就是说，它可以尽可能地利用市场所提供的机遇。与市场的亲密关系意味着，当市场不再有机遇时，它可以随时从中抽身出来。随时抽身包括在事先预警的情况下，大量辞退或增加员工。在此速度至关重要：迅速从一些项目抽身，然后尽快投入新的项目。这种关系同时还意味着，对计划的不信任感几乎是公开的抵制，就如她的一个信息提供人所说“当你根本不知道市场将会走向何方，你如何做计划?”（霍（Ho），2009：276）。华尔街的动力是迅速地赚钱，在机遇出现的瞬时好好利用。那种花费时间开发产品、改进产品所带来的效益，被快速得到回报、接着生产新产品所取代。霍将这一做法定义为“没有策略的策略”（霍，2009：274）。她并非指责这些银行缺乏策略的行为，它们只是在考虑银行的发展时没有采取面向未来的导向。她认为这一点是这类银行的本质属性。投资银行的活动和行为和长期思维是互相排斥的。投资银行，“从体制上来说，是没有能力预见未来的”（霍，2009：279）。它们带有“去未来化”的属性。它们用现在的将来替换将来的现在，并创造出一种叫做“期货”的衍生物，将前者也即现在的将来纳入进去。期货用以将未来的风险转移到另一方，后者对未来发展有不同的评估，因此愿意接受此项风险。而对试图解除此次风险的一方来说，则降低了可能出现在“现在的将来”的风险。那种使即将实现的未来比现在预期的未来更好的可能性，被当下可得的好处所取代。这很好地解释了为什么一个工业企业会选择在国际货币市场上转移风险。虽然市场上的风险不属于他们的业务范畴，但限制这种风险却是理性选择。期货的结构对于未来的不同形态是极其关键的。它尝试将一些行为结果的不稳定性，转换为现在可以交易的产品。通过这种交易，风险取得了可以在常识范畴下进行管理的形式。这种特殊的产品提示人们，未来可以是复数的；未来是可以被选择的。

这正是德里达的理论变得至关重要的地方。没有一个必须将至的未来。只有一种未来会得到实现，但在它实现之前，还有很多其他的可能性。然而，他的理论远未止于此。这不仅仅是一个关于量化的理论。它并不意味着有很多有待计算的未来，或者说，人们已经知道全部的“可能的”未来形态，不确定的只是其中哪个将会实现。这种理论没有把即将来临的事件计算在内——如果真可以这么做的话。这些事件的内在属性包含：在发生之前，依然是作为“不可能性”而存在。风险存在不可计算的因素，它们是非目的论的，是命运无能为力的结果。它们揭示出一个事实，即任何的决策都必然引起反应，而这些反应会反过来改变决策本身，会导致一个事件的发生，一件原本“不可能”的事件。

这个理论，结合霍（Ho）关于华尔街银行“没有策略的策略”的特点，即对当下全部的和唯一的反应，排除掉了风险。“去未来化”的现在遭遇灾难，但没有方法可以制止。试着把“不可能性”作为现实的必要部分来考虑，就如斯坦梅茨试图描述的那样，将其纳入一个首席风险官工作的一部分，变成了不可能。它被排除在风险管理覆盖的范围内，却荒谬地因这种排除而被包含在内：这样，试图排除即将来临的风险这种行为不仅引入新的风险（不可能的事件），还增加了风险的概率，这也是德里达理论的应有之义。没有人想要看到风险步步逼近；更准确地说，当有事件发生时，银行有此权力的人毫无疑问会发出预警或采取行动，没人会在意将来的现在会如何。并不是说，不管是如何被组织或授权，风险管理可以识别出即将来临的风险（不可能的事件），而是我们接受这样一个事实，即未来的现在将不同于我们对现在的未来所做的计算。削弱即将来临的风险的后果，避免其转化成真正的超越目的论的风险；同时将它们与那些只是被忽视的风险区别开来：如果不是像华尔街银行那样，对未来的预见已经制度化，这种风险是可以识别出来的，这是第一个必要的步骤。

“即将来临的风险”即风险的性质会随着时间改变。风险的一次实现并不意味着可以为下次同类风险的管理提供经验借鉴。一系列的风险管理，包括计算、买卖和对冲，必然会引起风险的改变，也使其可能具有不同的实现形式。我们所了解的风险会改变，它们的波动性和实现的概率会变化。也有可能某个事件的发生证明这些改变只是源于知识的缺乏。风险，远比那种以计算为基础的风险管理所理解得复杂。

第 8 章　风险和管理的散播

药物

失掉本源，再无处可寻，或许这就是散播的后果。

德里达（2004c：17）

散播是德里达创造的术语之一，但若想确切道出它的含义，则必定徒劳。在《散播》一书中德里达不仅就“散播”这个词进行了解释，还阐明了散播的作用。说得极端些：作用本身就是对其意义的解释。“（因此）这将不会是一本书”，德里达（2004c：3）如此开始写道。但以什么起始的呢？作为一本书的开篇，你肯定以为接下来是这本书的序言或介绍。但是用这样的句子开头，作者明确表示他要展开一些与众不同的讨论。看到这句不像序言的序言标题，本书的译者也自知即将开始一段不同寻常的艰辛旅程。本书的英文译者芭芭拉·约翰逊（Barbara Johnson）写道，通过这所谓的序言，文本意欲采用解构自己的方式来阐明“作序是件不可能但又必做的事”。这句话出现在《散播》的芭芭拉·约翰逊版的英译本序言中，序言题目为“译者的简介”（约翰逊（Johnson），2004：XXXIII）。在一个关于序言的序言中，散播这个词得到了很好的体现。约翰逊解释说，开头的这句话包含了多层含义：陈述、预期、否定、重申和结论。这句话应该被视做一个有预见性的回顾和内化的外在性。通过假定事情已经发生，对其进行反思，进而预见未来事情的发展方向；一种不可能、迷惑人的行为来颠覆正常秩序：通过使意义不断移动，来表明文本的意义和定义永远不会固定下来。有人认为，人们可以一些合理的权威来源的名义来明确文本的归属，将其控制、限制或挪用（诺里斯（Norris），1991：112－1130）。散播正是对这种观念的抨击。（因此）这将不会成为一种风险，本章所带来的后果可以被控制。风险和管理永远在散播。

当我们说散播“是什么”时会立马陷入窘境。当我们尝试明确散播这个词对本书主题的意义时，我们在做的事情就是试图将散播这个词的意义固定下来，从而忽略了一个事实，即散播这个词本身的意义也一直在散播。那么，若要给风险下定义，那无疑将无果而终。因此，一个有意思的（至少对于分析者，也就是解构主义读者来说）后果便是，任何术语的意义都会随着语境、用法和使用者以及时间和空间而改变。这一点很好理解。以风险为例，对一个核电站的安全性做评估所使用的风险和掷骰子时所使用的风险，二者指代的意义显然并不一样。在这种情况下，我们根据事情的影响判断。那么，能否有一个定义能包含所有必要的方面？这样一个定义是否会极其抽象和空洞，以至于对使用者失去任何意义？没错。但散播告诉我们，一个定义以及任何本文的意义，永远不可能固定下来，自初次使用开始，每一次的使用都会对其进行增补。

欧特曼（Ortmann，2003：14）指出，如果语言的组织行为被理解为对意义的固定和确定，这项工作就会一直持续下去，但永远不会成功，也不会结束。风险带有明显的组织行为特点，也无法避免上述后果，虽然在我们看来“风险散播”是一种奇怪的表达。然而，这句话的被动形式“风险被散播”却带有误导性，其暗含存在一个可识别的来源，一个行为者或者是一组行为者。这一来源或行为者创造了一种风险，然后为了各种目的将风险散播。重点是在任何语言结构中，风险不可避免都会散播。这是因为在一种风险的存在过程中，自第一次被识别之后，持续会有增补，这样就导致了散播。风险的识别可以被看做是，对真实交易中具体风险的意义进行明确。但是当我们试图确定风险的内容时，它的意义和人们对它的理解被那些人和事物所散播。这些人和事与风险进行过直接或间接的接触或关联。在银行或相关领域的持续决定中（或正在进行的计划中），风险的背景发生了改变，人们对它进行解读、计算、对冲；自风险被识别后，行为者开始采取措施，风险的背景因而发生了改变。风险发生的方式和地点都可能跟预期不同：它实现的方式会发生改变。

确实，如果这种事情是合理的，我们将不得不现在就断言，在散播的应有之义中，其中之一（散播包含不止一个意义）正是不可能将一个文本本身仅仅简化为含义、内容、论点或主题。或是，不是不可能（因为人们经常这么做），而是对一种文字的拒绝（我们称这种拒绝为“实存的余体”），这种文字既不适应也不采取这种简化方式。

德里达（2004c：7）

风险的内涵具有歧义——同时指代机遇和潜在损失。当我们谈到风险时，如果用德里达的思路进行阐释，会给其已经存在的模糊意义增加复杂性。在谈到（写道）风险如何被散播以及如何散播的这个过程中，风险不可避免又继续散播。但对于国际金融市场的探究来说，这一过程很有价值。德里达对“药物”的讨论对于理解这个话题尤为有益。

药物（The pharmakon）

在《散播》的第2章（或者说在序言之后的第1章）“柏拉图的药物”（Plato’s pharmacy）中，德里达阐释了在谈到具体的药物这一话题时，散播的意义是什么。更准确地说，这是对一组同源词汇：医术（pharmakeia）、药物（pharmakon）和巫医（pharmakeus）的讨论。这组词汇在柏拉图的对话《菲德洛斯》（*Phaidros*）中曾使用过，药师（pharmakos）是德里达创造并加入的新词汇。听起来药物让人放心。乍看来，它跟正面作用相关，比如治疗的过程、健康的恢复、重新调整因受外力影响而失衡的身体，等等。然而，德里达坚持认为这个术语极容易引起歧义："没有任何一种药是完全无害的。药不可能仅仅带来益处"（德里达，2004c：102）。作为一种药来说，它很可能带来两个方向的效果：或使疾病治愈或带来某种伤害。能带来双向效果的不限于药片，还包括文本：

> 延伸一点，苏格拉底将菲德洛斯（Phaedrus）带来的书写文本比作药。这种药同时具有医疗（remedy）和毒药（poisono）的作用。它具有固有的矛盾意向，已经将自身引介到话语内部。这种魔力，这种迷人的特点和魅力，可以是有益的，也可以是有害的；两者或交替作用，或同时出现。
>
> （德里达，2004c：75）

这种矛盾意向是药的特点。人们永远猜不到它的作用会指向哪个方向。更复杂的是，它的作用不一定是朝着一个方向，有可能是两个方向同时起作用。解读柏拉图的药的过程中，越来越清晰的一个事实是，药所带来的危险，不局限于一次错误剂量或一次误诊所导致的后果。德里达针对的是一个更根本的问题，就如在《菲德洛斯》中描述的，这一问题是由将文本作为增补引入到语言而引起的。苏格拉底讲了一个关于神仙赛斯（Theuth）的传说。赛斯发明了数、算、几何和天文，以及棋和阄的游戏，但最重要的是，他发明了书写。赛斯本身是半神半人，他将书写这一发明作为贡品呈给众神之王特奥穆斯（Thaumus）。但特奥穆斯的反应出乎赛斯预料。赛斯称书写弥补了人的记忆的缺憾，是对人类智慧的一个贡献。德里达认为呈在特奥穆斯面前的是药。赛斯，作为书写的发明人，对写作有很高评价。但写作本身的价值，如果得不到众神之王的首肯，将变得分文不值。对于特奥穆斯来说，写作不是他创造的东西，而是下级进贡的贡品，求他给予评判的。特奥穆斯拥有至高无上的权力。对他来说，他只需要发号施令，言语已经足够。因此，特奥穆斯拒绝、贬低、抛弃了写作——此时写作对他来说就是药。对于特奥穆斯来说，这个贡品，并非是加法，而是减法。他意识到了书写对鲜活的、已知的记忆的潜在危害作用。特奥穆斯视这些记忆为最珍贵的东西。书写对于纪念、追忆或保存来说是有益的；对于一些人工物品，如“存储、档案、引用、复制、记账、故事、清单、笔记、副本、编年史、系谱、参考等”也是有益的（德里达，2004c：109）。因此，特奥穆斯认为书写没有任何附加价值。柏拉图记载的苏格拉底对话记录中，柏拉图抨击了用记忆物品来替代鲜活记忆的做法，也就是用一种被动的、机械的装置来替代知识的积极重生。

德里达将这种礼物（文明阶段）解读为药。即使神圣的、至高无上的态度有所改变，药的效果依然存在。书写作为对记忆的改进而存在，是为了预防遗忘。在这一层面上，它就展现出自己具有矛盾意向的方面。给遗忘以医疗，意味着要将记忆外化。知识从一个独立的拥有者，或者一组享有共同经历的人身上（共同的经历带来共同的知识），转移到客观化的中介；在这一中介中，知识和经验的关系被割断开来。书写带有双面性：它可以帮助人们减少遗忘，但它也对自己保存下来的知识有所损害。柏拉图用文本形式赞颂过“言语”的绝对优势地位，这一文本已存留两千多年。但是在两千年后的世界，柏拉图作此言论时的那种语境已不复存在，苏格拉底同菲德洛斯谈话时的语境也不复存在。将书写视为一种良药，也就是对药这个词作单方面的解释，意图是减少歧义。这就是德里达的目标，坚持一个词的意义范围的其中一端，所有术语和定义的根本歧义所在：“没有任何绝对的特权，允许我们完全掌控它（药这个词）的文本系统——它使歧义相互抵消，很可能会使得上下文更难理解”（德里达，2004c：98－99）。

医术（Pharmacia/pharmakeia）是对药的管理。但是用药也带有双重含义，它不仅仅是保管药的人，或是一个知道如何使用药的机构或人。它自身也延续了药这个词所带的双重含义：医药或毒药。在古希腊，Pharmacia 的一个常见意义就是毒药。在希腊神话中，法玛西亚（Pharmakeia）是井里的一个神仙，拥有下毒的能力。值得一提的是，在《菲德洛斯》中，柏拉图用在这口井里发生的一个故事作为开头。正是在这口井边，当里梯亚（Orithyia）跟法玛西亚玩耍时，被北风之神玻瑞阿斯（Boreas）杀害。或者，不那么带有神话色彩：在玩耍时，一阵北风将里梯亚吹进了深渊。这是巧合么？一个受害者死亡的意外事故被置于文本的开头？用这个故事的意义来贯穿整个对话，它是指一个词的意义范围内负面的那一端。这口井或许是良药，或许是毒药，这正代表了药物具有矛盾意向的特点。介绍赛斯和他的书写这一发明之前，在论述用药必须具有科学性的时候，苏格拉底就已经论述过书写的负面含义。柏拉图说，如果有人从书上学到药的知识或任意使用药物，就当自己是医生，“这个人是个疯子”（德里达，2004c：78）。在苏格拉底的对话中，书写的地位是低等的。

巫医（Pharmakeus）可以被认为是懂医术的人，会开处方、使用药。讽刺之处在于，苏格拉底作为一个哲学家，被比喻成巫医，用以形容药的双重含义。一些对苏格拉底话语的引用都因于类似目的。他的高高在上是大家所共知的，且被人所称颂。但是他的能力也让受其影响的人感到不安。苏格拉底理论的影响被比作响尾蛇的毒液，能“洞察并且窃取人深藏的内心”（德里达，2004c：120）。巫医是一个魔术师、巫师、投毒者；它赋予神父以权力，神父是执行祭祀仪式的巫师（同上）。这简直是一个讽刺。然而，这一讽刺不在于使巫医的魔法艺术合理化，不在于通过描述它的职责为其影响辩解。“相反，它反转了药的威力，使药的表象展露出来——因此，发挥药效，被记录下来效果和作用日期。这一过程是在将药分类的过程中实现的：因为药物本身包含一定的不一致性，发挥的作用也不一定适宜；药的这种内在非同一性使得它可以利用来反对它本身”（德里达，2004c：121）。当这种“与自身的非同一性”的讽刺，出现于风险领域时，能导致怎样的恶果或近期已经显现出来的结果如何，我们会在后文做出论述。

Pharmakos 在柏拉图对药的讨论中没有出现，是德里达新加入的术语（2004c：130）。一方面，它是 Pharmakeu 的同义词，在柏拉图的文本中没有提及。另一方面，它加入了希腊文化中独特的含义。因此，Pharmakos 可以对当前话题的语境做极大延伸；同时，它还为讨论金融业风险领域的一个重要主题做好了铺垫。在雅典社会中，Pharmakos 的角色是什么？从社会学角度来看，非常有意思。雅典人从下层阶级挑选出一批人用做特殊用途。选中的部分人会被用于公共领域。在关键时期，比如干旱、虫灾或饥荒时期，会从中选出一个男人和一个女人，将其带出城用于献祭。这是一种传统仪式，虽然包含死亡，但死亡不是其关键点。这两个人被视为是邪恶的化身。将他们带出城举行仪式，被看做是一种净化的行为，这种行为重新确定了内部和外部的界限。德里达认为“Pharmakos 代表邪恶，包括内在的邪恶和展现出来的邪恶”（2004c：134）。药的这一方面同样包含矛盾意向。它是有益的，因为牺牲可以恢复常态；它也是有害的，因为它是通过将邪恶具体化的方式来完成。从根本上说，Pharmakos 是有意识地利用被排斥的人，让他们做替罪羊。

当然，人们不可能忽略另一个讽刺，对书写的负面影响的论述反而用文本的形式呈现出来。德里达利用写作文本来解释柏拉图的推理，以证实他自己的论点：语言也是散播的结果。任何对于事物、事件和感觉的表达总是晚于这些事物、事件和感觉本身。这种表达只是一种再现。德里达认为，表达所再现的东西，实际上根本没有本源。语言带有增补性质。没有增补，我们不能交谈，更不用说书写，这就是延异的影响。为一个事物进行命名，就对这个事物进行了增加或减少，延续了事物的某部分，又增加了另外一些。能指（signifier）和所指（signified）之间的差异是不能消除的。任何语言都对所指进行了增补。我们所察觉到的就是在这个过程中留下的踪迹。那么，书写就是言语的衍生物；而言语是原本要讨论的事物的衍生物。然而，衍生物本身却有自身的意义。衍生物对本源进行了增补，而本源只留下踪迹。这种踪迹取代了被认为是本源的东西。德里达甚至更加极端：他否认任何本源的存在（1983）。我们察觉到的只是永远在移动、永远在发展的踪迹，这些踪迹就是使用语言的结果。时间在流逝，增补永远在延续。

风险即药

有关药物的一组同源词被运用到风险、风险管理和风险监管领域很恰当，尤其对于风险这个词本身来说。风险是一种药。它具有内在的双重含义，同时预示着机遇和潜在损失。风险喻示现在的预期和未来的结果之间有一定差异。决定中所涉及的任何不确定性，都被人们赋予一个名称，使它们变得可预测。用风险给予决策以增补，需承担后果。增补不仅仅是指风险这个词本身具有两个维度，还在于正是决策过程本身揭示出风险具有药物的特性。我们在之前提到过，风险是秩序，它试图控制未来的事件，掌控决定的后果。风险使决定者相信，作出决定的后果完全在他（她）掌控之中，他（她）可以控制可能的危险：即使是那些视线之外的、未知的可能。作为秩序的风险，对于风险控制的不良后果来说，是很脆弱的。这种风险控制拒绝任何不可能性，因此它自身变成一种风险。

Pharmaceia（the pharmacy）的角色也有两个方面，并且这两方面的目标是一致的：组织风险，使风险不至于给冒险者或冒险的机构带来毁灭性后果。银行的风险管理旨在明晰银行拥有的风险头寸，目的是使风险总水平透明，所有领域的贸易都表现出一定的风险水平。风险总水平是董事会层面决策者关注的焦点。它决定了银行的风险偏好。然而，风险偏好是风险管理的一部分。风险管理试图将一个银行的风险偏好控制在某个范围内，这样银行业务失败导致的损失不至于威胁到银行的生存，尤其是那些跟国家体制相关联的银行。风险监管着眼于银行系统的稳定，目标在于阻止可以动摇整个银行系统的失利。风险管理和监管是风险市场的药。他们提供药物，但忽视了药可能产生的毒性。

Pharmakeus 在本组同源词中是唯一的女性角色。根据不同理解，她可以指单个银行，也可以指单个交易者。从监管的角度来说，她指代银行；从银行风险管理的角度来说，她指代交易者要处置的产品是风险。这里有一个关键的双重角色。用来将风险从一方转移到另一方的是产品，产品自身带有风险性。风险和产品变为同一体。风险具有内在风险性。Pharmakeus 应该了解市场上风险的散播。在本书第 5 章寻求风险的美学这个话题中，将对 Pharmakeus 如何被消除进行讨论。

根据德里达的观察，the pharmakos 在柏拉图的讨论中没有出现，但它不能跟其他词分离开来。它属于词组的语义范围内。Pharmakos 的（再次）引入使整个角色列表变得完整。作为一名交易者或以风险为导向的银行的行长，必须意识到替罪羊这一角色。国际金融危机很清楚地表明一件事：国家和纳税人承担了替罪羊的角色。牺牲就是摆脱困境的代名词。市场参与者似乎认为市场永远不会出问题，好像市场永远会给出正确答案。一些参与者取得胜利，而另一些必然失败。任何的胜利都归因于参与者的智慧，而失败则归咎于银行的责任或归咎于公众这个外因。交易者可能得到较少的奖金或被解雇，但是人们始终坚信市场会一直运行下去。

监管即药（The pharmakon regulation）

风险有很明显的矛盾意向。未来事件实现的机会只能做概括性叙述。因此，风险最后可能变得跟预期一致：它可能变得更好，也可能变得更坏。风险的交易可以在几个维度内证明风险的矛盾意向。交易本身带有风险性。被交易的风险不会消失。对风险的交易、对冲是风险管理的有效工具，这些工具作为风险管理的一部分，对风险管理的成败产生影响。在每一步，风险都可以是良药也可以是毒药；它能帮助预防可能出现的伤害性后果，也能变成导致损失的行动中的一环。监管也具有不能否认的双面性：一方面它被认为是潜在包含能预防冒险带来伤害的良药；另一方面由于多次冒险积累起来的损失，它可能变成毒药。Pharmacia 带有毒药能力的精神，使 Pharmacy 可以成为良药物的原因。Pharmacy 是药的统称，还包括关于药的知识，药可用于治疗，可以是良药。如果用药失当，如果剂量错误，如果药里没有有效成分，或药剂师忽视了疾病，就会产生相反的结果。风险和监管两者都具有内在的矛盾性，互相影响。风险是监管的原因，监管旨在塑造风险和冒险行为。由于这两个术语都具有矛盾意向，他们交叉所产生的后果几乎难以预测。

风险

毒药：风险导致损失超出预估最大值；产生溢出效应：系统性风险

毒药的消解：良药	双方毒药的效果互相加剧：毒药鸡尾酒
风险的良药效果得以明确	良药的消解：毒化

良药：没有损失，或损失控制在预估最大值内

监管

图 8.1　风险、监管和药的作用

考虑到风险和监管同时具有良药和毒药的特性，可以用以上矩阵展现风险和监管的关系。然而，这一矩阵虽然能给人不少提示，却也有不当之处，因为它包含自相矛盾的信息。药这个词所解释的意思是散播。用图解的形式来解释药的含义，这种尝试立即被一种规则运用于解释风险，这种规则是对风险管理讨论无果的原因。通过以上矩阵，我们可以得出如下结论。

四个方格代表了风险和监管的动态关系：

- 风险的良药效果得以明确：风险和监管显示出它们的良药效果。监管采取预防措施，确保风险管理发挥作用，将风险保持在可

控范围内。

- 毒药的消解：良药。监管良药的作用能够弥补风险的毒药效果。监管能够使银行从损失中恢复。即使损失大于预估，也可以防止它对其他经济部分产生溢出效应。因此，将不会产生能导致整个金融系统崩溃的危险，或金融系统也不需要来自系统外的援助。

这两个方格描述了监管者的预期目标，带来的后果是正常的冒险和风险转移，结果如市场参与者所料，或是出现需要监管者来预防危机的情况。图中的另外两个方格显示出，监管的预期结果没有出现，甚至导致更糟的后果。

- 良药的消解：毒化。监管的毒药方面破坏稳定。这一象限描述了监管的最终失败。监管是错误的，没有起到控制风险的毒药方面的作用；在这种情况下，监管甚至是额外风险的创造者。正因为监管，金融系统产生了额外风险，或是加剧已有风险，对经济其他领域产生溢出效应。
- 双方毒药的效果互相加剧：毒药鸡尾酒。监管的毒药方面与风险的毒药方面相遇，导致监管加剧了损失。它不仅没有控制住损失，使损失超越预估的资本缓冲能力，还创造了新的风险，或使现有风险更加突出，以至于其他经济领域也因金融系统风险受到影响，即使这些领域跟金融系统毫无关系。

谈及监管的潜在影响具有毒药作用，或许令人不安。监管会帮助预防负面效应。因为监管一再防止伤害，因此它有正面倾向。然而，将监管称为药，使人们意识到，监管的效果远不清晰。这种不清晰不仅仅是指监管或许会产生负面效应；或者虽然它的意图良好，但仍然会产生意外后果。另外一点是，药物这个词暗示出一个关键的“和”的概念：它是良药“和”毒药。监管所带来的后果并不是所有都能预测，但确实有一些方面，在新巴塞尔协议（Basel II）实行前就已做过讨论。自那之后，也有一些公开发表的出版物就监管的其他后果作出过预警。这些讨论和预警，要么关注监管工具的价值：它们能否发挥作用，运用方法的设计是否正确，协议的整体结构是否带有缺陷；要么质疑监管的核心理念是否有效。在此我将不会对新巴塞尔协议做详尽讨论，只是举一些例子来证明药物这个词对监管的意义。

大量对监管的批评是关于监管的量化。巴塞尔协议在很大程度上依赖于风险度量。银行业风险管理的重点问题是对全部风险暴露的认知。在某一时间点的风险价值是多少？没错，风险价值（VaR）就是风险监管的核心统计数据。以货币单位计数，VaR 是在给定的置信水平下，资产组合潜在最大损失额的计量方法。VaR 显示出，在正常市场状态下，最大损失额不会高于 x €，在接下来的 n 天中，损失额可能为 y%。如果 VaR 的数值可靠，那么会大大增加金融系统的稳定性。虽然在风险报告中 VaR 经常被提到，但它依然不是被证实的计算规则，只能算是或然性论述。它只是对将来后果的估测。人们已经明显表达出对 VaR 的批评，或是对其价值的质疑，或指出其具体的缺陷。这些缺陷被认为可以通过改进现有的度量或用不同的度量方式来替代。我们简单看几种 VaR 方法的缺陷，以及其他相似的风险度量，足够使人们对 VaR 的有效性产生怀疑：

- VaR 不满足次可加性。VaR 本应是一致性风险度量。当它就单个风险或全部风险进行评估时，结果应该一致（丹尼尔松等（Danielsson et al . ），2002）。由于整体风险降低，次可加性刻画了现代投资组合理论中的风险分散化原则。从银行风险管理的角度来看，次可加性的标准有两方面。如果潜在损失总额不等同于对整体风险的度量，那么 VaR 就没有反映出风险头寸，这也是分散风险度量的动机。比如，可将其分散成数个辅助度量，因为分散后的风险对监管资本的需求较低（巴塞尔银行监管委员会，2010）。

- 这一问题被纳入到新巴塞尔协议中，每种风险被单独度量。资本需求是第一支柱（信用风险、市场风险、操作风险）和第二支柱（集中性风险、流动性风险、剩余风险和其他风险）相加的总额。一种完整的风险度量方法会同时计算所有风险的资本，并解释风险之间的依赖性和相互关联。大家普遍认为，如果忽视风险的内在依赖性，银行资本就会被错估。（巴塞尔银行监管委员会，2010）。
- 波动性随时间改变是风险度量中的复杂问题。应该仔细核查，讨论中的波动性处于风险计算的哪一层次、目的为何。作为监管资本的基础，波动性提出了监管标准的潜在顺周期性效应这一问题。（同上）
- 巴塞尔协议设定了99%的置信水平，这一风险水平是任意选取的。虽然99%听起来很严格，但它意味着每一百天就要违反一次VaR模型。据丹尼尔松（Danielsson，2002）的推测，这一置信水平选取的依据是基于已有模型。对于已有模型来说，在更高的置信水平上进行预测过于困难。如果风险模型被界定为用来预防系统失灵，那么丹尼尔松认为VaR是错误的监管工具，特别是因为对于系统崩溃这样的小概率事件来说，如果VaR统计估计一年2.5次的违反频率为正常现象，那么该工具没有任何预测价值。
- VaR数值容易产生道德风险。非次可加性（Non－sub－additivity）使得选择一种对整体风险的设计成为可能，这个设计对于一种有连贯性要求的风险管理和监管来说是背道而驰的。对于那些旨在对冲不可接受的高风险价值的交易策略来说，VaR也不能作出解释。"对某个单一的损益分布分位数的依赖，对已报告风险的监控是有益的"（丹尼尔松，2002：1285）。
- 多数风险矩阵没有考虑非线性依赖这个事实。资产的相关性在一个增长性市场中，比在一个混合市场状况下要低，在一个下跌市场中则显著更低。如果一个模型预设稳定的相关性，则会系统性地低估下跌的风险（丹尼尔松等，2001）。

- 贝努瓦·曼德尔布罗特（Benoit Mandelbrot）在 20 世纪 60 年代就对 VaR 进行过讨论。基于对商品和证券市场的研究，他尤其质疑在 VAR 这一类型的风险矩阵中作为基础的正态分布（曼德尔布罗特和哈德森（Mandelbrot and Hudson），2004）。他认为价格变动是不稳定的、非线性的，并非遵循连贯性的路线。随着时间的改变，小的变动会接踵而至，但大的变动却同时出现，也就是说，波动性会彼此加剧。结果是以长期来看，价格不会围绕一个平均值上下浮动，而是会产生利润的肥尾效应。当两个分布较低的极端值出现的概率提高时，肥尾效应是钟形曲线的非典型特点。从这些发现中可以得出的结论是，随着时间的推移，周期运动都是不可预测的。

对模型的批评在一定程度上可以通过结合更加成熟的模型加以解决。与这一类批评相似，还有更多批评指向这种通过模型进行监管的基础，甚至是所有监管的目的。关于这一方面有两种争论：监管资本的角色和作用，以及从风险管理角度理解风险的特点。由于监管资本具有顺周期效应，因此被广泛讨论。很多人认为，监管资本会加剧危机（丹尼尔松等，2001；迪诺亚和米科西，2009；黑尔维希，2008；卡什亚普等，2008；斯蒂格利茨，2008；塞戈，2010（Danielsson et al. 2001；DiNoia and Micossi 2009；Hellwig 2008；Kayshap et al. 2008；Stiglitz 2008；Szego 2010））。新巴塞尔协议规定，银行必须在基础资本中保有至少 8% 的暴露。一旦资产组合出现损失，这 8% 可以被用做缓冲。然而，这一数字并未得到方法论的论证或数据的验证。8% 似乎是讨论后任意选取的结果（塞戈，2010）。上文提到，巴塞尔协议鼓励使用更加复杂的模型来计算风险暴露，这样对冲和抵算的影响也可以被包含进来，这就导致基础资本只能覆盖2%或3%的风险（黑尔维希（Hellwig）2008）。从正面来说，对于那些准备并有能力投资于更复杂的计算方法、开发更成熟模式的银行来说，他们可以获得竞争优势。通过对模型的运用，他们可以降低监管资本，更集中地利用他们的资本开展更多交易，并拥有更大的杠杆。黑尔维希所指的后果（基础资本只能覆盖2%或3%的风险）已经非常严峻，它体现了监管的内在缺陷。8%或任何其他经过重新计算得出的数值可用做缓冲，使银行在面临重大损失时不至于破产。但是，这个缓冲不能发挥应有的作用，因为监管资本是强制性的。缓冲必然需要波动。如果它被用完，当银行状况变好时，必须立即被补充。但这个过程存在时间差。监管资本的强制性使这一时间差成为可能。因此，当银行经受损失，资本减少时，它必须立刻出售资产，再次补充资本。在这种情形下，起缓冲作用的只能是监管资本之外的那些资本。黑尔维希（2008：48）将其称之为银行监管的悖论："当被监管者规定一个最低额度时，银行资产负债表上任何发挥缓冲功能，预防无法预期的偶发事件的头寸，都失去了这一功能"。监管资本的唯一功能就是满足监管需要。但这可能会产生严重后果，使监管变成顺周期循环，导致下行市场产生大规模损失。很多银行会面对同样的危险状况。当一个完整的市场细分消失，如同2007—2008年当整个银行业在全球范围内的运转，强制性监管资本意味着在损失发生后，银行不得不出售那些在危机时期失去价值的资产以立即填补缓冲资本金。根据会计学的市值计价规则，这些资产需要降低价格，也就是说，风险覆盖被降低，因此增加了出售的压力。监管增加了恶性循环的可能性，增加了需要被防范事件的可能性。这就是银行监管的悖论所带来的严重后果：新巴塞尔协议在这一最需要它的领域反而失灵了。

第二个争论同第一个性质不同。它是从市场参与者和风险管理的角度来理解风险。当使用风险度量，试图预测未来变化、对冲风险时，风险应如何理解？风险被视为理所当然的事情。市场处于风险之外。风险几乎被视为客观事实，我们可以对其进行计算，并根据计算结果采取行动。丹尼尔松及其同事（2001）把信贷风险预测比作天气预报。天气预报并不影响天气本身，据此丹尼尔松推断，对市场波动性的预测也不影响市场本身。然而，这是完全错误的推断。市场参与者的行为，也即他们不断买卖头寸的决定，制造了市场的波动。任何构造市场模型、参与风险计算并根据计算结果采取行动的人，都属于市场的一部分，影响着市场的未来走向。风险是内源性而非外源性的。继而丹尼尔松认为，价格变动包含两个部分：一部分是价格变动本身，他们主要是外源性信息立即反映在价格上的后果；另一部分，他们将其称之为内源性反馈部分，它们是市场参与者通过整合信息而给出的反馈，这就是内源性风险。在金融危机期间，由于市场参与者的反应趋同，市场获得额外的发展动力。如果市场参与者不愿意接受更多风险并降低风险暴露，市场会持续恶化；市场的恶化，使得参与者更不愿意承担风险。因此，内源性风险处于系统风险的中心。内源性风险能影响整个系统，是整个体系规划的结果。监管规定使用相似的风险体系，以市值计价的规则导致市场参与者采取类似的短期行为。丹尼尔松及其同事的结论是，监管刚性将非常相似甚至相同的风险模式应用到风险管理，给风险体系设置了一个反馈环。在极端市场的反应下，不管是在繁荣或萧条时期，这一反馈环具有强有力的破坏稳定的作用。这是对我在药物矩阵中双负象限的效果的呈现。毒药遇上毒药。监管使利空消息加剧。

虽然丹尼尔松和他的同事本意在于创造量化模型，最后得出的结论却带有社会学意味。被人为创造并广受认同的羊群行为和旅鼠效应，在他们的推理中必然变成令人不安的意象。强调社会学方法，可以更深入理解市场的运行机理。如果风险被认为带有内源性特点，那么潜在的假设是风险管理不影响市场价格。该假设已被证实是错误的，并导致了“二级危险”。这些都是风险管理和控制体系的非预期性附带后果。二级危险是风险管理的副作用，它们产生了负面事件，体系本身无法将这些事件设定成风险，因此无法管理它们（霍尔泽和米洛（Holzer and Millo），2004：6）。二级危险是风险管理本身的风险。风险管理无法意识到自身决定对其试图管理的风险所产生的影响。

唐纳德·麦肯齐（Donald MacKenzie）的著作对于解释金融市场中的部分事件尤其有帮助。如果没有他的解释，这些事件会被认为很怪异。他对于施为性力量和仿效（2003a，2004，2008）的解读，是以经验研究为基础的，并成为一种理论思考的坚实基础。施为性力量和仿效创造了全球微结构（2003b，2008）。1998 年，对冲基金美国长期资本管理公司（LTCM）几乎倒闭。麦肯齐对于这一事件的讨论，为导致该危机的原因给出了另类解读。这一解读带有一些挑衅，因为它与其他理论背道而驰。由于这一事件有很多值得瞩目的因素，麦肯齐从多个角度对这次事件进行了研究。就人才来说，LTCM 拥有最好的金融理论家和最好的实践者。它拥有两个诺贝尔奖得主默顿（Merton）和斯科尔斯（Schloes），二人发展出了著名的布莱克—斯科尔斯—默顿定价模型（BSM），并获得诺贝尔经济学奖；LTCM 还拥有一个由最成功的证券交易员约翰·梅里韦瑟（John Meriwether）领导的小组。显然，这么多优秀人物的集结很容易产生了组织自恋（斯坦（Stein），2003），尤其在这一环境中，成功被归因于独立的行为人而非整个组织。在群体思维的时代，过度自信会导致自满和短视（托夫特（Toft），2001）。有趣的问题是：这样一个基金囊括了当时众多具有丰富经验和数学知识人才的基金，怎么会失败呢？唐纳德·麦肯齐（2003b）给出了一个解释，他将焦点从当前最通俗的看法转移到社会学领域。当前通俗的解释聚焦在行为人的个人水平、贪婪、投机和对数学模型的迷信上。有人认为，政府工作组进行了过度的杠杆操作，即自有资金借贷的水平太低，导致问题的发生。麦肯齐承认这是一方面原因，但并不接受它是原因的全部。最通俗的解释是，卢布的贬值引发了市场的安全投资转移行为。这可以被认为是触发了 LTCM 的困境，但并非是它的缘由。LTCM 基金因其在人员方面的名声以及早年的成功，而备受市场参与者的关注。虽然外人并不一定了解 LTCM 的行为模式，但他们却争相效仿，导致由投资组合交叠组成的超级投资组合出现在市场上。这种行为模式的复制以及市场参与者在同时期对市场作出相同的反应，导致了不利的价格变动，进而使得这些模式的假设在转变的环境中变得不再适用。一个基本却不明确的假设被证实是错误的：利用价格差异的方法（如本例所示）本身是中立的，这种方法并不是市场的一部分，其本身不影响市场规则。当然，市场会严重影响交易的发起者，证明他的设想是错误的，并导致利益损失。基金与拿它做交易的市场是不相关的。但麦肯齐揭露出的是另外一种形式的介入，也即行为者的介入。行为者的活动可以改变规则；在某些时候，这些改变及其引致的后果是不可能被察觉到的。虽然 LTCM 的策略可能是对的，但某个事件的发生改变了整个环境，使得策略不能发挥作用。“世界的本质发生了改变”，梅里韦瑟说道，“但我们没有意识到”。这是麦肯齐（2003b：374）引述的他在采访梅里韦瑟时后者所说的话。从事套利活动的投资者所处的全球化市场的微结构已经改变，没有人能预知这一改变带来的后果。

风险是内源性的，市场上任何反映市场事件的行为，都影响着市场的形势，这种影响的后果是不可预知的。市场形势是行为者建立自己假设的基础。任何计算，它可能包含很多市场变量，但也只是包含某一时间点的变量。这种计算依赖于那种只在某一时间点有效的假设，但并没有明确这些假设的有效期能持续多长时间。模型内在固有的对变化的漠视，造成它的假设出现错误。用德里达的术语来说，模型不适用于事件，事件是不可能被包含在模型的假设之内的。这一点不应该从哲学家口中说出，交易者完全可以通过经验总结出来。尤其是像纳西姆·塔勒布（Nassim Taled）这样的交易者，因为他们从银行业退出之后，可以用局外人的角度来审视他所从事相当久的行业。塔勒布是畅销书《黑天鹅》（*The Black Swan* 2007）的作者，现在他对成功预测到 2008 年国际金融危机很是得意。他在十多年前就指出以数学为导向的风险管理具有缺陷。他对 VaR 的引入持极度怀疑的态度：

> VAR 的引入，使得我们用一个协方差矩阵，取代了约 2500 年的市场经验，而这一矩阵仍处于初级阶段。这些市场经验是交易者通过一传十、十传百而保留下来的传说，我们放弃了这些市场经验，把所有都塞进一个协方差矩阵……对我来说，VAR 只是一种骗术，它试图对不可能进行科学预测的偶发事件的风险进行预测。它给出的看似精确的预测，其实带有误导性，会导致经由套期保值的头寸的累积。
>
> （科尔曼（Kolman），1997）

VAR 分布曲线一个有趣的特点就在其肥尾效应，也即偶发事件。虽然我们承认塔勒布没有套用德里达的思维，但这正是需要加以思考的时间维度。

风险——秩序的散播

过去几年在银行业中，散播随处可见。一些例子可以证明散播的逻辑再加上药物的作用在银行业中有所体现，并揭示出金融市场变化的本质。以下三个例子为：套利交易、影子银行和资产证券化。虽然所有事情一旦发生便可得以解释，但这只是一种后见之明（这一点必须强调出来，以免那些事后才明白的人产生骄傲思想）。了解所有要素，就有可能重建导致后果的方式。在产生后果的过程中，要想预测即将发生的事情是极其困难的——如果不是不可能的话（用德里达的话来说，是“不可能”的）。这三个例子具有自身的复杂性，并且彼此联系，很好的阐释了以上观点。

套利交易似乎是主动尝试散播的典型例子。套利利用了价格差异，创造之初它利用不同地区的价格差异来获利，现在它变得更加复杂，用来识别不同市场之间资产的价格差异（贝翁萨和斯塔克（Beunza and

Stark)，2005)。结果或者（从市场透明度的角度来看）预期的后果是，价格差异消失了。套利可以被视为一种价格调节机制。然而，如果在市场上套利是行为者的核心竞争力，不管在何时何地，一旦意识到有利可图，市场参与者都会运用他们的商业逻辑来获利，这并不意外。对监管或者“监管套利思考”来说，情况即是如此。(丹尼尔松等（Danielsson et al.），2010：27；达斯（Das)，2010；斯蒂格利茨(Stiglitz)，2008)。如果行为者意识到金融市场中监管区和非监管区的差异，他们会创造可以利用两种区域优势的商业模式并以此获利。法律实体在市场监管和非监管领域创造、转移和持有产品，这一奇特的混合现场是次贷危机时期缺乏透明度的原因所在。特殊目的载体（SPV）是为特殊地处理资产、管理现金流目的而建立的法律实体。SPV 被置于监管之外，它们不需要包含进银行的资产负债表。整体潜在的风险价值只有在银行业崩溃之后才能显现出来。依照新巴塞尔协议规定，监管资本并不覆盖风险。

从监管和预防系统风险的角度来看，这都是不利的，有危险的副作用。金融市场的监管领域，也就是银行系统，正在被非监管领域所改变。对银行系统监管的本意是好的，目标是创造一个稳定的市场，银行可以保持良性运转、适应力强，但这种监管因为要维持与非监管领域的差异交易而被削弱。套利的存在使得监管领域和非监管领域的差异消失。这一差异并非形式上的消失，而是体现在日常的交易行为和风险管理中。

套利行为的后果便是产生了影子银行，该名词至少指代两种新生事物。第一种是为监管套利考虑而产生的住房抵押贷款证券化（如上所示)。不管影子银行的建立是否纯粹为了避税或监管套利行为，它的后果是风险从发起者的资产负债表上消失了。毕竟，这就是证券化的目的。在影子银行里，因为没有被银行监管覆盖，所以在一个直接反馈环上所有 SPV 的不稳定发展，对发起银行和银行系统的作用都是不透明的。

不管SPV在2008年被证明损失多么惨重，它们只是影子银行的一部分。场外交易市场是证券交易所和清算之外的所有交易的总称。OTC覆盖所有双边贸易，买方和卖方不一定为银行，这些贸易也不需要得到金融许可。因此，这一市场本质上也处于无管制状态下。OTC中不存在对风险暴露的要求。它是不透明的，这显然是市场参与者选择的结果。透明度的缺失可以使拥有较多信息的人获得潜在的竞争优势。任何第三方比如票据清算所或交易所的加入本可以使市场变得更加透明（因为需要制定强制性的保证金需求），也更加稳定。将OTC市场称之为影子银行，简直是对它的恭维。被称为“影子”，人们肯定假设存在一个更大的区域，使得“影子”可以隐藏起来。然而，国际清算银行的数据显示，事实却恰好相反。OTC市场占据了88%的金融市场份额（国际清算银行，2011：12）。为了强调影子银行的影响，可以引述证券交易委员会（SEC）主席克里斯托弗·考克斯（Christopher Cox）给美国参议院的证词中，对监管缺失的危险所做的论述：

> 执行部已对金融机构的市场操控展开彻底调查，重点是在金融发行机构有频繁交易活动和在信用违约互换中有头寸的经纪交易商和机构投资者。开展本次强制性调查是因为在58万亿美元的CDS市场中存在巨大的操控机会。CDS市场完全没有透明度，处于全无监管的状态。
>
> （考克斯，2008）

2008年的58万亿美元是2006年的两倍（同上）。魏茨纳和达洛克（Weitzner and Darroch，2009：11）认为，CDS是2008年国际金融危机的核心所在，但它们只是OTC交易的一部分，这个“隐藏的世界”的潜在灾难性力量不言而喻（邰蒂和戴维斯（Davies Tett and Davies），2007）。两个关键性的转变：金融市场的扩大和融资便利及风险转移的变化，使得市场成为企业信贷的重要来源（魏茨纳和达洛克（Weitzner and Darroch), 2009)。市场为企业融资敞开大门。影子银行的业务是对传统银行业务的增补，目的是在规避监管的同时，使用那些最新发明的有效金融工具来获得发展。正是银行的规则和监管被用来规避这些限制，银行业务才发生散播。

互联网泡沫之后，资产支持型证券（ABS）证明其对于完善银行的资产负债表是一个很有用的工具。银行可以将投资组合中的一批信贷证券化给予不同定价，然后以新证券形式将它们出售给感兴趣的投资者。这一证券类型需要买方固定时间并及时偿付贷款，在此过程中卖方或买方的参与者也是有限的。资产支持型证券的目的是通过消除监管资本，恢复正常的信贷业务范围。随着大众市场时代的到来，资产支持类证券的重点由发起和分销模式转变为打包出售模式。创建信贷的目的不再是为了让其停留于银行的资产负债表上；银行业务也不再根据信贷经理的经验和数据计算出的（亦即小额、可预测的）风险进行交易，并将这些风险作为或多或少的例外状况分散出去。对住房抵押贷款证券化（MBS）来说，发起者不再将抵押贷款作为主要业务。主要业务变成了收集抵押贷款并将它们打包出售——也就是说，将风险尽快转移。虽然MBS的结构和产品与ABS相似，但MBS所涉及的交易方及其激励结构发生了重大改变。产品、市场和交易方都被增补了。ABS做了改变以适应任何形式的信贷业务，市场迅速扩大，信贷参与者被引入进来。没有标准指导下的产品创新增加了市场的复杂性，导致市场愈加不透明，甚至泡沫都成了不可能的事件。欧洲中央银行（ECB）发布的一份报告就次贷部分轻描淡写地评论到“……再加上结构复杂的金融产品的信息不透明，（它）对投资者进行恰当的风险评估和定价提出挑战，因此加剧了金融稳定方面的担忧”（欧洲中央银行，2008：5）。在分析中，ECB还探讨了发起和分销模式中参与者的激励结构。它认定了四种类型的参与者：发起者、中间人、第三方和投资者。作者揭示出，这些人群的利益差异导致了不利的后果：

> 发起者的工作最后只剩筛选和（或）监督买方，在资产出售给中间人时选取初始资产；投资者的目的在于平衡风险和回报之间的协调，而中间人的兴趣可能与此冲突；信用评级机构可能不太乐意及时下调等级；对于问题信贷，或许不会倾向于采取最有效的措施。此外，投资者可能没有适当的动机来自己做结构化金融产品的风险评估，因此过度依赖外部评级系统。在发起和分销模式中，针对其他参与者，他们也不能有效发挥训导性角色。最后，不同类型的投资者（比如，资深投资者、夹层融资和 股权投资者），可能会根据结构性产品的付款顺序，产生不同的动机。
>
> （欧洲中央银行，2008：5）

散播的后果被一言以蔽之。当遭遇交易方的变化或新的交易方加入，从而出现不同利益时，本源（但究竟什么是本源？或者更恰当的说法是：这一模式的早先版本），逐渐但深刻地改变了自己的特性。其实，对于所有参与者来说，收益最大化的目标没有变化，产品也保持不变。一个根本的转变是人们可以忽略交易的下一个步骤。ABS 是可交易的证券，同时也是将交易从一方转移到另一方的结构。定价是根据证券中资产的价值，而资产价值依赖于违约风险和利率偿还的规律性。风险/回报的权衡性评估因 MBS（ABS 的特殊形式）的大众市场发展动摇。MBS 是危机的核心。

事实上，这一发展体现出从传统银行业务到投资银行的转变。业务理念则是完全从零售市场的债务转变到金融市场的工具。银行的利润来源不再是信贷发放，而是用证券的形式迅速将信贷分散，这也变成了银行的核心业务。信贷本身只是一种中介产品，用来创造真正的利润。由于意图是迅速分散，因此在整个系统中，任何有关严密筛选借款人的动机都被消除掉了。这一发展对监管资本的理念也有影响。普南纳德姆（Purnanandam）（即将出版）指出，对质量差的抵押贷款的影响要大于对受资本约束的银行的影响。一方面，资本、管理证明是风险扩散的诱因。将信贷从资产负债表移除，能够扩展新的潜在业务。另一方面，如果风险被转移给投资者，将不再需要进行任何的损失计算。资本便不再受影响。因此，扩散给系统带来不利影响，而抵押贷款的质量却越来越差。主要动机则是使得源源不断的抵押贷款被证券化。

金融工具的意义由原来的防御策略（目的是调整导致不良信贷的决策或调整市场动荡产生的不利影响）变成盈利的工具。看似可以点石成金的神奇药物，被再次证明是一把双刃剑。良药和毒药同时作用：既是利润来源又是灾难之井。

第9章　遏制风险

朝着“即将到来的法规”前进

没有什么可以与一种无害的补救方法相比。“药物”不仅仅是有益那么简单。

（德里达，2004c：102）

在金融业中，风险和监管紧密联系。它们的关系看似自然，不具有强制性，或者看不出是长期发展的结果。回顾历史可以看到，危机引发风险，给投资者带来无法控制的损失，监管因此而生。从银行到经济的其他领域总是会出现溢出效应，现在仍有此类情况发生。事实的确如此，2008年的国际金融危机比以往任何危机都清楚表明，金融投资领域又多了特殊的内容。

根据德里达的思想（1983），我们可以把风险的发展理解为增补性的，这对探寻风险和监管的关系提供了有趣的视角。承担风险和风险管理是增补性发展的，我们要强调的是，风险是逐渐变得复杂起来的。出海之初只是出海，后来发展到配备船员、航行被视作是冒险的投资，这成了日常生活中不言自明的事情；从个人的航行到脱离个体船只的团体投资；从将具体的风险从一方转移到另一方，到交易这些风险及投资方之间进行“直接交易”；从对业务中的具体风险进行交易到将具体的风险变成风险管理产品而标准化；使用的这些产品是可交易的，但仍与具体的业务有联系，之后交易的风险产品完全脱离了它自身交易以外的所有业务；从以风险管理为主导到用产品来承担风险与具体业务的风险管理正式相连；从命运到通过交易风险来安排风险……这是一个长期的过程，但这绝对没有囊括出“风险”出现后的所有增补性变化。承担风险需要对风险的管理。承担风险从一开始就与计算、统计学和数学相伴。非常有趣的是，风险管理是作为预测赌博胜率概率的工具而发展起来的（伯恩斯坦（Bernsterin），1996；哈金（Hacking），1975），它在名誉上仍然有这个“污点”。斯特兰奇（Strange，1986）和辛恩（Sinn，2009）把金融市场称为“赌场资本主义”。银行监管在最初尝试着用风险计算的形式来进行风险管理，并且对跨国银行的所有部门进行强制监管。跨国银行拥有卓越品质理念，努力在实践中贯彻这一理念并做到最佳。但仅靠这个是不够的。强制的目的是使监管实现控制银行部门风险的功效以避免整体效应的产生，即避免对经济的其他领域发生溢出效应，它能使跨国企业因为控制能力以外的原因而破产。

下文将会从理论的若干个角度来审视监管。首先会从延异和增补的视角来讨论巴塞尔协议，这为即将到来的法规的引入做好了铺垫。风险、风险管理和监管中“药物”的影响是即将到来的法规的基础。第一部分讨论的是监管需求，巴塞尔协议中将它解释为市场过量导致的数据收集过量。监管者公开表示过单单依赖计算是不可信的。相反，他们引入了定性监管，试着加强内部风险管理。他们从整体角度审视风险管理，并让市场参与者成为监管的实施者。监管者设想的概念已复杂化，结论是规则和规则依据甚至比监管者设想的概念还要复杂。它的内容会通过对即将到来的法规的介绍得到讨论。

过量无效，或者规则和法规被置换的世界

狂欢后的生活：尝试用监管来控制过剩

当用经济学术语来谈论过量时我们会很容易想起“泡沫”现象。

评论员常常提及十七世纪早期荷兰的郁金香热（麦凯（MacKay），1995），以此来提醒参与或看过网络炒作的人们，这种泡沫绝不是最近才发展起来的。阿姆斯特丹的富人中流行收集稀有种类的郁金香，并演变成一种投机活动。开始这种投机仅局限于收集者之间，它发展得比较缓慢。然而，随着需求的增加，很快出现了供不应求的现象。郁金香在中产阶级中也流行起来，市场进一步扩大。接下来需求呈爆发式增长，郁金香花苗成了专业交换的对象，市场参与者们感兴趣的只是交易，而不是花朵的美丽。郁金香价格稳步升高，使得人们很自然地对价格走势表现出自信。这吸引了各个阶层的人们来交易花苗，他们卖掉了大部分不动产以进入市场。结果郁金香的价格达到了投机的高峰，高得离谱。1636 年郁金香在阿姆斯特丹股票交易所正式上市，但是仅仅一年后泡沫就破裂了。价格上涨不会永远持续，只要人们都明白这一点，市场马上就瓦解了。当价格跌到最高点的 10% 时，那些借钱和贩卖资产来投机的人就破产了。

郁金香热是个较早的例子，揭示了当交易自我结束时哪里出了差错。买商品是为了使用商品，这个逻辑失效了，买商品是为了把商品立即或稍后卖掉。在交换的世界里，交易者谈论的是交换价值而不是使用价值（在郁金香花苗的事例中，使用价值指其结出花朵的美观性）。用交易的逻辑看，将购买的花苗种在花园里意味着浪费了以更高价格将其售出而挣钱的机会。金融市场不关心产品生产和对顾客的分销，却关注不以消费为目的的货币交易和金融工具。金融市场的交易属于二级交易，它仅与一级交易市场有着间接的关系，而生成的利润则是它们之间联系的纽带（诺尔·塞蒂纳和布吕格尔（Knorr Cetina and Bruegger），2002b：913）。

回顾过去三十年，国际金融市场上商业价值的增加是惊人的。金融衍生产品市场是现今最重要的市场，但在当时则非常微不足道——事实上在二十世纪七十年代早期它们大多数是非法的，因此没有可靠数字能显示它们的存量（麦肯齐和米洛（MacKenzie and Millo），2003：

109）。根据三年期央行调查发布的外汇交易市场数据全球的日营业额上升至 4 万亿美元（国际清算银行，2010），与 2007 年相比增加了 20%。名义金额中所有头寸的数额上升到 63.3 万亿美元，与 2007 年相比增加了 9%。2004 年到 2007 年的调查数据显示增长幅度为 83%，与之相比，调查者认为 9% 的增长幅度较为温和。

这个数字已相当惊人，而总的市场价值却更能引起我们的兴趣，它代表以占主导地位的市场价格来替换所有开放契约的成本。若没有采取综合性措施来应对风险，总市场价值就可视作是对风险最有用的指标。三年期调查报告显示，它比名义金额的增长率要高得多（96%），到 2010 年 6 月底达到了 3.2 万亿美元。外汇交易市场是最大的衍生产品市场，但却不是唯一的市场（所有数据来自国际清算银行，2010）。这些交易的基础资产一直是商品或证券。然而市场参与者很快发现，可以在未持有基础资产或未打算买卖基础的资产情况下，这些金融工具，可以被用来推测基础资产未来的价格走势。在基础资产未交付的情况下对其进行清算是可能的。盈利或损失来自金融工具价格的变化。在多变的商品和交换市场中，金融工具曾作为风险管理的形式而产生。金融工具（如期货、远期合约、期权等）的所有价值在现今要比基础资产的实物交割价值高出很多倍。也许有人会得出这样的结论，市场运行失去了原本的意义。丧失了初始意义的市场却在运行，一个至关重要的界限被打破了。鲍德里亚（Baudrillard）把市场发展的当前状态描述为狂欢之后的状态，认为这是当前状态的特征。狂欢指的是现代性充分表现的时刻，一切（政治、经济、性）都在此刻解放。一切（妇女、儿童、潜意识、破坏力、艺术等）都获得了解放。物体、标志、信息、意识形态和娱乐的生产伴随着我们的发展之路，实际上它们被过量生产了。当一切都解放时，我们得面对这样的问题：狂欢之后做什么呢?（鲍德里亚（Baudrillard），1992：9）。对金融工具来说仅需要一小步就能打破界限，就使它们脱离了原来的意义。它们不再和基础资产的使用有直接关系，可以在自己的市场上被自由地使用。用鲍德里亚的话说，它们变得“超真”（鲍德里亚，1992：10）了。上述的数据也许可以说明，虽然市场丧失了初始意义，但却还能运行得这么好。

麦高恩（McGoun，1997）用鲍德里亚的话来描述金融市场。商品有使用价值，是真实的价值，是价格或符号价值的基础，因为商品代表其能被交换。而与之形成对比的是：

超真实金钱具有交换价值，而没有使用价值，甚至没有符号价值。它不代表任何事物。它是纯粹的标志。超真实经济是标志的经济，脱离了真实的事物，虽然如此，但它有能力影响真实的事物。它不需要电子方式介入，尽管这样做会有帮助作用。

（麦高恩（McGoun），1997：108）

尽管金融市场是为了交易而交易，这些市场的参与者也有可能受交易失败的影响。如果与两个市场都有关联的银行倒闭，那么超真实市场的损失带来的消极后果会影响到真实市场。我们可以认为，巴塞尔协议Ⅱ的制定是为了防止上述现象的发生。

早在20世纪80年代，苏珊·斯特兰奇（Susan Strange）就创造了“赌场资本主义”一词来描述国际金融市场的发展（斯特兰奇，1986）。她分析了布雷顿森林体系之后的市场转变，在当时固定汇率已被废除。不到十年金融市场上的交易额已经上升到令观察者难以想象的高度了：“每天赌场中的游戏所涉及的数额大到不可想象”（斯特兰奇，1986：1）。截至2010年4月（国际清算银行，2010），外汇交易市场上的平均日营业额总计达到3.9万亿美元。与衍生产品相反，外汇交易市场在20世纪60年代已经很稳定而正是在这个市场中银行的失败引发了对国际金融市场进行监管的第一次尝试。在1974年德国监管者撤销了赫斯塔特银行的营业执照。这是第二次世界大战以来德国银行业发生的最大的银行破产事件。它破产的原因是国际外汇交易市场上的巨额交易存在不受控制和无限制的因素。赫斯塔特银行多年都产生巨额利润，银行所有者和 CEO 对此感到自豪。因而其没有适当设限，也没有进行适当的风险管理，最终其试图通过篡改资产负债表来掩盖本可以预见的损失（布罗斯和克努尔（Brors and Knüwer），2004）。这起银行破产事件致使 1975 年巴塞尔协议 I 的达成，目的是监管国际银行的国外运营。这个协议的最终作用并不理想，因为仍存在很多灰色区域，使得各国当局在其中可以互相依赖。因而在实践上没有实现彻底全面的监管。新的协议取代了它，并约定了银行应该遵守的普遍法则。巴塞尔协议 I 的基本理念是资本充足率，即所有银行都必须拥有自有资产的充足资本，以防资产价值出现部分或全面损失（斯特兰奇，1998）。

"巴塞尔"与说明版本的罗马数字排列在一起，目前成为监管金融市场的国际框架的代名词。瑞士的巴塞尔是国际清算银行（BIS）的所在地。国际清算银行是促进各国中央银行和其他机构合作的国际机构，目的是为了实现货币和金融的稳定性。监管银行委员会（名称为巴塞尔委员会）的秘书处设在国际清算银行。巴塞尔委员会没有立法权和监察权，但几乎世界各国对金融市场的立法和监管都遵照委员会的意见执行。

从上述引用的数据可以看出，市场加速发展而变得过剩。不仅是交易额如此，一切都有过之而无不及。斯特兰奇列举了 20 世纪 90 年代末的过剩点：

> 市场的庞大规模，交易额，可完成交易的多样性，新兴金融中心的数量，国际金融业中直接或间接雇佣的男性和女性，其中包括了受害者，包括了被动卷入赌局的赌徒。
>
> （斯特兰奇，1998：9）

她还列出了银行运营中存在的大规模和快速的创新，即银行在全球范围处理更多业务的能力。

1995年英国巴林银行倒闭。一个交易员的投资出现失误，他隐瞒了这一事实，想用更高价格的交易来弥补这一漏洞，但市场并没有按他的预期发展。当这一事件被曝光时，漏洞大到银行已无法弥补。如德国赫斯塔特银行一样，巴林银行失败的根本原因是缺乏有效的金融管理（阿扎米（Azarmi），2005；德拉蒙德（Drummond）2002）。破坏性的过盛是难以预防的。巴林银行倒闭是市场风险产生影响的事例，巴塞尔协议Ⅰ中缺乏有效针对这一点监管规则。尽管其中也有包含这些风险的条例，但事实证明这些条例不够有效（克罗基特（Crockett），1997）。1999年，首次通过征求建议形成的巴塞尔协议Ⅱ，即《统一资本计量和资本标准的国际协议》，在经过广泛讨论和修订后，最终在2004年面世（BIS，2004）。

巴塞尔协议Ⅱ有三个主要部分，称为三大支柱。第一支柱试图用量化的形式来应对银行的风险形势，确定了普遍可接受的最低资本要求。此外，它还确定了使用更高级模型的条件。第一支柱说明了应对已实现的金融风险所需的最低资本要求。听起来这与数学统计有关，在很大程度上也的确如此。第一支柱在协议文件中占据主导地位。对数学模型、不同风险的评估方法和报告约占官方文件内容的90%，这意味着数学模型的使用在风险管理中已经有很长的历史。第一支柱中包含了银行已引入的模型，并对这些模型加以改进。这些模型可以对信用和市场风险进行评估，对更加广泛的指标又进行了若干的划分。这些指标有交易对手、流动量、外汇交易、商品、股份和利率，及损失性的运营风险（由不当或失败的内部流程导致，或人为或系统导致，或由外部事件引发）等。内外部欺诈、工作环境的安全性、经济中断、系统出错和实物资产等问题都包含在内，所有这些都可用数学模型进行量化。另外两大支柱约占整个协议文件的10%。第二支柱是监察审理程序，第三支柱为市场自律。它们对监管新方法的探讨，不属于巴塞尔协议Ⅰ中的内容。

选取指标来判断银行业与生俱来的风险的有效性有多大？银行该如何控制因损失导致的风险？第一支柱旨在为解决这些问题提供答案。第一个问题可以通过大量收集数据并对涉及的每项业务进行量化而加以解决。在以数据为基础的环境中，我们会首先想到这样的方法：创造出显示风险水平的数据来应对各种复杂的因素。它是若干种工具的结合体——如对业务类型设限或对一方的交易额设限；鼓励从整体角度看待银行逐日累积起来的风险以及信用和交易账户可能的发展趋势；强调对假设性问题的答案进行测试：如果基础资产或担保品的价格升高或降低了若干个百分点，这会对银行的利润或损失产生什么影响？

人们开发出了一些数据，如风险值和蒙特卡罗模拟。它们很快就获得了广泛认可，被视为市场标准。然而，银行之间一直都存在着共识，认为这些标准化的数据和模型不能有效地应对个体银行或国家市场的特殊性（克罗基特（Crockett），1997）。因此，这些银行尤其是在全球和多个市场上开展业务的银行，一边继续使这些模型适应他们的特殊形势，一边努力寻找更复杂的模型。风险基础的建立实际上是标准的方法，这个基础被普遍认可。结果风险管理却变得多样化。

巴塞尔协议Ⅱ承认了这一事实。它的目的不是要把银行业与一定数量的方法捆绑在一起来防止它的进一步发展。该协议定义了可以改进的最低资本要求，以满足特殊市场的需求。标准方法和高级方法之间的差别说明，存在不同的目标和不同的发展状态。最低资本要求是每个银行的标准方法，它们可以使用某个高级方法。高级方法经过改进和进一步发展后，通常意味着方法的转变。之前的方法是对市场细分和成套产品进行普遍假设和评估，之后方法变得个性化，以消费者或交易方为基础。它转变成了以等级为基础的方法。根据涉及的特殊风险来评估每一名交易者，这无疑会导致风险充足定价的产生，即风险越高，利息或担保品的价值越高；或者说它意欲要努力收集更多的数据。

如何控制已发生风险的影响？这个问题仍需通过加大数据收集和

计算的力度来解决。银行持有的资本总量需至少占到风险加权资产的8%，这是现今的国际标准。这意味着银行的业务受到资本持有的限制。某家银行为应对市场和业务结构引起的形势变化将资产加权，加权资产受其净值的支配（例如，同一个交易对手签订了若干个合同，他既是卖者也是买者，与他签合同导致的可能结果是净利）。银行资产负债表中计为资产的部分也要遵守那些复杂规定的要求。

完成这些任务要求详细收集充足的数据及对系统进行开发和维护，这需要极大的工作量。银行对框架中定义的高级风险管理进行了更多的投资，因此应该得到降低资本充足率的回报。各国监管当局须接受风险管理流程、系统和数学模型。巴塞尔协议Ⅱ说明了上述数据收集的规则和时间框架。如果当局接受，资本充足率会降至规定的风险基本价值的80%。换言之，一旦被接受，银行可以用同样数量的资本来经营更多的业务。努力收集更多数据得到了回报。

数据收集和数据处理变得至关重要。即使我们认为并不是所有的业务都实现了个性化（例如，顾客信用可以很好地标准化），但是公司业务庞大，存在多种担保类别。市场所需的数据量、资产负债表上的数据或反映过去业务表现的数据都非常庞大，因此需要对这些数据撰写复杂的内部或外部报告。每天的内部报告不仅应该给出能够控制业务限度的管理方法，还应提供充足的数据来预测未来潜在的风险。外部报告是提交给国家银行和监管当局的，依据所讨论的话题来确定多长时间提交一次（每天、每月、每季度或每年一次）。它要以非常详尽的方式给出每一种担保业务的数据和资本充足率的数据。所有这些数据都会经过处理而制成：每日的资产负债表、盈亏、风险报告、面临危险、外部报告等，这又增加了可获取信息的数量。

因为银行运营中创新发展较快、规模较大，所以它们应拥有足够的IT技术力量来处理这些多到难以想象的数据，不仅要储存这些数据，还要能通过复杂模型对数据进行处理。为了应对可能出现过剩的市场而采取的控制措施也过剩了。用鲍德里亚的话可以这样来表达，风险管理走入了模拟的误区，这是非常危险的。金融市场无限制扩大，市场参与者的数量和规模无限制扩大；用所有能想象得到的组合方式进行产品开发，且开发的速度仍在增长。为了防止这种狂欢产生风险，数据收集几乎是无限制的、过剩的，这是我们所要面对的。无能的监管者在狂欢的风险发生时总是晚一步到来，只会记录损失，或许还会找出过错方。巴塞尔协议Ⅱ努力解决这个问题，这种尝试是有趣的。下文会阐释监管者的反应，其中的讨论包含对第二支柱和第三支柱的描述。

巴塞尔协议Ⅱ——监管者的解读

现在要解决数据过量的问题，巴塞尔委员会的反应说明了它对国际银行业中风险的内容有着清楚地认识，它也明白仅靠控制和过量的数据收集解决不了问题。因此，引入了第二支柱监管审核过程和市场纪律。这两者为模型又增添了一个非常有意思的视角，它们是加重监管者负担的第一步。监管者想让银行义务公开更多有关风险管理方法的信息，以此将银行的内部审计与市场结合起来。德国联邦金融监管局是德国金融市场上的权威监管机构，赫尔穆特·鲍尔（Helmut Bauer）是第一任局长。他在局内负责监管2000多家银行并制定银行监管基本问题的决策。他在内部审计员的年会上公开说明自己对第二支柱、第三支柱作用的看法和期望（鲍尔（Bauer），2004）。有观点对盲目信仰的数量提出批评，鲍尔对第一支柱特性的描述支持了这种观点："这里的当局主要依赖量的方式。量的方式是建立在一定的风险度量的'可靠'基础之上的，不幸的是这个'可靠'只是表面现象"（鲍尔（Bauer），2004：7）。随后就有人对盲目信仰的数据进行公开攻击，提高定性因素重要性的选举也出现了。

围绕风险措施的广泛讨论越来越深刻和复杂，这清楚说明了一点：对数据的解读需求增加了。这代表在新的层次上承认了数据收集的无用性。鲍尔非常清楚地进行了范式转移：“考虑到这一点，小心翼翼地对每一条细节进行复杂的监管不再是最重要的。自从巴塞尔协议Ⅱ出现后，这一点变得比往常都确凿无疑”（鲍尔，2004：11）。

对单纯依赖量化的质疑导致了人们接受了这一事实：高级内部风险度量是风险管理的一个必要因素，但绝不是有效因素（鲍尔，2004：8）。因此，第二支柱的材料依据的是内部管理和领导流程、内部控制流程和风险管理。第二支柱表达了一种信条：只有这些定性的“软因素”才能决定第一支柱风险度量的有效性。鲍尔说：“第二支柱位于中间，这是它该有的位置”（鲍尔，2004：7）。监管不得不变成定性监管，重点放在这些流程的特性上，这种方法并不是全新的。采取定性措施要付出的努力与巴塞尔协议Ⅱ出台前银行改进风险模型所付出的努力是等同的。之前定性措施只在有关银行业务稳固发展的法律中被简单提及，现在其已通过国家监管当局的监管被细化并投入了实践。这些所谓的“最低资本要求”是针对组织的规则，如义务划分、流程检查规则和内部审计规则等。银行的信贷业务部门、交易部门和内部审计部门必须要履行的这些规则设定的标准。

巴塞尔协议的修订框架在这个方向上又往前跨了一步。《审计爆炸》（泊尔（Power），1994）中有一部分内容与此相关，它描述了内部和外部验证中的官僚主义程序。关键不在于要发现风险并采取恰当的行动，而是要有程序来说明必要的行动。审计员会检查这些程序是否到位，是否能用外部可理解的方式记录它们，但审计员不会评判程序是否成功，也即不会评判银行对风险形势的判断。这是银行自己的责任。“审计员普遍的一个特点是，他们的工作内容与主要活动无关，而是与其他的控制系统有关”（泊尔，1994：6）。泊尔没有使用术语，他描述了另一种超真实活动的产生。审计可以完全与主要活动脱离。因为正缘鲍尔（2004：7）所说的，第二支柱位于中间，这是它该有的位置。风险管理将审计从风险管理的初始理念中解放出来。风险管理流程的审计目标没有将重点放在防止真实危险（即银行业务中的原始风险）的发生，而是更多地侧重于良好的组织方式。银行必须表明他们是如何组织风险管理的，这是评估的内容。

市场自律能对最低资本要求和监管程序起到补充作用。监管不力，当局的控制能力明显受限，这导致了风险管理的多样化。什么能够应对这种多样化？市场自律试着给出答案。巴塞尔委员会认为，答案就是市场自律。因为市场要求信息公开，市场参与者将具备评估应用领域关键信息的能力，如资本、风险暴露程度、风险评测程序以及机构的资本充足率。我们深信市场参与者有极大的兴趣去了解自己的交易对手是否可靠，因此，遵守风险管理标准的压力转移到了市场参与者身上。“巴塞尔委员会相信，在这个共同框架的基础上进行信息披露，能有效发现市场中某家银行是否面临着这些风险，并能提供一个稳定的信息披露框架，这个框架易于理解并能增强可比性”（国际清算银行，2004：No. 810）。

第三支柱依据的设想是在金融市场中，市场参与者用自己偏向风险管理的方式对其他交易对手或顾客作出评估，他们也通过同样的风险管理方式对交易作出评估。给交易对手评级，交易状况则依据评级状况而定。处理风险时披露信息意味着有可能产生这一事实：交易对手根据可靠的风险管理方法评判对方。较差的评级使业务成本更高昂，银行的竞争力会变弱。根据信息披露的逻辑，市场交易者会避免这种情况。

监管者负责监督银行的信息披露，他会对已公开的信息作出评判。有关市场参与者交易状况的信息公开后，交易对手会作出反应，因此市场自律对监管者有利。鲍尔承认，市场对监管者来说太过复杂。监管者也许会用同样复杂的法规来应对复杂的市场，但是他们马上就面临法规极其难以实施的问题。鲍尔的答案是“制造一个同伴。第三支柱是关于外部同伴的，市场就是外部同伴。法规为了惩戒高风险而要求披露信息；业务模型缺少说服力；以市场为手段的管理很糟糕。这些都证明了这一点”（鲍尔，2004：10）。

监管者对此不适显而易见。他们害怕业务过剩带来风险，很清楚自己在同一水平控制这些过剩的能力有限，所以他们设定了有效的限制。在鲍德里亚（1992）看来，巴塞尔协议Ⅱ为狂欢后的生活设定新的限制，同时也接受了不断增长的业务带来的好处。巴塞尔协议Ⅱ避免了会生成黑市的禁例，它更多的是去尝试引导自创环境中的方向。自创环境在不断发展，或许会产生我们预想不到的影响，比如说产生新的泡沫。从外部审视以空前速度发展的金融市场，会得出这样的结论：“如果你想继续像过去一样进行交易，你得自己创造出市场存在的可能条件，并维持它。”监管当局的立法行为是无法实现这一点的。一项法律在通过前可能就失效了。巴塞尔协议Ⅱ使我们重新将重点放在了系统的经济逻辑上，并对它进行模拟。用啰嗦一点儿的话来说，经济的逻辑就是在狂饮时如果同伴没喝够美酒，就鼓励他们打开酒桶的龙头继续喝，而肝脏功能会最终作出反应。经济逻辑就是肝脏功能的反应。

风险和规则被置换了的世界

还有一种解读，它的依据不是那么明显，但至少可以从有关法律、规则和法规的观点中获取支持：我们应遵守法律、规则和法规，如果不这样做，就会出现严重后果——遭到起诉和惩罚，或用巴塞尔协议Ⅱ中的术语说，遭到所谓的“适当监管行为”（国际清算银行，2004：162）的制裁。根据常识我们可以设想：在遭到起诉前得有人注意到我们违背了规则，他得关注此事并向当局报告，而且当局必须能够证明违背属实。我们也很清楚违背规则要么是因为不知晓这些规则，没有接受足够的培训而不懂得规则的含义、要么就是故意的，因为在特定情况下这是获取个人利益最便捷方式，或许没有人会发现。规则可能是互相矛盾的，而人们应该遵守规则，所以他们不得不决定哪个要遵守，哪个要违背。规则需要例外，但是哪种例外是可接受的只能取决于具体的情况。

因为规则通常用于多种语境和变化的环境中，事先给它的实际用处和例外下定义是不可能的。

寥寥数语已经暗示出要征服规则和法规这块领域没有次序的理念那么容易。巩特尔·奥特曼斯（Gunther Ortmannz）的著作《规则和例外》的副标题“社会秩序的悖论”就有力地说明了这一点。在这本书中他对规则在组织语境下所起的作用进行了透彻深入的分析。他研究的模型与以前有很大区别，在这种模型中，规则和例外的关系能够更充分地帮助我们理解规则遵循中的复杂性。

欧特曼（Ortmann）使用了德里达的“延异”的概念（德里达，1990）来证明我们可以同时遵守和违背同一条规则。他还证明了在设想有效性的同时可将其应用，有效性在应用中最终得到定义、改变或延迟（欧特曼，2003b：25）。应用规则总是会改变它的含义。监管者最终不能确定规则的使用。使用者怎么理解规则，怎样使用它，应用规则时怎么解读语境，这些永远是规则的决定因素。用德里达理解的“增补”来讲，规则会一直得到增补。任何对规则的使用都增补了使用者对规则的解读。应用规则意味着要对规则内容稍作修改。在已改变的环境中顺其自然地保持规则的原意，对规则错误的应用也自然会出现。这要求我们在规则和形势之间斡旋。每一次对规则的应用都会对规则稍作修改，增补了规则；或者说每次使用规则时都一定会在某种程度上违背这条规则。在我们眼里每天都有遵守规则的事情发生，这种遵守是对规则内容的批判性继承。这种批判默默接受了必要的改变，这符合了应用规则的原意（欧特曼，2003b）。增补给它们所取代的事物增添了意义。什么都比不上初始的形势（或起源），这一问题因为增补的这个特性而被解决。没有在场，就没有初始的感觉。所有的直接都是衍生的。一切都始于介入（德里达，1983：272）。规则始于中间，介入了不断变化的环境。

欧特曼注意到了这里的悖论，“法律、机构和规则是命令性的，这会引导我们行动。但是它们清楚表达了哪些内容？奇怪的是，它们的含义只有在行动发生时才能确定，这些行动又由规则指导”（欧特曼，2004：42）。规则追随参与者。通常的观点是参与者追随规则，但以往的观点也认为规则追随参与者，欧特曼认为这种与一般观点相反的观点让人沮丧，它几乎是卡夫卡式的，它必然含义模糊。接受了这种观点就会明白组织规则和规则依循的虚构性，悖论仍然存在。组织规则不能帮助我们是因为它们起了作用。当它们不起作用的时候，受骗或自欺欺人的我们就会相信它们是有效的，让它们产生作用；或者我们不相信规则是有效的，我们欺骗其他人，假装我们相信规则是有效的，让它们以表述行为的方式产生作用；或者我们用非正式的颠覆性的方式来躲避困难，以实现预期目标（欧特曼，2003b：127）。

欧特曼关于规则的观点反映了社会中巨大的不确定性。他最近的几部著作（欧特曼，2003a，2003b，2004）承认了这种不确定性、流动性和观点的多样性。他以此作为研究话题进行进一步挖掘，从巨大的无序中得到更多的秩序。不仅如此，他的作品还认为这种特性是基本条件，一切安排或制定规则的尝试会因为这种特性而偏离了原来的初衷。我们必然会接收这种观点：秩序和无序是相互依赖的；秩序通过画出与无序间的界线而定义了自身，因此，秩序由无序决定（库珀，1990）；规则定义了秩序的领域，我们一直在加强领域中的有效性。秩序和规则不是客观事实，但程序没有客观稳定的基础，会复制自身。然而，这些程序会带来一个非常可靠的环境。

之前在规则依循的语境中提到过“欺骗”这个术语。按照欧特曼的思路，他会用“好像”的观点来替代这个术语。他使用了暗喻“解靴带”来说明他对组织的看法。这个暗喻虚构了一个场景：我们走在摇晃的地面上，危险发生时可以离开；我们自力更生，让双脚悬在批评的地面的上空。当组织或编写规则时，我们的行为与此相似。我们知道怎样往下继续，怎样去解决问题。但是在实际行动以前，我们不知道我们的计划能否有效实现预定目标。只有在事情过后我们才能判断它成功与否。换言之，我们要表现得好像肯定我们的行动是正确的，有了这种虚构，我们在开始就能根据行动中出现的困难和机会来解读规则。我们创造了自己脚下的土地，仅仅因为相信这片土地会承载我们。

后果：超真实的规则依循?

麦金托什（Macintosh）等研究了会计数字的超真实性。如今，很多会计方面的问题亟待解决，会计签字不具有真实基础（麦金托什等，2000：16）。它们具有任意性，但并不是无意义的。金融超真实应该是因为在监管社会金融数字上出现了大规模的制度化。会计数字是可观察和可验证的，具有事后知晓的性质（麦金托什等，2000）。一旦某个团体认可了类似风险值这样的数据，或一旦国际法规的官方文件认可了这样的数据，那么人们会在它们定义的基础上来理解整体风险形势，而不会去对这些数据做进一步的实践检验。数据具有自我指涉的意义，在制度化标准中它们变成了社会资源；在计算数据的制度化系统中它们只是标志，在这个系统内部会引发具体活动的发生。风险值可靠不是因为它代表了现实，而是因为在银行领域使用风险值的每个人要符合其他市场参与者的期望。超真实中存在着稳定性和假象："明白这点的人们认为制度信息有任意性，这是超真实世界中一个至关重要的特质"（麦金托什等，2000：16）。规则和法规或许有任意性，但是它们是市场参与者行动的可靠依赖。

尽管巴塞尔协议Ⅱ中涉及到悖论，但它仍是可靠的。巴塞尔协议Ⅱ中关于量化的看法明显模糊不清。一方面，鲍尔（2004）对盲信数字作出警告，而且他认为要对整个风险管理流程进行判断，而不是对每一个细节进行检查，这否定了用相同水平的过量控制来应对无限过剩市场的方法。另一方面，随着发展监管者实施的方法从标准到个性出现了大量的过量控制。这两方面都造成了数字量的增加。因为要审查个体客户，每个银行都面临着数据增长的现象。银行中的风险管理方法变得多样化。管制也是引起这种现象的另一个原因，一位重要的监管者对这种现象发出了警告。

在鲍德里亚（Baudrillard）看来，金融市场处在离危机不远的状态中，但危机不会发生——这就是如何给“突发”下的定义（鲍德里亚，2002）。修订框架本想控制过剩，却又生产了过剩。在这个意义上，它是防止危机发生的工具，成为让金融市场保持超真实状态的模拟工具。市场的运行越来越快，是毫无意义的，这种工具能使它停滞。编写修订框架的人当然不会接受这种观点。保证稳定性才能实现发展，他们想使其成为现实，却又不想去做决定。国际银行监管是严肃认真的，法国哲学家鲍德里亚的论断略显轻率，我们想象两者间存在界线，理所当然地认为两者之间没有联系。用前者来举例说明后者是有趣的，因为这种臆想的界线会被打破。两者都指出过剩已经产生。鲍德里亚除了支持模拟计算的快速发展外没有找出别的解决办法。监管者们相信当系统、国际金融市场沿轨道运行时，有可能会细化出新的领域。

根据欧特曼对规则的看法，监管的基础是危险的，这一点变得显而易见。监管者试着改变监管方式，这种做法是正确的。对监管的传统理解不再适应市场日益增长的需求，不管是对于监管方还是银行都是如此。鲍尔的评论清楚地说明巴塞尔协议Ⅱ修订框架的编写者已经意识到了这一点。考虑到复杂性、速度、交易额，新领域的发展和这些因素引发的风险问题，个人已满足不了资本市场日益增长的需求，只有程序能应对这种需求。程序必然由多个参与者执行。如果程序不够灵活、不考虑市场快速变化、用死板的规则来应对风险，那它必然会失败。因为忽视这些规则的人会有很多。或许人们会公开批判规则的无效，或许人们会在应用规则的过程中重新解读规则。但是这更有挑战性了。监管必然是复杂的，它的复杂已经到了这样一种程度——即使监管者不了解延异和增补的知识，我们也不期待规则能被严格遵守。巴塞尔协议Ⅱ修订框架以规则依循方面的评论为依据，而这些评论的理论基础并不太牢靠，考虑到这点我们可以发现，监管者所处的形势要比以往危险得多。国家监管者拥有权力，他们有实施自己意愿的最终手段——撤销银行的营业执照——他们做好了准备来这样做："如果监管者对监管流程不满意，他们应采取适当的监管行动"（国际清算银行，2004：162）。然而，根据第三支柱的定义和竞争者对已披露信息的判断，又出现了一个差别较大的观点。监管者会发现如果违背了市场的意愿而强制执行监管是很困难的。我们正在讨论银行的风险管理，它被人们认可的程度说明了这一点。修订框架的规则将会因市场参与者的普遍行为而改变，即批判的继承。

还存在一种更传统的观点，它认为这种理解增加了不确定性，或许会招致道德危机。如果将规则视作固定的行动或行为，参与者不接受指令，然后建立一个清晰的标准来检测人们是否遵循了规则，这种对规则依循的理解一定是梦魇。规则的应用决定规则，规则是批判的继承。持有这种观点为控制多变的环境打开了思路：虽然监管方法在进一步发展，但得承认修订框架不能适时纳入这些发展变化，这为将来的改进提供了空间。监管者勿需评判规则的每一处细节，他们对风险管理的整个程序进行评判，市场参与者之间相互评判。

如上所述，修订框架的编写者意识到监管必然存在限制，尽管如此，多而广的监管内容仍说明他们是以框架的全面完整为目标的。这一事实也说明了他们的矛盾心理。风险量级已迅速增长，需要量化和控制。为此，第二支柱清楚地提出第一支柱中不要全部列出处理风险的方法，或者什么都不要列出（国际清算银行，2004：No 724）。追求全面和完美可视作是自身的最终过剩。西尔（Seel）建议用德里达的解构来治疗追求透明、完整和完美的"神经症"。"神经症"指我们想拥有一个滴水不漏的理论、滴水不漏的监管。但是面对不断变化的不确定环境时这是徒劳的。解构使我们意识到所有的观点、定义和理论是与时间联系在一起的，是与人类实践的多样性联系在一起的，因此我们对行动的解释只能一定程度上令人满意，需要再次对行动进行新的解释。将其与“解靴带”的比喻再次结合起来，我们可以说尽管存在不透明性和不确定性，监管者在如何实现稳定这个预定目标上创造了一个虚幻世界，我们只能在事后才能评判方法的正确与否，在使用一段时间后才能对规则作出评价。现实与修订框架不同也不应感到吃惊，监管者要表现得好像他们的做法是正确的。“解靴带”是解决超真实中过剩的办法：监管者要比他们想象的走得更远。

朝着即将到来的法规前进

本章的主要内容写于2008 年国际金融危机发生之前。现在仔细阅读这本书会明显发现它暗含了偏见：除了这本书的理论和暗含的批评，它认为法规以巴塞尔协议Ⅱ的形式出现是很必要的；所有的规则依循都含有悖论，因此法规能够生效。本文已经引入了鲍尔的观点来证明监管者对风险管理计算的集中感到不安。他们的不安情绪并没有我们预计的强烈。令人担忧的是学术评论者提出了几点关键的批评，甚至在巴塞尔协议Ⅱ还没有最终通过时，他们就已在巴塞尔委员会（丹尼尔松等（Danielsson et al.），2001）的主页上发表了这些批评。过了很长时间后，人们才清楚意识到它不能应对金融危机。

约瑟夫·斯蒂格利茨（Joseph Stiglitz，2008：21）宣布“在这次危机之后，巴塞尔协议Ⅱ明显已失去了作用”。也许我们可以认为，巴塞尔协议Ⅲ是应对危机的长效良药。在我写到这里的时候，新工具的某些内容还在探讨中；人们对现存规则的某些修改达成了共识，只待它们在国家立法中发挥作用。我不会讨论新法案的细节，因为距它们发布还有一段时间。我会沿着德里达对“即将到来”的思路往下走。金融风险需要重新与政治挂钩（格德（Goede,）2004；兰利（Langley），2008），因为它并非不发生作用的东西。它影响着每个人每天的生活。下文的动态分析质疑了法规在当前的作用范围，这是我们论证的基础。在这个世界中，风险已成为每个人对将来安排打算的关键问题。只将注意力放在银行的良好运转上（假设没有发生系统性危机，银行完全可能运转顺畅）是不够的。斯蒂格利茨（Stiglitz）认为最初我们只简略说明了大体构成法规理论的要素，法规还需要我们对“世界风险社会”（贝克（Beck），2008）形成洞察力，并观察金融市场风险计算逻辑的日常应用。这为我们探讨德里达视角下法律及法律使用之间的关系打下良好的基础。令人吃惊的是，我们把正义的话题纳入了讨论范围，但这是必要的。这为我们讨论即将到来的法规打好了基础。

斯蒂格利茨眼中规则的原则

2008 年约瑟夫·斯蒂格利茨提出了规则的数条原则，他认为是“最有争议的话题之一”（2008：1）。他设置了两个有争议的背景，政府出错和市场出错。他分别讨论了两种形势下规则的优缺点，但仍然认为监管是绝对必要的。虽然他的观点不是金融市场监管理论的模板，但是其观点提出的时间恰逢金融危机爆发，所以他认为财政部门的监管也属于应用领域。

政府介入有三个原因。首先，市场不具有帕累托最优特性。带有明显的讽刺口吻，他指出了市场效率的基础是什么。他认为政府退出市场监管不成立：“当信息不完美或市场不完整时——这种情况一直存在——我们就会设想市场（被迫）不具有帕累托最优特性”（斯蒂格利茨，2008：2）。市场机制不够有效，这已经被很多其他事例所证实，如安然事件的假账问题。信用评级机构出现问题导致的国际金融危机也证明了这一点。第二个原因是市场具有非理性。个人并不一定是理性的。非理性可能会导致系统性问题出现。因此，斯蒂格利茨（2008）称，拯救个人和社会需要从拯救自身开始。第三个原因是关于效率的致命缺点：即使结果有效也不能说明结果具有社会公正性。监管是获取分配公正的工具。

监管工具的形式有信息要求、禁止或授权。可以包含：披露特定合格信息，限制行为；通过授权使投资发生关联而生成利润，政府接受团体或任务间的交易；限制所有权。关于后者最有名的例子是格拉斯—斯蒂格尔法案，它将商业银行与投资银行划区分开来。为了防止出现利息方面的矛盾，银行以市场为导向，在内部采取了一系列预防措施和规章制度。而银行没有合法公正的法规对其监管，内部的措施也就失去了功效，安然公司和美国世界通讯公司的失败再一次印证了这一点。

监管总能产生效力，并对分配产生影响——这是监管设立的目的。监管能影响产权价值——这是争议所在。监管的方法使监管变得更复杂。一旦监管条例进入立法，监管当局和相关的技术专家就能对银行是否遵守监管条例进行控制。斯蒂格利茨关注民主责任制，“尤其是监管机构经常受到特殊利益的吸引”，（2008：14），那么在这样的情况下民主责任制是什么样的。赫尔维希（Hellwig）对专家合并监管法规的评论与其观点一致。富克斯（Fooks）在书中说明了监管没有起到预防舞弊的作用，他看到了美国政府和金融监管中形成企业殖民化的一个原因。根据阿甘本的研究（如第3章所述），这是例外状态的标志。民主控制变得不可能，因为风险管理和监管的工具和手段在发展，而且实际上，金融监管都是在议会的责任之外被执行的。

政府出错（关于政府存在的错误以及政府可能再次出现的错误，没有人对此进行讨论）不能作为反驳政府监管的证据。斯蒂格利茨乐观地认为，若监管透明、竞争合理，监管流程就会得到纠正，发挥出巨大潜力。政府如果失去了信誉会被新的政权取代。斯蒂格利茨对民主进程高度重视。他认为这样的话，监管流程就更容易出现错误，就会需要披露更多信息，这会导致多方监管出现。如果某一监管当局没能纠正监管中的错误或违规情况，另外的当局就会介入。在此他指的是美国立法允许多方监管的可能性。若美国证券交易委员会对滥用职权行为监管无效，纽约州就会采取行动。上文中提及了斯蒂格利茨对实行民主责任制可能性的关心，这与他在此的乐观形成一定程度的反差。然而这也清楚地提示我们，任何法规在执行时都会遇到困难。

关于金融部门监管，斯蒂格利茨强调了政府干预金融市场的五个普遍原因：

保证银行间的竞争；

保护消费者；

保证金融机构和金融体系的健全发展（巴塞尔协议在这一点上极其失败）；

保证弱势团体或受忽视市场的权利，通过授权来反对歧视；

促进宏观经济稳定发展。

然而，监管干预或许会无意中带来周期性影响，进而出现矛盾，即，针对单个出现问题的银行采取的政策或许是合理的，但如果所有的银行都出现了问题，大家都采取同样的行动则会导致经济衰退。

金融化：生命世界的殖民化

以上五点原因说明了为什么当前改进银行监管法规的讨论缺乏必要的内容。它们只针对两点：金融机构的健康安全和以系统性风险为关键词的宏观经济的稳定性。它们不考虑能不能有效实现这两点。打破“银行大而不倒”的观念，制定银行规模的规则，或提出追加监管资本的规则，这些明显与上述第一个原因即保证银行间的竞争有关。这样做的目的是促进大银行健康稳定发展，防止危机再次发生时向公众紧急求助。这么做同时是在加固市场结构，这对大银行是有利的。我在巴塞尔协议中没有看到任何对消费者的保护，但这是其他的监管提议负责的内容。委托授权也不是当前银行监管的内容。然而，斯蒂格利茨认为需要政府干预的五条原因暗示了要预防之前出现过的危机，监管不能单靠业务自身的技术监管。此外，很明显的是要引入监管，就需要公众对监管目标达成一致。赫尔穆特·施密特（Helmut Schmidt）如此表达：

> 国际金融危机发生了。各国政府须明白银行和金融机构的目的是服务生产经济、救助社会。决不能让银行和金融机构堕落到只为自身服务——目的仅是让经理发财，甚至可能连这个目的都达不到。没有银行应该因为太大而不会倒闭。银行是为市民服务，不是为银行的纳税人服务。
>
> （施密特（Schmidt），2011：22，作者译）

这是一位政客——德国前总理的观点。佛格尔（Vogl，2010）认为他的要求太过时了，他指出亚里士多德认为经济要严格地服从政治。但是佛格尔也提出施密特没有看到形势的某一方面已经发生改变。只有考虑到溢出效应的重要性才能清楚地知道什么改变了。我们需要对其进行讨论。风险作为应对未来的方法，使我们今天就有可能对未来的不确定性作出决策。它是思考未来的手段，是不证自明的，因此它几乎没有引起人们的注意，这代表着金融市场的基本原理取代了文明思考。在20世纪60年代，马库塞（Marcuse，1967/1979）和哈伯马斯（Habermas，1968/1981）等曾创造出生命世界的殖民化的说法，而在今天它又出现了，变成了金融化（马丁（Martin），2002）。但是两者的思路如出一辙。批评理论认为韦伯（Weber）的理性化过程是对政治力量的变相掩饰。工具理性是在既定目标和形势下对系统进行有效构建、技术使用以及对策略进行选择。工具理性使这个过程与策略选择、技术使用和系统构建的社会语境脱离，使思考和合理的重构变得不可能。一切合理性都只与使用技术有关，这要求特定类型的行动建立在特定类型的管制、性质或社会的基础上，并具有排他性。这种合理性原则指导下发生的生命世界理性化等同于权力的制度化，其中的政治含义变得不可识别。合法化被取代了。外部的合法化已经不再必要，它具有了自我指涉性。生产形式是理性社会必要的技术形式。它为自身提供效率。这样看来理性化不仅仅是社会长期的变化过程——它也是弗洛伊德式的理性化：技术指令隐藏了这样一个事实——客观上说，规则中的权力难以维持（哈伯马斯（Habermas），1968/1981）。

很快我们就能发现实现金融化的要素：股东价值增长；银行主导型机制受资本市场体系支配；食利者群体增大；金融交易和金融工具成交额上升；市场通过金融渠道而不是通过交易和生产来提高利润共享度（克里普纳 2003；马丁等 2008（Krippner 2003，in Martin et al. 2008））。所有这些都暗示了"国内经济和跨国经济运营中金融动机、市场、参与者和机构的作用在增强"（艾泼斯坦（Epstein），2005：3）。从经济学的角度看，这些认识很有趣。市场最初是与价值创造有关，或至少是与财富创造有关，以生产和交易为主，后来它转变成了金融市场。这对社会和个人来说是一个至关重要的进步，"世界风险社会"（贝克（Beck），2008）中的传记风险说明了这一点。或者说鲍曼对液态现代性（liquid modernity）（2000）的讨论也说明了这一点。无论个人是否购买了金融工具，金融市场的发展都会对个人产生直接影响。无论个人表现如何，金融市场通过对个人工作环境作出价值判断而影响着我们的日常生活，比如，整个经济都变得像希腊那样依赖于市场的判断；或者当一个公司因经营困难破产，私人股权基金会对此公司进行重组，目的是在短期内将其出售，使这个公司承担成本，这会导致员工拿不到养老金。再如，在未来，部分私人条款会被公共养老金计划代替。这些只是少数几个例子。清楚的是我们判断的范畴已经发生了变化。金融合同暂时使用的起草结构成了合同的标尺，社会合同的起草也采取同样的结构。金融资本的再生成为了一切经济、社会、文化再生的典范（佛格尔（Vogl），2010）。

金融市场的逻辑已经植入到生命世界。有人认为这是日益复杂的文明化在发展过程中的一个必要步骤，有人认为这威胁到公民的幸福。不管怎样，很清楚的一点是人们已经意识到这个过程了。它需要慎重被对待。提及殖民化不是要否定之前讲过的风险逻辑。殖民化这个术语能帮助我们理解金融化如何能用类似于理性化的方式来取得成功。明显可以看出社会只顾寻求自己的利益，这不是有意识的，只是社会发展的部分表现。金融化只是新兴市场发展过程显现出来的一个初步结果，是我们始料未及的。克里普纳的这个术语（克里普纳，2003；马丁等，2008）可以用来分析一二十年前的新兴现象，它们或以口号形式出现。这些因素如何被人们接受、如何互相作用、有哪些支持或反对的观点、结果是什么等，这些问题只能在事后才能知晓。然而，金融化指向了动态学，监管者需要考虑这一点。

风险的散播：世界风险社会

对国际金融危机的分析清楚地说明了一点。巴塞尔协议Ⅱ把信贷评级机构与银行自有的风险管理系统结合起来，以期望解决风险集中智力资本的分项评估、对风险之间相关性的忽视等问题。而这个希望被现实击碎了。相关系数和厚尾分布都没有在风险管理系统中出现，这不能说明它们被有意忽视了。设计系统不是为了将这些纳入系统。无疑斯蒂格利茨提出的监管原则是经过认真思考的，并且提供了有价值的见解。监管需要改变，但让人困惑的是这时监管的语境是什么，或更准确地说，监管目标的语境变化是什么。到底需要监管什么？巴塞尔协议只是把风险并入监管的一个例子。实际上这个例子很好，因为风险是银行业务的核心。银行监管一定要与风险有关。赫特（Hutter，2005）认为，风险已经成为新的镜头，我们可以透过它看到世界，监管多个领域。泊尔（Power）对审计社会（1999）和新形式的风险进行了分析，其中包括对组织风险和量化组织风险的尝试，重构组织以满足风险管理的监管或立法需求（2005）。他的分析说明关于风险的思考和风险管理的尝试已深深地渗透到组织的生活中去，参见《设计出一个风险管理的世界》（2007）。对风险的意识和对未来可能会发生风险的预测需要得到控制，风险管理就是控制的一种形式，它不会使事情变得确定。泊尔指出："如果企业风险管理（ERM）是实现控制的幻象，这在一定程度上也是必要的幻象之一，这些必要的幻象构成了管理实践"（泊尔，2005：264）。

乌尔里奇·贝克（Ulrich Beck）曾在他的知名论著中提到"风险社会"（1986）一词，在2008年的时候他把这个词升级成了"世界风险社会"。风险似乎无处不在。通过风险来安排未来会给世界带来根本性的变化，他认为承认这种变化是非常必要的，比以往任何时候都有必要。贝克认为金融风险是全球风险的四个逻辑之一，其他的三个是生态风险、恐怖主义风险和传记风险（贝克，2008：37）。金融风险在他的书中只是附带而过，因为这本书在出版时金融危机还没有引起全球的关注，但是它仍与我们在此讨论的内容有关。

贝克提出的论据要点是我们正在遭受成功的现代化带来的副作用。直接管理风险和危险的可能性变得越来越小，也不能对其进行适当的投保。这导致危险全球化；专家的信誉降低；不确定感，甚至是焦虑感成了对生活态度的主流。不确定感是种模糊的感受，它被用作或误用作政治或商业的基础。自从贝克的分析首次出版后，他又观察到两种基本的发展变化。世界风险是世界风险现实的预演。他并不认为故意捏造事实的说法是由公众讨论引起的。贝克使用了金融市场的逻辑来描述他的观察，但他没有用术语给其命名。只有当灾难在现在发生并预演世界风险时，灾难的未来才变成了现在，目的是通过影响今天的决策而找到预防灾难的方法："对毁坏和灾难进行预先上演能帮助我们找到预防措施"（贝克，2008：32）。因为科学家们提前告知我们气候会变化，因为媒体对"9·11事件"的报道，政客们不得不采取生态措施或反恐措施，即使这只是对未来灾难的预演。风险总是将来的事件，我们也许不得不面对它，它对我们构成了永久的威胁。然而，我们在对未来的预期中越来越多地考虑到风险，它成了改变世界的政治力量。风险与风险的文化感知之间的区别变得模糊。我们最好将可视作风险的东西描述为社会建构。

是的，我们或许会点头赞许，承认我们生活在一个世界风险社会。贝克的书出版后仅仅不到三年，金融灾难和核灾难发生了。他的论证思路似乎比较有说服力。贝克没有用殖民化这样的字眼，但他得出的结论与此很类似："风险计算考虑到了技术教化，不需要任何伦理道德……因此，风险计算象征技术时代的数学伦理"（贝克，2008：59）。然而，在金融市场的逻辑方面，贝克只展现了部分的能动性。他的分析或许听上去令人担忧，人们也对此进行了讨论，但贝克没有抓住关键的一点：把风险理解为安排现在和未来关系的手段会产生什么样的影响。他没有看到未来的现在（未来可能会发生的灾难）与现在的未来（对未来可能发生事情的预期）的区别正是金融市场价格波动的原因。预期使我们作出投资决定。金融市场的逻辑渗透到对风险的日常思考中。

监管是必要的，但是只关注监管自身会忽视语境的其他重要方面。虽然金融化为语境增加了决策方面的内容，却只是说明了风险意识和风险及风险管理重要性的提高在日常生活中给每个人带来的影响。这种观点出现后，施密特提出的干预最终被证实是正确的。风险回归到了日常生活中，它是一个综合性的管理未来的术语，与之前有着关键差别。风险，曾经只是尼什·兰德斯的生活附属。现在的风险在他后继者的生活中是金融计算，例如，他们需要私下为老年生活做好打算——对自己的未来做好打算，即对未来负责，但是这里的逻辑与之前不同：即预演明日世界的灾难。风险在过去不是个人生活的一部分，但现在它是了。佛格尔总结道，现在社会围绕着风险中的危险和风险发生的概率而运转，并采取相应预防措施。但这样做使机会、危险和难控制的事件重新以古老的形式回到社会的中心：它们变得不规则、无定形，被未知所包围。未知事物变得神秘，它超脱、无法则，做决定具有了宿命性。我们社会的金融化进入了一个昏暗野蛮的空间，这让人吃惊（佛格尔，

2010：178）。佛格尔表达得非常到位：我们社会的金融化已经发展到一定的程度，它曾经支持的东西现在又以主权的名义来反对它。国际金融危机显现出巨大的影响力，像海啸一样无法抵抗，它把许多人的积蓄一扫而光。奇怪的是，对他们来说这似乎看起来很熟悉，好像命运又重新来过。它实际上没有。佛格尔认为自己尝试在书中说明现代金融经济学如何理解经济学自身创建的世界。他很有效地说明了这个问题。他把该书命名为《资本的幽灵》（佛格尔，2010），这明显与德里达的著作 *Spectres of Marx*（1994）有关。德里达彻底摒弃了目的论，佛格尔如果不赞同德里达就不会给该书起这样的名字。实际上他们两位都强调：我们生活的世界是人们作出决定的结果。但是决定的结果不会因此就变得可预测或可计算。决定的结果仍是深深的未知：或者，它们考虑了对史实性的“事件性”的观点。

法规需知道如何管理未来

风险表达了对未来的态度，它与时间相关，表达了多种时间之间的关系：未来、现在和过去。在风险管理中，风险更像是次序，它遵守技术时代的数学伦理。风险的基本悖论就在于此。风险与未来有关，但是它完全植根于现在。风险和风险管理都是次序，但未来还没有被书写。决定必然以未来为目标，而次序对于决定的实现是很必要的。风险是控制的幻象，使我们能够作出决定，依决定而行动。但是德里达提醒我们做决定需要什么。这当然是个矛盾的说法。做决定的条件是不可决定的（德里达，2004b）。决定不能从知识中得出。决定的基础不可能是安全的。决定是未知的，因此是不可决定的。尽管如此，决定的内容中一定会有新事物，未知事物。即将到来的风险是不可决定的——因此它受制于决定。如果把这种逻辑应用到作为逻辑的风险中去，那么它产生的作用会让我们误入歧途。风险作为次序只是对项目的执行，只是把过去延续、在计算现在的未来时将过去呈现。风险作为次序不能应对未来存在，它是为现在的未来而设计的。计算风险会使我们作出决定，不管我们做的是决定还是程序，之后都会立即发生变化，而决定又受这种变化支配。决定的语境由决定改变。它不以潜在形式存在，它最终会成为事实，会引发其他的决定和程序。任何风险计算的基础都是一个“条件句”：在未来存在转变成了现在或过去存在时，如果风险计算中的设想生成的决定仍然还适用，那么决定会达到预期效果。风险是管理未来的手段。风险计算是支持管理的工具。它永远只是风险管理的一部分。如果通过制定法规将风险计算视作是风险管理（巴塞尔协议Ⅱ的第一支柱就这样做了），那么就如埃斯波希托（Esposito，2007）所言，风险管理作用的范围会缩小，这无疑会导致去未来化的出现。风险至少包含两方面：一是，做好未来的保障措施，这样未来的时间就不会产生破坏力，我们对可能的事件做好准备，能应对后果；二是它也是未来的“现在展示”，金融逻辑导致了今天对未来的消费。这也一直是信贷的基本理念。通过贷款进行投资，在未来生成的利润有可能在今天就生成。时间之箭被压缩，未来“提前到来”。贷方和借方在今天都享受着这种可能性，但没有切断与未来的联系：借方需要归还贷款，贷款生成的利润将帮助借方还贷。这种逻辑的应用使准备金面向了大众市场，它产生的变化具有深远的意义。风险以风险计算的形式回归到个人的生活中以满足未来的需求，这又创造出一种特殊的新风险：个人风险管理的风险。如果风险计算的数学逻辑变成了规划个人准备金的工具，那么，根据以往金融市场产品的经验，它存在着双重危险。很明显的一点是如果参与者在金融市场中破产，准备金非常容易受到影响。更让人烦恼的是，这些市场中被交易的对象是管理未来的工具——风险。市场的非未来化产生了一个荒唐的结果：购买产品使未来的风险转移到其他人身上，这些人因为想在现在获利而愿意承担未来的风险。通过这种行为，未来的利润在“现在呈现”，在现在就可获得。这两种做法都是在消费未来，但是只有一种是有意识的。作为产品的风险在交易时的逻辑与承担风险自身的逻辑是不同的，风险产品的购买者与其他欢享果实的人一起消费未来。参与者的时间框架不同，其中一方利用了这一点。

旧的逻辑发生了根本变化，最能说明这个的例子就是近来出现的抵押贷款泡沫。房子主人通过抵押贷款在今天就可以享有房子。银行资助他购房并收取利息。债务的偿还转移到了房主的未来，利息源源不断地流向银行。证券化意味着这种逻辑发生了重大的改变。在提供贷款后，银行将抵押物集中到一起，将其按证券出售。银行的风险转移到了投资者身上，银行可以自由使用监管资本，将其用于新业务。这样做的理念是在第一时间预订利润，不留风险。这引发了国际金融危机，我们从中可以得出重要的见解。除此之外，抵押贷款危机能够说明两个发展变化。第一种变化与速度有关，与几乎所有写入金融市场合同的内容变化速度有关。像这样的证券化或抵押贷款的证券化都不是新的现象。证券化是将资产捆绑到一起成为新的证券（资产支持型证券，ABS），它是风险管理的工具，目的是移除银行负债表上的信贷量。资产支持型证券有几种类型，它们解决了网络泡沫问题。这是在小范围市场内有控制地移除银行投资组合中的资产。双方都是专业的金融市场参与者。投资者对 ABS 审慎调查，协商好价格。抵押物的证券化在 20 世纪 80 年代发展起来。

抵押泡沫发生时，证券化原本是种防御措施，目的是为了平衡资产负债表。后来人们为了增加业务主动去利用证券化这个工具。银行导致了证券数量激增，这就需要更多的人购买证券。市场的规模增大了，原本只是投资者的小范围活动，在短时间内使市场变得大众化。后来它发展到这样的程度：抵押贷款发生时贷款人根本不可能还上贷款和利息，抵押物依然变成了证券，市场不仅鼓励这种做法而且还对此大力倡导。市场的性质已经完全转变了，没有人对这种变化采取措施，只有一小部分人看到了潜在的后果。

第二个变化与风险分布有关。购房者如果不能履行抵押贷款的责任就会有失去房子的风险。银行能够从资产负债表上转移风险。当银行注意到对冲操作不按预期进行（这时不可能的事件发生了）时，他们会求助于“药物”——纳税人。参与者改变对未来态度的能力，或同一业务中存在的不同时间观是第二个变化的主要内容。这些内容已不再新鲜。不同的时间观使风险分享变得可能。购房者贷款并进行传统投资。对于我们熟知的风险管理，银行使用了新方法，因此现在的交易额比以往大得多。结果出现了与之前不同的市场，参与者双方在这个市场中发挥着不同的作用。银行有检查贷款者信誉的责任，贷款并证券化的模式免除了银行的这个责任。这不再是银行的风险，他们没必要检查抵押物的质量（欧洲中央银行，2008）。这些事例说明，金融市场中发生变化的速度和概率是难以置信的，市场对未来有着不同的应对办法。这些办法说明了风险的分享发生了改变。非未来化的风险能够被交易掉，尽管它会以另一种形式回来。过去几十年的金融危机也证明了这一点。参与者对市场采取的措施是不可预测的，这会导致不可能事件的发生，监管必须考虑到这一点。

监管一定具有管理未来的理念。这是金融市场的主要任务。金融市场中参与者的能力和机遇完全不同，向咨询师寻求意见客户的能力和机遇也完全不同，但是我们也要实现这个主要任务。如果风险是了解未来的手段，监管一定要寻找合适的方式来帮助我们了解未来。必须要明确的是，在金融市场现在的未来外和在其他参与者针对的未来的现在之外，还有未来的未来，即现在的未来试图构建未来的现在的未来的存在。这或许会被称做系统性风险，但是我看到当前的监管与这种解释间不存在联系。它是对“即将到来”的预测。

法规是书写的理性谬误？

德里达描述散播的论著（1994）用西方人的思维深入探讨了言说（Spaking）与书写（Writing）之间的关系。柏拉图在《菲德洛斯》中阐述了一种观点：书写补充言说，语言是最好的媒介。德里达（2004c）解构了言语和书写的这种关系，他没有提出更重要的见解，只是揭示了言说本身的衍生性质。能指、所指、活物、已知记忆增补了言说实际记住的东西。它已经是阐释，不是起源。起源并不存在（不会再存在）。我们只能与增补打交道——补充这些增补。所有意义得到散播，可以此为根据来阐释风险和法规的作用。法规是书写，增补了承担的风险。如果将风险视作次序，监管法规会以巴塞尔协议的形式出现，成为银行风险管理的基础工具。这种形式下的法规是理性的谬误：它假定法规、风险和风险管理间存在着稳定的等级关系，遵守规则。法规处于等级中的最高级。这种形式的法规补充了散播，它不用理解，没有语境变化。这是个必然结果，因为书写一直都具有增补性——根据德里达的观点可得出这个见解。

本文之前介绍的尼什·兰德斯的例子可帮助理解德里达的解构。风险也是增补，或者用金融部门的语言说，风险需要基础资产——对尼什来说即是生命本身。风险是活在不确定的生命世界中的挣扎，但生命世界不需要有风险的概念，也不需要自称能起到帮助和统治作用的增补。风险自担居于主导地位，忘了它就要接受增补，而增补的目的有着清楚的定义。在视域外了解未来本会使复杂的行动变得可能和可预测。在某种方式上这一点做得很好，但风险不能否认它与赌博有着紧密联系。从一开始，风险计算就包含两方面内容：计算掷骰子赢输的概率和计算未来行动产生的经济后果（伯恩斯坦（Bernstein）1996；哈金（Hacking），1975）。当然，人们清楚定义的目的也会成为散播的牺牲品。一旦风险具有衍生性，从药物得来的散播定义就会使金融风险有了意义：体内细菌的传播导致瘟疫的扩散，风险是一种“药物”，作为金融衍生工具它能引起灾难。

法规与其说是加强银行对生产公司和社会服务的模型，不如说它证实了自身逻辑的自我指涉性。考虑到巴塞尔协议的出现过程，持有这种看法也不奇怪。监管者不认为自己有足够的能力来监管银行部门，所以他们让银行提供它们在风险管理中的经验。巴塞尔协议吸收了银行开发的模型，把它们设为世界标准。除此之外，巴塞尔协议Ⅱ鼓励继续开发更复杂的数学模型，期望能减少监管资本。关于巴塞尔协议具有讽刺意味的一点是：作为增补的阐释在前，限制了法规的介绍。赫尔维希评论说："银行资本监管的方法以模型为基础，源自于20世纪90年代监管专家的做法，他们把这种方法纳入监管中。银行监管系统自身就构成了恶性循环的原因"（赫尔维希（Hellwig），2009：15）。用金融部门的语言说，这就是一种友好的接管。监管可能减少获取利润的机会，在这样的压力下接受监管是世界上最好的事情了。赫尔维希的阐述可以看作是反向的增补。文本需要增补，作为增补的阐释在文本书写之前就发生了。法规是这种阐释的结果，通常在最后一版修订结束后法规才出版。可以说，在没有安全保护的条件下，法规很容易就造成散播出现。当然，语言设置的任何安全保护都会被散播出去，但他们至少可提供参考。这种参考清楚表达了（政治上）法规的作用和功能。法规的功能不是仅仅关注金融市场失控的机能，为监管者制定法规的人感兴趣的所有变化都可以是法规的领域。如果没有这种参考，我不能想象还有什么比这更容易导致道德危机的发生。

投资银行家认为银行是起源，他们是守护利润圣杯的人。在他们看来，风险管理是不必要的，这会阻碍他们获取更多的利润；监管只是外部障碍，需要通过套汇交易对冲掉。风险管理和法规是低级的书写，没有给业务增添内容，但却阻碍获利。甚至在细节上，交易者的行为使交易者与《菲德洛斯》中的塞穆斯（Thamus）有相似之处。塞穆斯是众神之神，在主权上独立自主。他说他的言语已经足够。交易风险是交易者讲话时使用的语言。当交易完成时，任何遵守书写规则的记录都不受人欢迎。票券只是写着神秘话语的便利贴。交易清算部门要猜测它们的含义，要执行交易者在电话或线上达成的内容。事情已经朝着技术的方向变化。系统记录了交易内容，向交易清算部门发送信息。但行动的原则保持了等级性。交易风险的人不需要书写：或许书写对起源的位置会产生危害。书写是一种典型的“药物”。风险管理和法规属于书写。

书写补充了那些对生命的补充；我们必须要重新思考经济、金融化的生命世界、风险和监管之间的关系，要使它达到新的平衡。监管设有固定的计算，为了稳定秩序而使用强制性手段。如果我们认为这样的监管能够预防金融危机发生，那么这种期望仍是一个理性的谬误。换句话说，监管一定要考虑市场的散播逻辑和“药物”的歧义。套汇或许只是对金融市场上散播的特定类型的特殊表达。

减小不确定性或为现在的未来设定价格的行为使现在具有可交易性（和可管理性），这是风险计算的主要动机。我们通过遵守次序来安排现在。我们设想交易金融工具有可能会使我们按预期的方向来管理未来。如果对现在的管理如果与上述设想混淆，它就是一个理性的谬误。金融工具与未来有关，即现在的未来。但它们是现在作出决定的一部分，不能命令未来。它们管理现在的期望。

需关注的盲区：正义

在谈论法规时有一个领域无人发声，或者说讨论有一个巨大的盲点。很明显，在探讨法律的时候这个话题得到了广泛讨论，但是在探讨法规时却没有提及它。尽管人们激烈讨论法律和法规之间的相似性和差异性（布莱克（Black），2002），但对法规的讨论似乎忽视了正义的话题。然而，在德里达的理论框架内，这是不可避免的。从 20 世纪 90 年代起，德里达越来越多地关注先决条件。先决条件不能被解构，但却是解构的基础。他在谈论死亡馈赠、他者、事件、友善和正义的时候都探讨过这一点。我们可以认为，德里达这样做形而上学地传承了过去，进而勾画了未来，使新的哲学和民主到来（卢德曼（Lüdemann），2011）。这很好地重新思考了风险和法规。正义的话题不可避免地会涉及法律、法官的决定。德里达深入讨论了法律和正义的悖论。按照他的说法，这两者不可同时存在；同时，所有的法律决定必须是公正的，因此可以看出法规很难实现公正。

英国金融服务管理局（FSA）的主席阿代尔·特纳（Adair Turner）认为，现在的金融交易过于庞大。他提出了“社会无用交易”（特纳，2010b：33）的说法，认为能增加经济价值的金融交易才有意义。基于这个观点，他质疑复杂的证券化和言说产品给经济增添了什么价值。在金融危机前人们都认为，复杂的金融市场和产品创新给投资者提供了机会。投资者可以结合风险、回报和流动性来选择产品，以满足他们对风险管理的偏好。特纳（Turner）精准而又保守地评论道：“我们更加意识到了不稳定风险的危害性，这种危害或许能抵消创新带来的益处”（如上），然后继续概述了什么具有社会无用性：

> ……结构变得复杂的原因要么是税收要么是资本套利。减少税费或降低资本要求并没有减少内在的风险，即使它给个人带来回报，它也很清楚地落入了“社会无用”的范畴（即没有在集体社会水平上增加任何经济价值）。证券化变得复杂很大程度上是受税收和资本套利的影响。
>
> （同上）

巴塞尔协议Ⅱ中涵盖的风险不包括不稳定风险。不稳定风险是即将到来的风险。特纳的评论是规范陈述。他的理论植根于经济学理论，其意义超出了纯经济学范畴，与施密特的理论有着相似的导向。施密特评价了金融部门作为经济和社会的一部分应该发挥什么样的作用，参与者们需要明确自己的任务。

斯蒂格利茨（2008）强调分配公正、信贷机会平等。这很重要，但是他没有进一步提出建立公正金融体系的必要性。把正义看做是金融法规的一部分有很大的意义，这强调了银行法规中的界限。但是，之前关于包含性排除的讨论已经说明这些话题不能被完全排除在外。不管我们有意还是无意将它们排除出去，它们还是会在每天的实践中出现。它们形成了附加风险，是系统性风险的一部分。只要人们不相信金融系统服务有着积极的作用，附加风险就能马上使金融系统处于不稳定的危险状态中。我在此只能列出几条提示：

如果我们住在一个世界风险社会，如果风险是管理未来的模型，如果风险是金融术语中的测量工具，如果生命金融化，如果我们假定纳税人不想再扮演“药物”的角色，那么法规针对的是不稳定的系统，它监管哪些方面的内容？对此我们需要弄清楚。除此之外，还要弄清楚金融业在全球经济中的作用。一定要重点研究金融部门对全球和本土财富分配作出的贡献。

- 银行对于市场的顺利运行起着重要的作用。银行要发挥作用，富于创新，还要开发管理风险的新型工具来应对新格局下的全球市场。关键的问题是：什么样的金融交易对社会和经济都有利？金融市场运行需要多大的交易额，即金融部门以外的具体业务会有一定的交易量，超出这个交易量以上多少能被接受？
- 监管对银行的关注是正当的吗？对金融市场的监管不需要包含其他参与者吗？如养老基金、政府基金、套保基金、私募股权基金、信用等级评定机构等。银行和其他金融机构都是国际金融市场的参与者，一定要对它们的关系展开讨论。
- 金融市场的参与者为经济和社会提供服务，如何保证这些参与者不对其服务的领域进行控制？怎样建立一个公正的关系？
- 谁对金融系统产生的危机负责？第5章就参与者责任讨论了几个问题。法规包含了对责任的定义，这使问题复杂化，尤其对监管过程中的参与者来说：监管者依赖专家的建议，而这些专家是监管的对象，因此，监管者会面临一个问题：监管是否合法？
- 为避免出现“大而不倒”的误区而限制机构的规模，这公正吗？或这样做正当吗？如果答案是正确的话，国际银行的规模多大才算合适？如果不是的话，还需要对这些机构制定特殊规则吗？

- 时间之间的正义——过去、现在和未来之间存在微妙的关系，因为我们对时间的期待而变得复杂。现在的未来、未来的规在、未来的未来使这种期待变得物质化。投资决定与哪段时间相联系？谁从中获利？谁的利益受损？
- 谁充当法官的角色？在法律和正义之间的关系中，法官的任务是当即作出判决，而被应用到具体案例中的法律会出现很多漏洞。巴塞尔协议保护下的银行法规面临着挑战。监管者和不同银行协会商讨制定国际监管条例，期待各国遵守。在各个国家虽然可能对此达成了一致，但它们的议会并没有将其立法。在各国监管者监管不力时条例才会转换成法律或法规。在执行国际协议的时候怎么样能达到统一？若考虑散播的话这是不可能的。虽然巴塞尔委员会很注重监管的执行（卡鲁阿纳（Caruana），2010b），但是它没有采取适当的措施，只是提醒银行若不遵守监管条例就会再现过去的金融危机。

在法规这一领域我已列出了数个话题，但这还远远不够。它让我们知道，如果我们要把即将到来的法规设为目标，我们必须要考虑的话题有很多。纳入正义的话题使法规的内容更加丰富，使我们可以讨论法律、法规和正义之间存在的悖论。我们必须要弄清楚法规的后果。

选择：朝着即将到来的法规前进

我不认为像按下“按钮开关”一样去遵从法规是最好的方式。我认为用大脑思考是最好的遵从法规的方式。

安德烈－皮埃尔·贝希托尔德（Pierre－André Berchtolt）

作为书写的法规不得不承认自己存在着悖论：它增补风险来防止

银行破产和系统性风险的发生。它没有给出套汇的方式，也没有提供应对系统性风险的新方法，它本身就是套汇和系统性风险的工具。这是书写的增补性导致的结果。只要法规反映出风险管理，危机就会再次系统性地发生。法规完全是监管对象的游戏场，他们会利用已知的规则，作出有利于自己的阐述。当然我们不能责备他们这样做。对于法规的关键性假设需要改变。把银行的风险模型纳入监管法规，前提是假设模型就是银行，因为出于自身利益银行管理风险的方式不能导致自己灭亡。然而，银行业或许会采取风险管理，但风险管理并不能避免巨大的损失出现，从之前频频发生的金融危机就可看出这一点。一部分原因是因为交易者和风险管理者之间存在内部的权力争夺。在某种程度上，这会使我们产生这样的想法：即使严格执行内部模型也不能阻止损失发生，因为市场中的每个参与者有着一样的逻辑，几乎没有人能意识到市场的格局。本书到目前的讨论已说明金融业的监管法规有着太多的冲突和悖论。风险和法规是“药物”，这说明了其中存在的缺陷。从上述话题可得出这样的结论：风险和法规有两种含义，良药或毒药，准备好随时发动攻击。本书中讨论的“可能”是潜在的，也就是“即将到来”的。它的提出使我们打开了新思路，使我们能更连贯地思考风险、风险管理和监管法规。在这种情况下法规要如何形成？风险即将到来的，我们赞成这一观点。在讨论这点之后，再讨论即将到来的法规就不会让人感到意外。

“即将到来”是一个移动的目标。它象征理想，但不带有目的论的特性。目的论中的理想是清晰的，固定的，等待我们在将来去实现它。这不是我们对监管的观念（德里达，1999）——德里达不承认一切最终观念；最终观念指的是不会再进一步发展的观念，它引发的论证也不会改变最终观念本身。即将到来的事物是目标，我们一次次瞄准它，又一次次打偏，因为在我们朝它移动时它在变化。尝试着去实现目标会获取新的认识。朝目标前进会增加新的内容，我们眼中的目标会改变。因为对规则的解读不同，每天的行动都有交错和重叠；因此，反应和决策导致了一张复杂的网出现，它并不遵守严格的规则。相反，根据新形势而解读规则，规则也会变化。就像欧特曼（2003b）阐释德里达的思想时所说的，应用规则就是对规则的增补。

即将到来的规则必须包含即将到来的风险。它必须要保留现在的未来和未来的现在之间的差异，并且观察这种差异。这种不可调和的差异打开了更大的视域。然而，真正的挑战是去了解未来存在的未来存在。从最初出海交付于命运到后来计算风险，产生了风险社会。风险社会是我们了解未来的间接方式，因为它承认了世界本来的状态，是对过去做决定的结果。这种观点中没有考虑散播的影响：没有考虑散播次序产生的矛盾结果，没有考虑伪视域中的事件（不能再把伪视域当做视域）。复杂的思考方式承认了所有的悖论。德里达在书写所有的理论时都使用了这种思考方式。我们要考虑未来的必要性，要考虑今天所做决定产生的后果，要考虑不可能事件。然而，得出的结果会非常有趣：时间出现混乱，时间之箭偏离了正轨，时间不按正常方向前进，不从过去经过现在再到未来。考虑来自未来的起源会让人困惑，但这正是法规的要求。而且责任应该明确：

谁不在那里？谁不在场或谁不是活物？考虑到这些人，如果活的现时本身不具备非当代性，如果没有东西对它暗中破坏，如果没有责任，没有对正义的尊重，那么问“哪里”“明天去哪里”“到哪里去”等问题还有什么意义。

（德里达，1994：XIX）

法规需要重新介绍责任。人们也稍稍注意到了这一点。巴塞尔协议的第二支柱明确说：“银行的责任是了解风险特性，了解银行承担的风险水平，了解风险如何与充足资本水平相关联”（国际清算银行，2004，No. 728）。我认为，国际监管框架提醒银行管理者履行它最基本的责任多少会让人不悦。而我们得强调银行的责任，这个问题仍在议程上："危机揭示了治理、风险管理及正当查账等方面出现的一些问题，私人部门需要重视这些方面"（卡鲁阿纳（Caruana），2010c：1）。巴塞尔委员会在G20峰会上的报告第一点就提出修订巴塞尔协议第二支柱，修正银行风险管理流程内部存在的严重明显的漏洞："公司范围的治理和风险管理"（巴塞尔银行监管委员会，2010：7）。责任是金融业的一个庞大的话题。经过了第5章的讨论和上述对正义的简要讨论，我们需要从更广阔的角度去讨论责任，而不是只限于监管领域。

如果风险是"即将到来"的，法规必须能够根据其监管的对象来改变自身的形式。在未来呈现的形式中现在的未来带来了未来的现在，风险是现在对未来的思考，根据未来呈现形式的变化而改变法规的形式。从过去得来的数据引导或误导风险，对未来的期待和即将到来的事物干扰着风险。风险或许会出现意想不到的差错。风险会出现差错；根据金融历史和经济历史学家的预测，至少它的形式会变化很大，不同于预期（钱塞勒（Chancellor），2000；布林柏（Plumpe），2010）。我们不清楚它如何出错，也不知道它下次会出现哪些不同。这是事件的作用。如之前我们在对投资银行的分析中提出的，生活在激进的时代，发生不可能事件的概率增大很多。专注于今天，不可能就不只发生在视域外，它不仅仅是新事物，它是今天没有定价的一切东西。明智的观察者眼中所有属于"可能"力量的可能性范畴都是不可能。任何打破我们期待、打破风险结构的消失都是不可能。金融化的风险比风险更激烈。参与者们并不无知。他们从对市场的观察中得出结论，即观察其他的观察者。如果他们想利用市场形势，如果他们想获取利润，他们要表现得好像没有未来。这是他们的观察所得。卢曼（Luhmann）把这命名为二级观察（1991），而二级观察只是观察者彼此之间的感知，他们只考虑与自身有关的事情。如果系统没有受到外界的压力，没有意识到外界的作用，那么二级观察会否定外界的影响。巴塞尔委员会主席和荷兰央行总裁努特·韦林克（Nout Wellink）承认，对监管法规的执行是首要问题。他深信在未来监管者能充分应对危机，但是目前要做的还有很多。“该进行政策制定流程的第二个步骤了，它至关重要。我在此指的是对法规的实施及继而进行的严格监管。”（韦林克（Wellink），2010：5）。他的下一句话明确说明了要保留一些过去的经验：“我们必须记住，记忆消退的速度非常快”（同上）。

思考“即将到来”或许在表面上看来与现在的银行监管格格不入，但事实不是这样。位居高位的监管者在陈述和文章中说明了即将到来的法规的构成因素及它在这方面给我们的思考带来哪些条件。在上述引用的同一段落，韦林克明显强调：“而且，我们的标准需要与金融创新保持同步”（韦林克（Wellink），2010：5）。任一创新都会给市场设定新规则，使我们对法规有不同的解读。或者当然，创新的动机解释了法规，这与它的本意相反。“而且”这个词用得很生动。韦林克对法规的有效实施和执行作出评论，“而且”一词语更进一步说明了他在评论时对保留过去记忆的强调。因此，我们可以这样解读，忘却过去的记忆、忽视未来，会威胁法规的有效性。

国际清算银行（BIS）行长詹姆·卡鲁阿纳对这个问题的描述要直接得多：

> 我们越劝说自己我们已经掌握了风险和不确定性，我们越自信于我们从过去吸取教训的能力，这种致命的自大就越容易给我们带来伤害，问题会再次出现，并难以想象。
>
> （卡鲁阿纳（Caruana），2010a：7）

这说明他意识到了不可能事件。卡鲁阿纳认为取得新的发展要保持警惕，这也证实了风险承担中的另一悖论。汲取事件的经验教训并不意味着我们不能较好地应对下一事件。但是上述话语也有些模棱两可。换种方式解读。它的意思就变成了这样：防止事件发生的唯一要求是在汲取经验教训的时候不要自满。如果这样解读，这句话就没有一丝对不可能事件的暗示，这不是卡鲁阿纳的本意，他曾说过："简单地说，我们需要风险管理能够应对已经的未知和未知的未知"（卡鲁阿纳，2010a：2）。未知的未知所指的方向在视域之外。但是如果首席风险官（CRO）这样做了会发生什么？银行方面的态度会真有所改变吗？第 7 章介绍即将到来的风险时引用了 CRO 奥托·斯坦梅茨（Otto Steinmetz）的评论，而他真的作出过这样的设想。如果把大型美国投资银行的破产做成模型，会发生什么？（法伊尔（Pfeil），2010：27）。他作了总结：被排斥者本是个很好的典范，但这样会使它的典范作用消失。就像古德哈特（Goodhart，2008：16）的评论那样，面对无法知晓的事物，监管法规存在难以克服的缺点："没有远见、没有信息，人类的错误会覆盖所有的管理设计，不管它有多么优秀。""增加利润的机会"也是一个讨论的话题。如果 CRO 限制商业机会，那么她的立场又是什么？

然而，卡鲁阿纳也对即将到来法规的基础特性作出了最好的定义："即使我们没有算出目的地到底在哪儿，我们也知道正确的方向"（卡鲁阿纳，2010a：3）。如果他还相信，经过艰难的协商和激烈的讨论人们能够精确算出目的地，那么他就错了。不是说人们还没有算出目的地，而是他们对目的地的计算是永远没有尽头的。史蒂芬·沃尔特（Stefan Walter）是巴塞尔银行监管委员会的秘书长，他认为我们需要一些能动性："这是从危机中得到的一个重要的教训，我们必须做得更好，确保我们理解了全系统的发展，确保法规的同步"（沃尔特（Walter），2010：4）。实现即将到来的法规需要我们无止境的探索。理解了这一点我们才会要求法规同步。如果我们认为沃尔特的话很乐观地说明了监管者对法规态度的变化，那么卡鲁阿纳最近的评论与之相比却让人扫兴："我们需要完成改革，结束工作"（卡鲁阿纳，2011：8）。监管改革还存在着挑战，这是他对这种挑战的看法。

这让人遗憾，讨论还没有变得有趣就结束了。根据本书使用的理论框架和术语，它应以解构开始。关于银行监管法规的现有思考中的核心设想是什么？现在对这些基本设想的讨论还不够充分，这产生了什么后果？答案没有我们想得那么学术化，英国金融服务管理局的主席阿代尔·特纳（Adair Turner）评论道：

是的，事实是智能系统（所有有效的市场理论、华盛顿共识、自由市场放松监管体制）的地位如同宗教。你不需要某种框架，但是方法必须折中，永远面临挑战。

（特纳，2009）

特纳的言论含有两层意思：公开讨论法规的前提条件是必要的；我们需要一个框架，但是它永远面临挑战。我们不能去实现它。法规应包含监管者的责任。他们的责任不是制定规则来生产有效的金融市场或防止系统性风险发生。他们的行为连接了金融社会和金融部门。金融部门应该为他们提供服务。认真对待监管工作也许意味从内容和结构的层面来思考讨论法规。法规不应该避免“去哪里的问题”：“金融创新生成的一些产品不具有社会价值。还有一些产品，从理论上看它们会很有价值，但实际并不是”（特纳，2009）。金融市场没有赋予这些产品应有的意义。可以将特纳的评论改述为：产品应迎合消费者的需求，如果潜在的卖方不愿意提供这些产品，怎么样才能把它们引入市场？我们曾经对挑战银行监管法规的话题保持警惕，巴塞尔协议也说明了这一点，因此，怎么拓宽这个讨论就是不言而喻了。特纳对金融市场中的交易额表示怀疑并创造了“社会无用交易”这一术语。这是第一步，他准备好进行更深一步的讨论了：

金融服务部门的发展规模可以大于它的社会最优值。我认为这个观点很重要。很明显，金融系统中有些业务的增长已经不再合理，超出了社会接受度，尤其是固定收益证券、交易、衍生产品、对冲操作等方面的业务。不仅如此，资产管理和股权交易方面也出现类似情况。

（特纳，2009）

这基本上提出了限制市场的建议。市场的规模能够保持正常运行就可以了。交易量也要减少，只需要留下对社会有用的交易就可以。但是谁来决定哪些是有用的哪些是无用的？主权国家允许金融部门发展到现在的主导地位，也允许信评级机构给公共基金评级。危机前的模式一直在继续，在生成利润。这种消极做法破坏系统的稳定性，似乎在走向自我毁灭。这种观点反映了人们在危机时的行为：似乎未来不存在，他们尽可能长时间地维持现在，不愿错过一美分的利润。监管者怀疑这种态度依然存在："尽管危机带来严重后果，我们已经看到了一些迹象：人们正在遗忘危机给我们带来的教训"（沃尔特（Walter），2011：1）。

这里需要解决的是权力的问题。有人为自由市场辩护，它的地位犹如宗教。他们认为实施监管法规违背了市场的自愈功能。这种观点会走向边缘化或遭到激烈反对，即便支持这种观点的人很有影响力也难以改变这个事实。例如，世界金融中心之一的英国金融管理局的主席特纳就是这种观点的支持者。*Prospect* 杂志的访谈小组邀请了特纳接受访谈，认同特纳的观点："原油市场永远是对的"的哲学已经没有了根据。特纳强调：

在经济学和金融学的主导理论指导下，市场的列车失事了，事故相当严重。我想，在这之后我们仍然试图去寻找解决问题的方法。对全球的监管者来说，一旦他们认为他们没有掌握"市场越多越好"的智能框架，那么他们的处境就非常令人担忧。因为没有智能系统作为参考，做决定需要他们作出更多的判断，因此，他们得更加自信。

（特纳，2009）

简单地说，这本书强调的很多问题都包含在上述引用中。国际金融危机证明了一点，依据固定不变的理论或思想意识而采取行动是很危险的。虽然固定不变的理论或思想意识让人感到放心，但是如果一旦这种理论指导下的世界发展方向改变了，我们一定会走向歧途。不止德里达一人清楚地说过，这是不可避免的。依赖这种智能框架，监管者会以为自己掌握了真理，但在面对突发问题时却无能为力。我认同特纳的看法：没有这种框架，决策者的处境会更令人担忧。开头的引用语来自贝希托尔德，它说明了这种做法的意义。他说用大脑遵从法规是最好的方式，他强调人类的判断不能被按钮（其原话）代替。不可能让机器来作出决定。他坚持的这种看法及他对判断的重新介绍仍然适用于风险管理。法规一定能产生决定和判断，而不是简单地执行程序。如果把德里达关于核武器的理论应用到这里，法规和监管者的处境会非常有趣。

德里达怎么理解决定？决定是执行程序的反面，是对绝对风险的冒险，超出了知识和确定性（德里达，1995）。决定中包含了一些完全悬而未决的内容（德里达，2004b），不是指时间压力下的每日行动，虽然人们常把它称为“做决定”。后者需要能力，这种能力是与决定对立的。能力以已知为基础。人们在领域中获取经验，了解系统和流程，知道怎么让它运行，知道要达到特定目标需依次采取什么步骤。在德里达看来，所有的这些问题，是我们应该考虑的，应该把它们纳入工业界的逻辑。泰勒主义的思考者认为，系统中应含有这些知识来帮助工人。不管是机器，还是组织，还是手册或对操作流程的精确定义，这些是遵循从过去获得已知的逻辑。在决定和行动之前不能长时间犹豫，因为对于有能力者来说形势很明显。当时间非常紧急时，最好周围有人能对形势进行分析，根据知识得出结论并且立即采取行动。决定不能从特定的知识得来，不能从真理中得来。这是计算器的工作，是程序的工作。不管程序有多复杂，只要它在已知的范围内它就是程序。

把能力放在决定后无可非议。交易和风险管理需要有能力者。日常实践大多依赖有经验的人作出决定，他们知道采取什么样的行动来应对正常环境下的形势变化。利用市场的机会，并对风险进行一系列计算，这是为了避免有害风险出现，也是风险管理的最低要求。但是主导的法规没有涵盖系统性风险，甚至没有指出同一银行不同风险之间的关联，更不用说视域外的事件了。程序的逻辑破坏了导弹致命的运行轨道，它考虑到了不可能，因此介入了系统的决定。这种介入是必要的，但法规中并没有包含这一点。有能力者形成了封闭的圈子，我们需要来自圈外的介入，这样才能阻止导弹的致命逻辑运行，或至少能阻止毁灭性破坏发生。因此，特纳对监管者角色的评论帮助我们更好地理解了今天到底缺失了什么。监管者需要承担的风险是非常特殊的，尼采（1993）把这命名为危险的“可能”。有些人不愿把即将到来的事物看做是我们已有期望的延续，这是他们的风险。新的哲学家们能够应对即将到来的事物，尼采认为在我们对他们的已知印象外，他们还有着逆向的品味和性格。新的观点也许会打破目前已知的特定知识，要坚持这些新观点需要极大的勇气。即将到来的法规包括很多方面：考虑世界风险社会中金融化的后果；为风险管理增加新的重要内容——重新引入判断；法规要实现正义；现在中包含着不同的时间框架。如果风险是可管理的，即将到来的法规是必需的。“再问‘哪里’、‘明天去哪里’、‘到哪里去’等问题还有什么意义”？（德里达，1994：xix）

最好的监管者在监管前应该不知道自己的监管对象，这听上去自相矛盾。监管者只有通过观察后果才知道自己的监管对象，即观察规则是否得到应用、如何应用、新规则会导致哪类事件发生。但是监管者会继续作出判断：为了保持监管的方向该如何改变监管？她还要对目的地进行思考（重述卡鲁阿纳（2010a）的评论）。她知道我们永远不可能到达目的地，命运是不存在的。

即将到来的风险取决于即将到来的法规。负责的人们对即将到来的风险作出判断，构成了我们的生活——这种前景多么令人振奋！

第 10 章　（这将不会是一个）结论

后记——书立

德里达（2004c：3）开始写作这本有关散播的书时曾说过：“（因而）这将不会是一本书”。他提供了一种绝对地拒绝缺乏完全不可能的洞察力的介绍。这一介绍就其本身而言是自相矛盾的。它伪装成一本书的开始，然而每位作者都知道，通常是在著作完成之后才对该书进行简要介绍，只有在那时作者才知道他所写的内容。与此同时，这也成为读者了解此书而作者脱离此书的途径。前言是本书的一部分，但是就本书自身而言，这部分由外部产生。它似乎既不属于内部也不属于外部。类似地，这对结论更为合理。本书的最后一章试图总结归纳各章节所遵从的写作思路。它引出了这本书，并试图链接这些在未来即将被使用的论点，希望这对本书所写的内容有利。然而，这本书只能算是对所研究主题的思路变化的快照。自称已找到一种解决办法的任何结论几乎都是荒谬的。从作者的角度也许这是一个提议，该提议考虑了至今已发布的每种可使用的来源，评估了正文和在语境中使用的来源，推断出如何进行下去的策略，在此则是指如何实现对风险更好地理解和监管。当然，它仍然是一位作者在特定时间点的部分观点。即使接受这些观点，并声称试图开展有关这个话题的讨论，也将不可避免地造成结果的改变（当然，略微自大的假设是使多读者对此有足够的兴趣，他们不仅会阅读，并且会展开讨论，将该书作为激励他们自己的工具）。德里达（Derrida）的论点是有关散播研究的细致工作。如果我们——你们、读者、我、作者——在下个月进行一场关于我提出的观点的讨论，我们将讨论一些不一样的东西。没有什么是一成不变的，稳定性将受到来自学习、因决策而改变的情景的挑战，而这些决策甚至并非直接针对本书所写作的内容；此外，稳定性还会受到来自正在发生的事件、有影响的可能的细致工作的挑战。正如意欲用一种固定的、书面的规则来试图规范金融市场一样，一个关于风险的结论是徒劳的。是的，这是一个悖论。它听起来像是一个结论。尽管前面章节中提及的讨论结果的不可行性有了结论，但满足德里达所称的与散播有关的要求，意味着承受这种悖论和它的需求。散播的工作要求有一定的开放性，准备好做重新评估，放弃一个人所热爱的事物，例如，质疑隐藏于风险中的规则。这种开放性并不认可还有公开的问题，业已解决的问题存在解决方案。也就是说，问题仍然是开放的，没有一劳永逸的解决问题的方法。相反，散播和补充则要求准备给予新的、不同的答案，以应对几乎由相同问题引发的稍微改变的需求。答案必须保持开放性（佩尔泽（Pelzer），1995）。在稍有改变的模式中，再次追随德里达令人眩晕的理论行动，可以为介绍一种思维方式奠定基础。这种方式接受向着当前进行试探性的、犹豫性的推进发展。

风险是混乱的

尽管事实是困扰可以被看做包含在风险思想中最普通的特征之一，但它是对未来某一方面令人惊讶的描述。未来通过它的不确定性、未知性以及威胁违背决策所基于的假设而可能导致亏损的后果来决定着思考。这可以随意地被解读为冒险的黑暗面，可以动摇某人职位的未来事件的威胁。这种观点强调了恐惧的一面。然而，德里达所特有的时间之箭的溶解、从过去经由现在进入未来的理所当然的过程，为未来提供了比风险通常假设的更多的影响力。从此视角看，甚至金融市场中风险的复杂性可以被描述为一种减少复杂性的模式，这导致了对另一种不容置疑责任的无知。

当前决定的结果和由此导致的行为以及在未来现在的补充，将对现在的将来（present futuve）和将来的现在（futuve present）二者的过去产生后果。过去将被赋予不同的解读。基于相同时间内已然发生的事件，决策一词将被不同地评判。未来在金融市场上已变得可以交易。伴随他们的期望、其他观察者的观察和期望交易的反应，更多可以感知未来的水平得以提升。时间是不衔接的，所以信息可以被理解，但人们不应忘记在一个已可能被获悉的时代，在风险对时间作出更加复杂的评判前，可以通过测算预期来尝试降低复杂性。撰写《哈姆雷特》的莎士比亚（Shakespeare）曾说过：这是一个礼崩乐坏的时代。德里达加入该游戏并将其进一步发展。如果时间曾经是线性的，那它将不再是线性的。时间之箭似乎在疯狂飞奔，时间变得可预期，可以预期其他方面；变得具有回归性，而被自身所困扰。困扰——德里达用该词阐明不清晰的时间序列，让它们相互起舞。如果将过去、现在和将来分开，那么它们就不存在，它们通过多种方式来持久相互影响对方。这就是它并非线性该如何理解。

如果存在如谱性般的东西，就有理由怀疑关于现在的再保证规则。特别是怀疑这种存在于现在或现在的真实性和与其相反的所有事物之间的边界。这些事物包括：缺席（absence）、非现在（non - presence）、非有效性（non - effectivity）、实际（inaltuality）、实质（virtuality）甚至通常的幻影（simulacrum）等。在得知一个人是否可以区分过去的凶兆与未来的、过去的现在和将来的现在的凶兆之前，他可能会问自己在真实的有效的存在与其他者之间，谱性效应（spectrality effect）是否并不包含在对这种反对甚或这种辩证法的撤销之中。

（德里达，1994：39 - 40）

哈姆雷特（Hamlet）和德里达都考虑了谱性的潜在影响。德里达抓住主题为马克思主义的走向（Whither Marxism）的会议机会来反映马克思论断，马克思认为欧洲被共产主义所困扰。胆怯的效果如何？困扰又意味着什么？他的结论是时间是紊乱的，但如果把时间看做是线性的，那么它只能是紊乱的。哈姆雷特的存在暗示着线性的建立是人为的，相比于日常的经历，它更多由于对规划的经济需求。时间总是处于紊乱状态，因而推理必然如此。线性的时间之箭只是一种特例，它试图完成规划和对未来的可靠展望。然而，规划却是被补充的。作为对降低复杂性的替代，它增加一个用以与混杂了过去、现在和将来互动的维度，并产生了没有包含在规划中的事件。德里达在前文的引用中写道，现在相对其本身的同时代性必然被质疑。现在总是一直被过去所困扰。佛洛依德（Freud）使我们注意到被压抑的事物的永恒轮回，而更为不同寻常的是被未来所困扰的视角。正如在有关监管的讨论中所关注的，德里达连接了两个以上的术语来形容未来的困扰，作为对风险和监管思考的基础，这有助于理解为何这种狂野的舞蹈术语是有必要的。他在关于明天的问题中指明了方向：

> 如果缺乏这种现存的现在本身的非当代性，缺乏对其隐秘的揭示，对于那些不在那里以及那些不再或还没有现在和生活的人的正义缺乏责任和尊重，那么提问“哪儿”、“明天在哪儿”、“到哪里”的问题将有何意义？
>
> （德里达，1994：xix）

这段话包含了需求的全部力量。它是关于为无法存在的人担负起维护正义的责任，因为她已经死亡或尚未出生。虽然可能在最广泛的框架内德里达致力于继承术语的工作，但它源自这样的事实，也即我们并非一无是处，而总是业已存在我们打造自己生活的东西，我们就是继承人。德里达认为，“继承从来都不是给予”，“而总是一项任务”（1994：54）。哈姆雷特不朽的关于存在的问题提供了这种要求继承的框架。他被继承和来自他父亲的灵魂所困扰，在恐惧出现前后他父亲要求他用这种行为方式对在法庭上所发生的事情负责。“所有关于存在或者什么是（或不是）的主题的疑问都是继承的问题”（同上）。存在与继承的联系极其紧密。它超越了通过遗嘱接受东西，并从对其的应用和近亲获得的财富中获益。存在的简单事实已经使我们成为继承人。我们继承了我们自身。

> 荷尔德林（Hölderlin）说得很好，我们只能见证它。见证将是证明我们继承自身的程度，此处是指循环、机会或者界限——我们继承了允许我们见证的恰当事物。至于荷尔德林，他将此称之为语言，“最危险的商品”，被给予了人类“以至于他见证了业已继承的/他自己本身”[*damit er zeuge, was er sei/geerbt zu haben*]。
>
> （德里达，1994：54）

在不可避免的继承中，远胜于继承祖母的小屋子、在角落的某个地方保留一幅画像作为纪念和荣耀，这与“幽灵”的存在有联系：“没有人见证到一项不可接受的继承，因为它没有以负责任的方式来假设，本书的主要假设之一也是如此，它将会以“幽灵”的形式重现。”卢德曼（Lüdemann，2011：135）。更甚或是：它不仅仅是关于加入继承的责任，它也是关于继承改变的责任，在未来遗产将如何被继承？必须继承我们财产的那些人将如何能够加入到继承中？

实际上，这是一种近乎平庸的洞察：对未来的恐惧因不确定性而增强，而这一不确定性被作为规则的风险所压制。被压抑、恐惧引发如“幽灵”般孤独的存在，并困扰着现在。将风险简化为规则压制了关于未来的太多选择。此外，对于那些超越知识界限而可能等待的事件，它们也可通过降低可能性的范畴而发生。例如，依赖于一组特定方法的可观测结果：产生不可能性。

德里达构建了一个关于过去、现在和将来关系的有趣循环论争。如果存在未来的规划或者现在决策意图的目标，那么这一目标必将从未来出发："现在，如果此刻关于我们的问题可以清晰地仅来自于未来……，那么，在它面前所承受的也必然会如其初始状态般来处理：在它之前"（德里达，1994：xix）。诸如"在哪儿"、"明天我们到哪儿去"的问题，在现在作为决策和行动的方向，如同任何远见一样，一定是绝对的不可逆转的过去。在此方面，哲学与金融市场极其接近，或者反之亦然。它代表了未来的一种多元化，一种每个交易者都熟悉的思想。这有难以计数的未来——在每天的行为中作为商品和期货——可以交易。风险指向未来。风险的目标是一个假设的结果，这种结果基于其自身的概率计算而得，它独立于自身的好坏与否，是否是一种威胁性的损失或诱人的利润。风险管理通过买卖工具作出反应。那些被用于策略决定的模型分享了一个基本的假设。买卖工具虽然确保了交易的进行，但却没有影响衍生品的发展。结果这成为风险管理和基于风险管理的商业模式的盲点。（麦肯齐（MacKenzie），2008）。使用这些工具构造出来的期货总是已经过时的，因为这些工具的应用已将其改变。更为激进的是，由于它是应用工具假设的基础，在被分析的那一刻，它已经成为了起源，任何起源不可逆转的过去。何为即将到来的不能被包含其中。

德里达的分析为应对需求的风险管理和监管的无能提供了线索，或者，至少了解到何为身处险境。作为规则的风险和概念化为线性的、射影控制的监管，只能应对已知的问题。总是在那儿的延续仅包含一个方面。现在的风险行为提供了一个未来看起来如何以及后果可能为何的想法。因此，风险管理传递了已发生事件的概率信息，并能整合这些曾经发生的事件。但是我们一直生活在将来的现在之中。朝着具体化的不可能事件发展，它无法且不能被计算。即将到来的风险并非聚焦于风险管理，迄今为止还没有银行监管培育出一种方法来处理它。

重点在于监管的目标是在未来，应用被发明出来的工具使未来——风险——在现在易控制。监管必然会压制未来的风险，这是不言而喻的。风险是面向未来的。阶段性预期是一种被现在决定的将来结果所困扰的形式。但是，阶段性预期遇到了采取更旧模式的形式的危险。它展现出来的是命运，通过“占卜”可能为命运做准备。只要金融危机像自然灾害般涌向我们的印象被保留，只要蝗虫被用做（或滥用做）一种隐喻，它就仍然不可能去探讨一种成熟水平的监管的成分。通过阅读霍（Ho，2009）或者霍尼格等（Honegger et al，2010）的有关金融业中行为人的民族志学，一种对未来的自相矛盾的态度会被观察到。风险促成交易犹如没有明天，如同前文对即将到来的风险的争论。投资银行并没有对未来的发展进行规划，如同霍（2009：279）对这些银行的描述，他们“从制度上无法窥视未来”以应对（原文如此）未来。与工具的日常接触是为了在一种环境中对未来发展的波动性进行某种程度的控制，其中几乎没有反应时间来改变交易条件，这导致了有关交易事物的排外主义。但是，交易包含了排他性，它是一种“红死魔”（Red Death）的邀请。未来被复杂的模式所排斥，但伴随着这种排斥我们对未来束手无策，对被今天的交易所引发的事物毫无办法，与此同时，还放弃了应对未来的方式。

时间是混乱的。德里达知道没有对金融部门及其过去数年灾难的特别研究。作为一种对时代关系非常特殊的考虑，当时间被困扰时，当现在面临自身的非同时代性时：风险，被视为规则，是极度混乱的，风险是不能保持分离的。如果类似结论的东西可以从德里达有关金融市场观点的冲突中受到启发，在一种非常不同的模式下这可能变成对风险、风险管理和监管的未来研究的起点。

在接受和管理风险的进程中风险的逐步发展：对责任承担者的驳斥

在1821年，在给朋友的一封信中，海因里希·冯·克莱斯特（Heinrich von Kleist）提出了一种奇怪的想法：“论发言过程中思想的逐步发展”（克莱斯特（Kleist），1984：340ff）。他预测了读者的困惑，想象着他的朋友回复给他的建议，就是只讲他已经明白的内容。这似乎远多于对好的或坏的举止的考虑，防止听众遭受那些毫无用处的混沌争论的影响。基于对权威的安全基础和何为思考后的结论的争辩，一份有关深入思考结果的报告表现出极高的价值，并对讲话者授予认知。从根本上说，发展的思想挑战了这种信念。克莱斯特（Kleist）声称，至少有时在指导你自己的合意意图中告知其他人是有必要的（克莱斯特（Kleist），1984：340）。在审读一个复杂案件的法律文书期间当他不能抓住重点时，他考虑到伏案努力工作。与他姐姐的交谈使其明白了他所想的。他并不需要提供给他带有暗示的建议或问题。乍看之下，对他而言它是厘清矛盾思想的过程。好像打断他思路的她的反应以及在她脸上或行动上的表现，提升了他找到结论所需的集中力。讲话的过程是一致性的表达。超越自身的经历，他给出了另一个展示这种讲话方式存在潜在表演性质的例子。

如果米拉博（Mirabeau）已听到国王要结束地产会议的命令，这就是其对皇家仪式主人的回答。“是”是回答的开始，“我们听到了国王的命令”，不久对其确认：“是，我的陛下，我们听到了”，这清晰地反映出米拉博并没有准备好答复，而只是在说的过程中对其发展。闪烁其词间，他仍不知道他想表达的东西：“但所给予你们的恰当事物”，突然间他意识到何为濒于险境，“表明了对我们的命令？我们是国家的代表。”那是他所需要的论点，“国家命令和没有收到命令”。他继续道：“说得明白点儿”，他对其新构建的反抗思想进行了表达，“告诉你们的国王，只有武力才能迫使我们离开我们的家园。”在皇家仪式主人离开房间之后，他立即建议他们应该组成神圣不可侵犯的国民大会（克莱斯特，1984：342f）。这次讲话的过程开始深刻改变的绝不仅仅是当时的形势；克莱斯特想表达出，在历史的这一具体时点上，即使像法国大革命一样的事件也可以开始于在讲话过程中思想的逐步发展。

克莱斯特的这一思想超前于他的时代。在复杂的环境下，没有简单或显而易见的解决方法。任何一个问题都没有永恒的答案。一旦发展成型，鉴于新发展的任何解决方案都需要被认真审视和重新判断。如果一个不同的或全新的答案是可能的，甚至是必要的，那么任何情景的变化都需要被重新思考和检查。在国王的代表陷入犹豫以强化国王的权威那一刻，米拉博意识到这种情形下的危险和机遇，出于不同的解释他花费少量时间发展了他的答案。答案是逐步发展的，但是一旦将其给出，就完全改变了现状。这一事件发生在权力斗争中的法国。地产阶级和君主政体之间的微妙稳定已经受到了挑战，国民议会宪法可以被很好的解释为该历史时点的逻辑后果。但是它是我们使用的哪种逻辑？作为克莱斯特的读者，无论我们使用哪种解释，它都是一种事实之后的解释。我们创造的该事件的知识是后见之明。只有在它发生之后我们才知道发生了什么。克莱斯特的描述是在新见解出现时在压力下做决定的生动展示。

然而，他的短文可以作为对风险、风险管理和监管的思考态度改变的介绍。类似的想法要求一种对过去、现在和将来关系中所知的以及改变是如何实现的高度发展的理解。通过对克莱斯特思想的解读，欧特曼（Ortmann，1997）在评判和行动中阐明了对某种循环递归的需求。递归循环引致了一种对谨慎行为的临时性思考等，有五个论点源自克莱斯特的短文。第一，递归需要时间。这不是一种对迟缓的论点，而非一种渐进的方法。第二，在理解中有某种体现。对于评判的人而言，这种情况需要创造一种内在的意义。评价绝不仅是一种理性的过程，它包含了情感、反复的经验和对其他人的关系（海特（Haidt），2001；佩尔泽（Pelzer），2005）。第三，存在某种路径依赖。迈向未来的步伐没有决定，然而一旦迈出第一步，后续步伐就需要紧随其后。任何下一步都需要在包含第一步的新形势下确定方向。第四，在这种自相矛盾的措辞中这是非常德里达式的表达，它将问题的解决理解为特定问题的组成部分。只有当解决一个问题时，才有可能明白问题是什么。参考赫希曼（Hirschman）的思想，欧特曼坚持认为有必要无视我们对最终结果表现的无知。人类并不知道他们所不了解的东西，这确使我们不必辞职，且面对与未来相关的所有不确定性。第五，触发新进展的小事件的重要性。很难说是什么准确地引发了米拉博的反应、主人的讥笑或者在袖口上矛盾的玩法，否则，小事件会被忽视为正常的行为。然而，对于组织理论而言这是令人兴奋的洞察，结果作为一种不可侵犯的制度成为国民议会的组成部分。组织和制度化作为一种对抗法庭力量的预防和保护措施，是一种显著深远的反应和该事件的结果。但是，“在讲话过程中思想逐步发展”的最重要一点是，对预测和固定计划表示怀疑。在缺乏确定性和保证的条件下，它反而提供了对令人惊讶的人类能力的洞察力（欧特曼，1997）。

如果一个教训被包含其中，一个建议源自散播和不可能的事件，那么何为即将到来的：对有限的计算和规划的洞察；作出的自相矛盾的决定；能力的陷阱；风险和监管的补充特征；如果我们允许自己将其放入一首浪漫的诗歌中，它可以是——在接受和管理它的过程中风险的逐步发展——对责任承担者的反对。该词不应留给责任的承担者。监管一定会问什么是可靠的，可以用作答复的。不能假设风险和监管运行在一个中立的空间，好像被交易的只是金钱而非未来。被交易的未来也总是其他人的未来。

这本漫谈于金融市场世界和哲学家观点之间的著作提供了其他的解释。关于风险接受和分配的成熟市场，它可以被用来抵制这些他们公开介绍的无知解释。但当然：哲学家声称“我们是话语和文本的专家，包括所有的文本”（德里达，1984：22）。任何讨论、任何监管文本、任何最低的要求，对解构而言都是公开的。正如德里达在文中所建议的，作为信息发出的七颗导弹以七封信件的形式，用他们自己的方式表述主题，但像飞行在轨道中的导弹一般，他们的目标是重要论点的盲点。在它们高度理智的基础上我努力追随这些轨迹，但总是以不安的方式发现一种不同的语言来谈论金融行业中的风险。它是一次令人兴奋的旅行，但是有一点毋庸置疑：我对德里达的论点——一个哲学家一生的结果（但结果是什么?）——难以置信的丰富性，很是没有做到公正。然而，它极大地丰富了我对风险的想法。我希望这将带来进一步的讨论，在金融业、立法和监管主体层面丰富学术的、社会的和专家的探讨。不太可能，但——可能。